anagramma

133

Della stessa autrice:
La moglie indiana

Titolo originale: *The Invitation*

Traduzione dall'inglese di Elena Cantoni
Prima edizione: aprile 2012

Roma, Casella postale 6214

ISBN 978-88-541-3697-7

www.newtoncompton.com

Realizzazione a cura di Massimiliano D'Affronto
Stampato nel aprile 2012 da Puntoweb s.r.l., Ariccia (Roma)
su carta prodotta con cellulose senza cloro gas provenienti
da foreste controllate, nel rispetto delle normative ambientali vigenti

Anne Cherian

La mia festa di famiglia indiana

Newton Compton editori

A tutte le donne che mi aiutano a vedere
il bicchiere mezzo pieno: Elsie, Claudia e Selma.
E a Oona Aven, Anju Basu, Barbara Bundy,
Soo-Young Chin, Julie Connery, Ellie Miller,
Lady N, Mary O'Sullivan, Marie Stael von Holstein.
E, come sempre, a Cole e Reid, i miei due miracoli.

ARRIVA UN INVITO

Frances si voltò un'ultima volta a salutare la coppia anziana sulla soglia. Sorrise allegramente, agitando con entusiasmo la mano nell'aria umida del pomeriggio. Alla buon'ora, i vecchi Miller avevano accettato un'offerta per la loro casa. Era la prima vendita dell'anno, e Frances era ansiosa di spedire il fax con l'accordo firmato, per finalizzare il contratto.

Ricordò il giorno in cui i Miller erano entrati in agenzia, un anno prima. Era un sonnacchioso giovedì di luglio, e loro si erano fermati sulla porta, con un'aria vagamente smarrita. Lei li aveva fatti accomodare, offrendosi di preparare un tè o un caffè. Per un bel pezzo non avevano nemmeno parlato di case: Gene Miller aveva capito che Frances era indiana, e le aveva raccontato che aveva visitato il Paese durante la seconda guerra mondiale.

«Una settimana soltanto», aveva puntualizzato, «ma ricordo ancora i colori vivaci, la pioggia tiepida, e il mango più delizioso che abbia assaggiato in vita mia».

Frances aveva gradito. Di solito gli americani parlavano dell'India come di un «luogo miracoloso, spirituale», descrizioni in cui lei non si riconosceva affatto, oppure si lagnavano della calca, o della cucina troppo piccante. Anche il fatto di non doversi dilungare sulle sue origini era stato un sollievo.

Gli indiani erano numerosi a Los Angeles, ma pochissimi abitavano nella San Fernando Valley, e ogni volta lei doveva precisare: «No, non sono armena o mediorientale. Sono indiana, ma i miei antenati erano portoghesi, da cui il mio nome, Frances Dias». Di norma concludeva con una frase suggerita da suo marito Jay: «Vengo da Goa, ma adesso vivo in America, e venderò la vostra casa, non dovete preoccuparvi».

Aveva promesso ai Miller di fare lo stesso con la loro villetta di Burbank, ma con la stagnazione del mercato quasi nessuno aveva chiesto di vederla. I Miller non avevano fretta, perché contavano di trasferirsi in un condominio di loro proprietà, ma dopo quattro mesi di calma piatta avevano cominciato a spazientirsi. Frances aveva illustrato la situazione del settore, la difficoltà a ottenere mutui, e loro erano sembrati convinti, ma dentro di sé temeva davvero che la casa sarebbe rimasta invenduta.

Il mese precedente i Miller si erano rassegnati a seguire il suo consiglio, e avevano spostato alcuni dei mobili più ingombranti nel garage, per dare più luce e spazio alle stanze. Frances aveva aggiunto fiori e piante in vaso, e suggerito con delicatezza di abbassare il prezzo.

Poi, alle dodici di una giornata che alle nove del mattino era già afosa, un'altra agente, Susan Hayman, aveva messo l'offerta sulla sua scrivania: gli acquirenti erano affidabili, e disposti a pagare un anticipo del trenta percento.

«C'è un margine di trattativa?». Frances sapeva di dover discutere almeno un po', perché l'offerta era inferiore di 40.000 dollari rispetto al prezzo stabilito.

«No», aveva risposto Susan, categorica. «È il massimo che possono permettersi. Ma sono persone serie, e pronte a firmare».

Così lei aveva chiesto un appuntamento ai proprietari, e si era precipitata di persona da loro. Come previsto, avevano obiettato di fronte al prezzo ridotto, e il signor Miller aveva portato ad esempio la villetta di fronte, venduta a uno più alto.

«Sì, ma è stato tre anni fa», gli aveva ricordato lei. Aveva insistito sul fatto che l'offerta non si distanziava poi molto dalla somma richiesta, e infine, miracolosamente, aveva ottenuto la loro firma.

Poi avviò l'auto e decise di fare tappa a casa. L'ufficio era più distante, e lei voleva spedire il fax il prima possibile. I Miller non sembravano tipi volubili, ma dopo quindici anni nel settore Frances sapeva per esperienza che esisteva il rischio di un voltafaccia all'ultimo minuto.

Il traffico era scorrevole: il secondo miracolo della giornata. Non aveva tempo per avvertire Jay, ma non era difficile prevedere il suo sollievo davanti a quella vendita. Frances cominciò a pensare alla cena: avrebbe ordinato una pizza per festeggiare. I due figli minori, Lily e Sam, avrebbero gradito quel fuori programma. Anche ad Amanda piaceva la pizza ma, a diciassette anni, la sua primogenita si guardava bene dal manifestare entusiasmo per qualsiasi cosa.

Le bocchette del condizionatore sparavano folate gelide nell'abitacolo, mentre fuori una foschia piena di smog galleggiava sopra l'asfalto. Frances detestava quel tempo umido, l'aria ferma. Al suo arrivo in ufficio, quella mattina, si era lamentata del caldo soffocante, fuori stagione per aprile. Adesso invece non le importava. Nemmeno la lentezza dell'auto davanti riuscì a strapparle la solita imprecazione: «*Harami*!». Si limitò a cambiare corsia, e a premere sull'acceleratore.

Aveva appena parcheggiato sul vialetto, salutando con un allegro «buongiorno!» la vicina, Lucy Margolis, intenta come ogni primavera a seminare ranuncoli rossi nell'aiuola, quando le squillò il cellulare.

«Non ha ancora spedito il contratto, vero?», domandò il signor Miller.

Frances lanciò un'occhiata alla finestra sul lato della casa, quella della camera da letto che fungeva anche da ufficio, e dove la aspettava l'apparecchio del fax. «Stavo per farlo».

«Non lo mandi. Abbiamo deciso di attenerci al prezzo originale», dichiarò il signor Miller.

«Ne siete sicuri?», domandò Frances, sforzandosi di non perdere la calma.

«Sicurissimi. Non abbiamo fretta, e mia moglie mi ha ricordato che, a quanto dicono tutti, tra qualche mese il mercato dovrebbe riprendersi».

«Se avete proprio deciso, allora informerò il cliente», si costrinse a rispondergli, malgrado un nodo in gola.

«Bene», disse il signor Miller, e riagganciò.

Frances lasciò cadere il cellulare nella borsetta, senza riporlo nella solita tasca. L'ottimismo, confermato lungo tutto il tragitto dalla magia dei semafori verdi, era svanito.

Insistere affinché i Miller ci ripensassero sarebbe stato controproducente. Una volta, molto tempo prima, aveva ritelefonato a un cliente per cercare di convincerlo, e l'iniziativa le si era ritorta contro. Quello si era sentito assediato, e Frances aveva imparato a sue spese con quanta facilità potevano ritirarle il mandato. Lei non poteva ricusare i clienti mentre, se volevano cambiare agente, loro non avevano che l'imbarazzo della scelta.

Scese dall'auto, ingobbita dalla borsa a tracolla, e stringendo la maniglia della ventiquattrore con il contratto firmato, ormai ridotto a carta straccia.

Jay avrebbe commentato: «Niente accade senza un motivo».

Ma la sua passione per sovvertire i luoghi comuni non la divertiva più.

Quei dodici mesi di stallo avevano intaccato la sua sicurezza. Fino a tre anni prima, era stata la migliore venditrice dell'agenzia. Poi il mercato era colato a picco, portandosi appresso il suo reddito. Lo stipendio di Jay, un manager di medio livello, non bastava a mantenere la famiglia, e la società di informatica per la quale lavorava era troppo piccola per offrirgli possibilità di avanzamento: doveva accontentarsi, oppure cercarsi un altro impiego. Frances aveva passato innumerevoli notti insonni a calcolare le spese mensili, angosciata dalla prospettiva di prosciugare i loro risparmi in attesa che la situazione migliorasse.

«Sei in anticipo», le gridò Lucy dalla casa accanto.

Frances alzò lo sguardo sull'espressione amichevole della vicina. Sola e in pensione, la donna non aspettava altro che l'occasione di fare due chiacchiere.

«Devo preparare la cena, sai com'è», rispose, affrettandosi a raggiungere la porta. Di solito si fermava volentieri a scambiare qualche parola con Lucy, che era a conoscenza di tutti i pettegolezzi del quartiere.

«Con la posta di oggi hanno consegnato il buono omaggio di una pizzeria», la informò l'altra, e Frances si limitò a un semplice «grazie», prima di chiudere la porta.

Appoggiò borsetta e ventiquattrore sul tavolino in anticamera e andò dritta in cucina. Mandy aveva preparato la merenda per i fratelli più piccoli, com'era suo compito, ma non si era presa la briga di pulire, e allo squallore generale si erano aggiunti una macchia di burro di noccioline sul bordo del lavabo, briciole di pane sul tagliere, e una fila nera di formiche attratte da un po' di marmellata. Il confronto tra la cucina rimodernata dei Miller, vista poco prima, e la sua, ancora con i pensili anni Cinquanta e lo sportello del forno ammaccato, fu il colpo di grazia per il suo umore.

Lei e Jay avevano comprato la casa con l'intento di ristrutturarla. Avevano fatto progetti grandiosi di abbattere una parete in cucina, installare un'isola al centro, smantellare il linoleum e lamare il parquet. Ma dopo il trasloco, i soldi non bastavano mai, così i cassetti erano rimasti cigolanti e sbilenchi, e per quanto lei lo strofinasse, il pavimento color senape sembrava sempre sporco.

Le sfuggì un sospiro. Prese la spugnetta, poi la lasciò ricadere nel lavabo. Era l'unica faccenda di cui aveva incaricato Mandy, e volente o nolente, lo avrebbe fatto lei. Probabilmente si era chiusa in camera ad ascoltare la musica, come al solito.

Attraversando il salotto, sentì dei rumori provenienti dal giardino sul retro, chiaro indizio che Lily e Sam erano fuori a giocare. A dieci e otto anni non avevano molti compiti, e riuscivano ancora a divertirsi sullo scivolo e sull'altalena comprati anni prima da Frances a una svendita. Lanciò un'occhiata dalla portafinestra e li vide, non arrampicati sulla scaletta come aveva immaginato, ma chini sulle radici del ficus.

Raggiunse la camera di Mandy e spalancò la porta, ignorando il cartello che diceva INGRESSO VIETATO. Sua figlia era curva sul computer, a digitare febbrilmente e oscillava avanti e indietro al ritmo della musica trasmessa dalle cuffiette dell'iPod. Il copriletto giallo chiaro era avviluppato in un mucchio informe, vestiti smessi e libri si contendevano lo spazio sulla moquette, e l'armadio era talmente strapieno che l'anta non si chiudeva.

Batté una mano sulla spalla ossuta di sua figlia.

«Mandy, sono rientrata».

La ragazza richiuse di botto il laptop.

«Non potevi bussare?»

«Non mi avresti sentita comunque», si giustificò Frances. Lanciò uno sguardo al portatile, subito sospettosa. Le colleghe in ufficio si angustiavano continuamente dei siti diseducativi che scoprivano sui computer dei figli. «Cosa stavi facendo?»

«Niente».

«Allora perché ti nascondi?»

«Mamma, qui non siamo in India, dove i genitori possono spadroneggiare impunemente sui figli. Ho quasi diciott'anni. Ho diritto alla mia privacy».

«Sì, ma la pago io con i miei soldi, sai?»

«Li uso anche per comprarmi i vestiti. Vuoi metterli tu?»

«Grazie, non mi si addicono», rispose Frances, ferita dal tono ostile di sua figlia. Ricordava ancora quanto Mandy si fosse emozionata la prima volta che aveva indossato uno dei suoi grembiuli. Da piccola, adorava cucinare con lei, e la implorava di prestarle gli orecchini nelle occasioni speciali. Del loro rapporto allora erano rimasti solo i filmini che aveva girato Jay. Adesso bastava che Frances aprisse bocca perché la conversazione degenerasse in un litigio.

Le tornò in mente il guazzabuglio appiccicoso in cucina.

«Non hai pulito, e adesso è pieno di formiche».

«Stavo per farlo, ma mi è sembrato più urgente finire la ricerca. È per domani».

Un'altra delle sue tattiche. Sapeva perfettamente che sua madre metteva la scuola prima di qualsiasi cosa.

«Allora fammela leggere».

«Non è ancora finita».

«Ho detto *adesso*».

Con un sospiro teatrale, Mandy riaprì il portatile. Batté un paio di tasti, e sullo schermo comparve il titolo *La buona terra*, seguito da qualche paragrafo di testo. Il che non dimostrava niente. Alla figlia sarebbe bastato un clic sulla tastiera per uscire da un sito vietato e passare al documento Word in cui era contenuta la sua ricerca. Quando le avevano regalato il computer, all'inizio del liceo, Jay aveva promesso di installare un filtro di protezione, ma poi, come per tanti dei loro propositi, non se n'era fatto niente. Frances si trattenne dal dare voce ai suoi sospetti. In fondo la colpa era anche sua. Avrebbe dovuto insistere con il marito. E comunque prevedeva già la reazione della figlia, e le mancavano le energie per affrontare l'ennesimo battibecco.

«Ti ho detto mille volte quant'è dura sbarazzarsi delle formiche».

Mandy alzò gli occhi al cielo. «Giornata nera al lavoro?».

D'istinto, Frances fece cenno di no con la testa.

Non voleva diventare una di quelle madri che sfogano sui figli le frustrazioni professionali, e tuttavia la delusione incassata quel giorno l'aveva fatta regredire di anni. Si sentiva proprio come ai primi tempi del suo matrimonio: piena di incertezze, timorosa di non farcela sul lavoro e in casa, né di riuscire a tenere separati i due fronti.

Sua madre, com'era tipico per le donne della sua generazione, appena sposata aveva rinunciato al suo impiego da infermiera, e in India fare la casalinga era meno gravoso, perché tutti avevano dei domestici, comprese le famiglie piccolo-borghesi come la loro. A lei non era mai toccato uscire di corsa ogni mattina per andare in ufficio, e rincasare da una figlia adolescente che accampava diritti, e da due bambini convinti che la cena comparisse in tavola come per magia.

Frances aveva incontrato per la prima volta delle madri lavoratrici alla facoltà di antropologia della UCLA. Le altre dottorande sembravano conciliare con disinvoltura maternità e lavoro, parcheggiando senza rimorsi i figli all'asilo, e lei era ancora troppo disorientata dal sistema universitario americano – tesine scritte invece degli orali, l'obbligo di tenere lezioni a matricole talvolta più vecchie di lei – per andare oltre le loro maschere sorridenti. A quel tempo non avrebbe mai immaginato di fare la stessa fine.

Del resto, anche le sue sorelle avevano un marito e dei figli, eppure conducevano una vita identica a quella di sua madre. In tutta Goa, c'era solo una donna costretta a lavorare, ma era un'eccezione. La salute incerta del marito gli impediva di svolgere una professione a tempo pieno, così le suore si erano impietosite e avevano offerto alla moglie un posto da segretaria nella loro scuola.

Quando aveva sposato Jay, Frances era a metà del dottorato in antropologia, e il lavoro una prospettiva ancora remota, una preoccupazione che riguardava gli studenti più grandi. Lei doveva ancora terminare i corsi, affrontare gli esami, imbarcarsi nel lungo e faticoso processo di stesura della tesi. Con la sua laurea in economia e commercio, Jay si definiva ironicamente un «marito portatile», capace di trovare ovunque un impiego, e lei non aveva mai sostenuto un colloquio.

Poi Frances era rimasta incinta e, di comune accordo con lui, aveva deciso di prendersi una pausa di un anno, per dedicarsi esclusivamente a Mandy. Dopodiché si erano trasferiti a Sherman Oaks, e la distanza dalla sede della UCLA, oltre alle esigenze continue della bambina, le avevano reso impossibile tenersi in pari con gli studi. L'università non le mancava, e una mattina aveva capito di avere perso ogni ambizione a proseguire. L'aveva un po' intristita rinunciare al primo dottorato della sua famiglia, per quanto Jay ritenesse un po' inconsistente la sua specializzazione: «Una dottoressa non dottoressa che, invece di prescrivere farmaci, potrebbe al massimo raccontare delle storie». Ne avevano parlato a lungo. Completare gli studi avrebbe richiesto almeno cinque anni, e lo stipendio di Jay non sarebbe bastato se volevano altri figli, una casa più grande, una bella macchina.

Frances doveva trovarsi un lavoro, e quello di agente immobiliare le era sembrato la soluzione ideale.

«È perfetto», aveva detto a Jay. «Potrei lavorare nei weekend, mentre tu badi a Mandy, e anche durante la settimana avrei orari flessibili. E farei soldi a palate».

«Peccato che abbiamo già comprato una casa», aveva risposto Jay. «Potevamo risparmiarci il costo dell'agenzia».

Frances aveva approfittato del riposino di Mandy per prepararsi alla certificazione e, una volta cominciato a lavorare, giustificava il suo cambiamento di rotta sostenendo che «in fondo, anche come agente immobiliare sfrutto la mia formazione da antropologa». La frase suscitava puntualmente una risata, e allo stesso tempo evidenziava il suo quasi-dottorato, informando l'interlocutore del suo percorso accademico.

Solo dopo l'ingresso nel mercato immobiliare aveva toccato con mano i sacrifici necessari a mettere il suo nome sul cartello posto fuori da una proprietà, con la soddisfazione di vederci scritto VENDUTO O ROGITATO. Era un mondo completamente diverso da quello del suo unico lavoro precedente, come assistente alla cattedra di antropologia. All'università era lei a prendere le decisioni, e gli studenti le riconoscevano autorità assoluta sulla diffusione del cattolicesimo nel subcontinente indiano. Invece gli agenti immobiliari erano un po' come i domestici in India, le cui vite dipendevano dalla gentilezza o dalla crudeltà della *memsahib*. Nel suo caso, i clienti erano in larga parte persone educate, e ciò nonostante doveva sottostare a pretese assurde, subire rimostranze e capricci, solo per non perdere una provvigione.

Gli orari flessibili su cui aveva contato si erano in realtà rivelati rigidissimi. Ancora adesso provava una fitta di rimorso e di incredulità per avere lasciato Mandy sola in casa, e con la bronchite, perché un cliente si era intestardito a pretendere un appuntamento, mentre Jay era fuori città. E poi c'erano stati i molti martedì in cui aveva spedito a scuola i bambini febbricitanti perché non poteva mancare alle visite di sopralluogo. Viveva nel terrore di ricevere una telefonata dall'infermeria scolastica, con l'ordine di andarli a riprendere, e l'accusa implicita di essere una madre degenere.

Le altre donne in ufficio accettavano quel dilemma

come parte del loro stile di vita. Erano abituate fin da piccole all'idea di lavorare fuori casa, e spesso definivano meno stressanti gli impegni professionali delle cure costanti che i bambini pretendevano.

Frances, al contrario, si era sentita perfettamente realizzata nel ruolo esclusivo di madre. Era uno dei motivi per cui aveva accettato di imbarcarsi in una terza gravidanza. Jay desiderava un maschio, e lei non vedeva l'ora di prendersi un congedo di maternità, per allattare il suo neonato e farlo addormentare tra le sue braccia.

La situazione era un po' migliorata quando Mandy era stata abbastanza grande da badare ai fratelli minori, e tuttavia Frances non si era mai rassegnata a quella svolta imprevista nella sua vita, ai suoi occhi l'unico lato negativo del trasferimento negli Stati Uniti.

Comunque non voleva addossarne il peso ai bambini, e a loro non aveva mai confessato quanto avrebbe fatto a meno di un impiego, né i molti momenti difficili delle sue giornate lavorative.

Così, invece di spiegare a Mandy l'irritante voltafaccia dei Miller, preferì restare sul vago: «Ho avuto molto da fare in ufficio».

«Devo finire la ricerca», rispose la figlia, voltandosi di nuovo verso lo schermo del computer.

Frances restò a fissare la schiena rigida della ragazza, la testa inclinata a sinistra: era davvero concentrata o fingeva per liberarsi di lei?

Le scorsero davanti agli occhi centinaia di immagini di Mandy mentre studiava. A nove anni, rannicchiata sul divano, a rispondere alle domande prima ancora che sua madre terminasse di formularle. Alle medie, sempre capace di cavarsela da sola con i compiti, con l'unica eccezione di qualche progetto più impegnativo.

E una volta ottenuto il computer, chiusa in camera a studiare fino a tarda notte, decisa a mettere in pratica la sua ambizione di diventare neurologa.

Da dove le fosse venuta l'idea di laurearsi in neurologia, era un mistero. L'aveva annunciata un giorno, di ritorno dall'asilo, aggiungendo che avrebbe studiato a Harvard. Frances e Jay erano rimasti sbalorditi anche solo del fatto che conoscesse il nome di quell'ateneo, e avevano riso della sua contrarietà all'osservazione di un vicino di casa, laureato a Yale: «Harvard non è l'unica università del mondo, sai?».

Ormai avevano fatto l'abitudine alle sue pagelle impeccabili quando, quell'anno, i voti erano precipitati a una sufficienza stentata. Mandy non aveva nemmeno tentato di giustificarsi, commentando con un'alzata di spalle: «Meglio di una bocciatura».

Frances aveva subito temuto che sua figlia fosse stata presa di bersaglio dai compagni, o ci fossero incomprensioni con gli insegnanti, ma a sentire lei era tutto come al solito. «Evidentemente non ero preparata», si limitava a dire.

Da quel momento, se la vedeva studiare, Frances sperava subito in una svolta, nel ritorno ai buoni voti di un tempo. Vane illusioni.

Non le avrebbe permesso di accampare la scusa della scuola per svicolare dalla sua unica incombenza domestica.

«Fila a pulire in cucina», le disse, e in quell'istante sentì risuonare la voce di Lily.

«Mamma, sei tornata!», urlava sua figlia dal salotto. «È arrivata una busta rossa per te».

«Di cosa si tratta?», rispose Frances, seguendo il richiamo acuto e stridulo della bambina.

Lily era ancora abbastanza piccola da emozionarsi quando la vedeva rincasare, e non riusciva a prendere sonno senza il suo bacio della buonanotte. Le corse incontro, gettandole le braccia al collo. Frances strinse a sé il corpicino della bimba, sapendo che presto anche lei, come Mandy, avrebbe cominciato a snobbarla. Sam non era altrettanto espansivo. D'altra parte, lui era un maschio, come sottolineava compiaciuto Jay.

«È una busta molto carina, rossa e dorata. L'ho messa sul tavolo in sala da pranzo. So che ti arrabbi quando trovi la posta per terra».

«La solita perfettina», commentò astiosa Mandy, superandole per andare in cucina.

«Sam è ancora in giardino?», domandò Frances, ignorando il sarcasmo della figlia maggiore.

«Sta cercando dei cristalli. Ne hanno trovati nel cortile della scuola, e lui è sicuro di scovarne anche qui. Vuole venderli su eBay. Guarda, mamma, non è bellissima?», aggiunse Lily, mostrandole una busta enorme.

Probabilmente un altro invito a un matrimonio. Ultimamente molti indiani usavano internet per farsi disegnare e stampare gli inviti in patria. La loro cerchia di amici indiani si era andata diradando; era raro incontrarne di nuovi, e loro erano troppo impegnati per tenersi in contatto con quelli vecchi. Ma in occasione dei matrimoni, la gente ritirava fuori numeri e indirizzi archiviati da anni, e Frances e Jay avevano ricevuto inviti da persone viste l'ultima volta alle elementari. Di norma, non si sentivano tenuti ad accettare, e i cartoncini finivano puntualmente nel cestino, o venivano riciclati da Lily per qualche lavoretto scolastico.

«È da parte di Vic e Priya Jha», disse Frances, leggendo l'indirizzo del mittente e aprendo la busta. «Probabilmente le nozze del loro primogenito». Nikhil aveva solo quattro anni più di Mandy, era un po' troppo giovane per sposarsi, ma forse Vic aveva scelto di seguire la tradizione, combinandogli un matrimonio come i suoi genitori avevano fatto con lui.

Il biglietto era appariscente come mai ne aveva visti: un intreccio di fiori e frutti di mango a forma di porta, in rilievo giallo dorato su sfondo rosso. Le due pagine erano chiuse da un nastro dorato e, dopo averlo sfilato, ne uscì un invito.

«Oh, non è per le nozze».

«Forse per il divorzio», commentò acida Mandy, tornando in camera sua. «Le formiche non ci sono più».

«È una festa per Nikhil. Si è laureato al MIT».

Frances restò a fissare il biglietto sgargiante, immaginando per un istante il nome di sua figlia sul cartoncino: "Abbiamo il piacere di invitarvi a festeggiare la laurea di Mandy a Harvard".

Avrebbe voluto sentirsi felice per Vic, e invece provava risentimento, tristezza e invidia. Lei non avrebbe mai assaporato il trionfo di un simile annuncio.

Di diritto, il successo accademico sarebbe spettato a Mandy, che a tre anni sapeva già usare correttamente l'espressione «è una mia prerogativa». Invece sua figlia si era barricata in camera, e aveva vanificato ogni opportunità cominciando ad andare male proprio all'ultimo anno di liceo, quando tutti gli altri stavano facendo domanda per l'università.

«Capirai che soddisfazione. Tipico degli indiani», osservò Mandy, alzando gli occhi al cielo.

La sua indifferenza, quell'insolenza sfacciata, esasperarono Frances. E alla rabbia si accompagnò il malessere ormai familiare, l'amarezza di veder sfumare ogni successo all'ultimo minuto, proprio quando pareva a portata di mano.

La vita intera cominciava ad apparirle come una sequela di avvii promettenti, seguiti da un fiasco. A partire dalla sua nascita. Accompagnando la moglie in ospedale, suo padre era pieno di ottimismo, talmente certo che dopo quattro femmine sarebbe finalmente arrivato il maschio tanto agognato da averne già scelto il nome: Francis. Poi il dottore aveva annunciato: «È un'altra bambina», e suo padre aveva cambiato la I in E, tramutando la delusione in un aneddoto divertente da raccontare ai parenti.

Ormai Frances avrebbe dovuto fare l'abitudine agli scherzi del destino, e invece la porta chiusa della stanza di Mandy la sbeffeggiava, rammentandole quante altre, sul più bello, le erano state sbattute in faccia.

Se solo il signor Miller avesse telefonato qualche minuto dopo.

Se solo Mandy avesse continuato a prendere buoni voti.

«Credi che una laurea al MIT sia uno scherzo?». La frustrazione e il nervosismo le avevano fatto alzare la voce. «Arrivi a stento alla sufficienza, e hai il coraggio di snobbare un risultato simile?». Sapeva che sua figlia si era già infilata le cuffie, per isolarsi nel suo mondo elettronico, ma non riusciva a trattenersi. «Si è laureato con il massimo dei voti. Significa che aveva una media perfetta. Ti va di scherzare anche su questo?».

«Che succede?», domandò Jay, aprendo la porta di casa. «Ti si sente urlare dal vialetto».

Non era da lei strillare in quel modo, e suo marito si preoccupava dei vicini. Al lavoro, quando i colleghi si lagnavano della mezza età, del mutuo e delle azioni in picchiata, a lui piaceva ribattere: «E che ne dite di una moglie in menopausa e una figlia adolescente?». Ma come per molte delle sue battute, non c'era proprio niente da ridere.

«Nikhil si è laureato al MIT, e tua figlia lo trova divertente». Gli allungò l'invito.

«Papà, hai visto che bel cartoncino?», gli domandò Lily.

«Altroché», rispose lui, calcando sull'entusiasmo, grato di quella distrazione.

«Non hai gli occhiali», protestò Lily. «Non l'hai nemmeno visto».

«Adesso sì», rispose lui, tenendo l'invito a distanza di un braccio. «È giallo e rosso, e davvero carino. E vedi qui, nell'angolo in basso?», chiese, indicando la scritta con il dito. «Dice "abito scuro"».

«Cosa significa?», domandò Lily.

«Che è richiesto lo smoking».

«Dovrai vestirti da pinguino?»

«Non necessariamente». Le accarezzò la treccia, legata con un fiocco di velluto. «Ma certo sarà una serata elegante».

Un invito inatteso e indesiderato, e chissà come Jay ci trovava un aspetto positivo. Frances gli invidiava la sua inclinazione a vedere il bicchiere mezzo pieno.

«Più che un pinguino, Vic sembrerà un pavone», commentò. «Non ti sembra da spocchiosi specificare "abito scuro"?», domandò poi, sottolineando subito il bicchiere mezzo vuoto.

«Oh, l'avrà preso dagli inviti a un bar mitzvah. Gli ebrei di Newport Beach devono essere raffinati quanto quelli di Studio City».

«A Newport Beach sono tutti ricchi sfond… simpatici». Si era corretta appena in tempo. Lily aveva drizzato le orecchie. Ultimamente aveva preso il vizio di fare domande imbarazzanti: «Perché noi non abbiamo la piscina?», oppure: «Perché papà ha di nuovo cambiato lavoro?».

Sam entrò di corsa, urlando: «Ho trovato uno zaffiro!».

«Fammi vedere, fammi vedere», lo implorò sua sorella.

«Papà, quanto credi che valga?».

Jay esaminò il sasso. «Niente?», propose, arcuando le sopracciglia.

«Impossibile!», protestò Sam. «Gli zaffiri costano un sacco».

«Certo, Sam. Gli zaffiri. Questo purtroppo è solo un ciottolo blu».

«Sam, Lily, andate a fare i compiti», disse Frances, appoggiando l'invito sul pianoforte, a faccia in giù, per non avere quella scritta pacchiana sotto gli occhi.

Ma l'immagine del cartoncino rosso continuava ad assillarla, come una beffa. Al pari di Frances e Jay, Vic era arrivato negli Stati Uniti per studiare alla UCLA, ma era riuscito a realizzare il sogno di ogni immigrato. Frances si era abituata a pensarlo ricco perché aveva fondato ed era titolare di una società di informatica. Adesso doveva aggiungere alle sue glorie anche un figlio laureato in uno dei più prestigiosi atenei del mondo. Poteva permettersi di organizzare una festa in una villa soprannominata da Jay "la reggia", mentre nei loro centocinquanta metri quadrati stavano stretti già in cinque.

Quella sera, dopo che Lily e Sam si erano addormentati e Mandy si era chiusa in camera – probabilmente incollata al suo amato computer, a giudicare dal fascio di luce sotto la porta – Frances tornò sull'argomento dell'invito.

«Dobbiamo andarci, sai?», dichiarò. «Siamo mancati alla festa del diploma perché Mandy doveva farsi togliere i denti del giudizio. Non possiamo saltarne due».

«Hai ragione. Qualunque cosa dicessimo, sembrerebbe una scusa».

«Forse dovremmo considerarlo un invito a un matrimonio, e regalargli un centinaio di dollari», sospirò Frances, pensando al conto in banca. «Non dimenticarti di segnare l'11 giugno sul calendario».

Restarono a letto, sdraiati l'uno accanto all'altra, a fissare il soffitto.

Lei fece per dire qualcosa, poi ci ripensò. Da molto tempo ormai non cercava più il conforto di Jay.

Quando si era aperto quell'abisso tra di loro? Ricordava distintamente, con nostalgia, le conversazioni serrate dei primi tempi del matrimonio, quando preferivano uscire a cena che andare al cinema per l'urgenza di condividere il resoconto della giornata. Poi era arrivata Mandy, e ogni giorno Frances aveva affrontato lo strazio di lasciarla al nido prima di raggiungere l'ufficio. A sera, doveva scapicollarsi per rincasare, preparare la cena, mettere a letto la bambina, e il cosiddetto "tempo libero" dei weekend bastava a stento per recuperare le faccende arretrate. Aveva appena cominciato a convincersi di avere trovato un equilibrio tollerabile tra i ruoli di madre, moglie e professionista, quando in rapida successione erano arrivati Lily e Sam, e lei si era trasformata in un derviscio rotante, sempre con l'occhio all'orologio, perennemente trafelata tra un impegno e l'altro. Tra Frances e Jay era calato il silenzio, e non se n'era nemmeno accorta.

«Non posso proprio lamentarmi», era la sua frase di rito, quando le colleghe parlavano male dei loro mariti. «Jay è un tesoro, è molto collaborativo».

Sua madre aveva insegnato a lei e alle sue sorelle che i problemi non si mettono in piazza. Lei stessa aveva sempre finto che filasse tutto alla perfezione, non avrebbe ammesso nemmeno in un confessionale che a fine mese la sua famiglia si riduceva a mangiare riso e *dal*, perché mancavano i soldi per comprare carne o verdura. E, in fondo, quelle di Frances non erano bugie vere e proprie. Lei e Jay avevano i normali problemi che derivano dalla gestione di una casa e dei figli, ma niente di tragico, grazie a Dio: nessuno sfratto, cancro, o un'intrusa pronta a prendere il suo posto e mandarle all'aria il matrimonio. Forse non si era accorta dei silenzi perché si erano insinuati gradualmente, così come un cucciolo cresce un po' ogni giorno, e tutto d'un tratto lo scopri grande.

Poi era scoppiata la questione di Mandy, e ogni sera, per un breve periodo, lei e suo marito avevano ripreso a parlare. Ma quelle conversazioni avevano soltanto aumentato il divario perché, malgrado si trovassero nella stessa stanza, quanto dicevano li poneva su due continenti diversi.

«Non riesco a capacitarmi di quanto tu sia diventato americano», protestava lei. «Sei davvero convinto che quella di Mandy sia solo una crisi passeggera?»

«Sei tu a essere assurda, con i tuoi pregiudizi indiani», ribatteva lui. «Cosa proporresti? Di chiuderla in camera a doppia mandata per costringerla a studiare ventiquattro ore al giorno? In India lo fanno, ma qui ai giovani è concesso commettere errori. Vedrai, si riprenderà. È solo questione di tempo».

Quanto aveva sperato che fosse vero, sforzandosi di vedere nella figlia una qualsiasi adolescente americana e, nella sua indolenza – un lusso inaccettabile in India – una normalissima fase di crescita. Chissà, forse aveva ragione Jay.

«Questo Paese è più indulgente», ripeteva sempre. «Una seconda possibilità non si nega a nessuno».

Frances si girò a guardarlo. Nessun altro al mondo poteva capire la sua gelosia per il successo di Nikhil, mentre sua figlia procedeva a rotta di collo verso il fallimento. Le sue colleghe si dimostravano sempre felici dei risultati altrui, e lei si era chiesta se fossero sincere, se gli americani fossero immuni dall'invidia perché vivevano in un Paese florido e non dovevano lottare con le unghie e con i denti per qualsiasi cosa, dal posto sull'autobus a un buon impiego. Oppure, come sosteneva Jay, era l'estraneità di Frances alla loro cultura a impedirle di leggere tra le righe.

Ripensò alla scena in salotto. Suo marito non si era angosciato per l'invito, limitandosi a scherzare sulla richiesta di un abbigliamento formale. Ma era la sua caratteristica: all'UCLA lo chiamavano "Jay il giullare".

Nel frattempo, al buio, lui fissava le pale del ventilatore sul soffitto. Dopo aver spento la luce, l'oscurità gli era sembrata totale, mentre adesso distingueva chiaramente le pale. Se solo la vita fosse stata così. Se fosse rimasto a fissare Mandy abbastanza a lungo, sarebbe riuscito a capirla?

Da quand'era nata, tutti sostenevano che gli somigliasse come una goccia d'acqua. Stessi occhi, stessi capelli, stessa conformazione del cranio. Da tempo, però, a Jay era venuto il sospetto di averle trasmesso anche dell'altro.

Stava diventando come lui?

Anche lui era stato un ottimo studente. Gli bastava applicarsi il minimo indispensabile per passare gli esami a pieni voti. E le sue abilità andavano oltre lo studio e si attirava l'ammirazione dei coetanei per come suonava la chitarra, tirava di scherma, giocava a tennis. Lui si beava di quegli elogi, e forse proprio per questo era passato continuamente da un interesse all'altro, senza mai approfondirne nessuno: con la chitarra strimpellava qualche accordo, ma non conosceva la diteggiatura, e non sapeva leggere uno spartito; e quanto al francese, l'infarinatura gli bastava a capirlo, ma non a parlarlo. Suo padre era andato su tutte le furie e aveva insistito affinché si dedicasse a un'unica cosa con serietà, ma lui non gli aveva dato retta, giudicandolo un uomo troppo limitato per comprendere un figlio tanto eclettico.

Ciò nonostante, in cuor suo, conosceva bene il motivo per il quale non si era mai specializzato in niente. Si era sempre arreso alla prima difficoltà. «Mi è venuto a noia», mentiva, con un'alzata di spalle. In India aveva terminato il college solo perché il programma di studi era facile; e comunque, se si fosse impigrito, i suoi insegnanti avrebbero subito avvertito la famiglia.

I professori americani di Mandy lasciavano correre. Negli Stati Uniti gli studenti non erano motivati dal senso di colpa dei loro coetanei indiani, vittime del disprezzo unanime se si fermavano al diploma. In patria, non aveva importanza se eri un campione di cricket: contava solo il rendimento accademico.

Forse Mandy si era scoraggiata quando le lezioni erano diventate troppo difficili. All'inizio del liceo, era prima della classe, e finiva i compiti talmente in fretta da avere sempre tempo per leggere mucchi di libri presi dalla biblioteca. A quanto diceva Frances, ultimamente aveva smesso anche di leggere. Di questi tempi, la sua unica occupazione era ascoltare la musica.

«Ha preso da me», aveva risposto Jay quando sua moglie l'aveva informato dell'ultima passione della figlia. «Alla sua età, ero un maestro in musica». Aveva ripetuto la stessa cosa ogni volta che Mandy eccelleva in qualcosa: prima il pianoforte; poi il nuoto, abbandonato malgrado gli ottimi piazzamenti nelle gare; infine la danza. Si era aggiudicata il ruolo di protagonista nel saggio annuale della scuola, ma aveva preferito rinunciare. «Troppe ore di prove», si era giustificata, voltando le spalle all'ennesima occasione. E adesso che vivevano in America, i genitori non avevano potuto farci niente.

Forse l'inconcludenza era un gene che si tramandava di padre in figlia.

Dal respiro irregolare di sua moglie, indovinò che era ancora sveglia.

«Come sta andando Mandy a scuola?», domandò a bassa voce, incerto se avventurarsi su quel terreno minato. Ai tempi in cui avevano discusso ed esaminato nel dettaglio i voti inaspettati e inaccettabili della ragazza, Frances aveva sostenuto che dovevano essere più severi, costringerla a studiare, mentre lui aveva preferito temporeggiare: «Le passerà».

«Va come al solito», rispose la moglie, monocorde. Dopo le tante novene che aveva recitato, non riusciva ancora a capacitarsi che Dio si rifiutasse di esaudirla.

«Forse le servono delle ripetizioni», azzardò lui.

"Che stia passando dalla sua parte?", pensò Frances. «Gliel'ho già proposto. Ha reagito come se volessi imporle un marito».

«Almeno li fa, i compiti?».

Una delle cose più esasperanti della ragazza era il vizio di "dimenticarsi" la consegna dei compiti. Li illudeva con un otto in un test, ma poi invariabilmente la pagella era una doccia fredda, con una media abbassata drasticamente dai "non classificati" nei compiti.

«Io glielo chiedo sempre», rispose Frances.

«Ma glielo ricordi?»

«È naturale!». Le montò di nuovo la rabbia. Perché, invece di farle il terzo grado, non parlava con sua figlia? Ma era inutile inalberarsi. Avevano deciso di comune accordo che, visti gli orari di lavoro di Jay, toccasse a Frances seguire i compiti dei ragazzi. Lui le dava una mano quando trovava il tempo, ma era un'eccezione, non la regola.

La riteneva responsabile del fallimento di Mandy?

Anni prima, Jay se l'era presa con lei quando gli insegnanti avevano consigliato un logopedista per Lily: come aveva potuto non accorgersi che la bambina non pronunciava le R?

«E tu, sei sordo?», era sbottata Frances. «Ogni volta che i bambini hanno un problema, dai la colpa a me, e quando riescono in qualcosa, te ne attribuisci il merito».

Stavolta, però, era lei a sentirsi in difetto, a domandarsi se Mandy sarebbe riuscita meglio a scuola con una madre più presente. Forse la ragazza aveva rinunciato a chiedere il suo aiuto, vedendola ogni sera indaffarata a rispondere alle chiamate dei clienti, preparare la cena, mettere a letto Lily e Sam.

Julia Carnahan, la collega con la scrivania dietro la sua, aveva cominciato a lavorare solo quando il figlio minore si era iscritto al college, e sosteneva che i ragazzi hanno bisogno della presenza dei genitori, soprattutto al liceo.

«La gente crede che i bambini soffrano al nido e all'asilo», le aveva detto. «Ma rifletti: in realtà adorano giocare con i coetanei, e alla peggio si beccano qualche raffreddore o febbre in più, con il vantaggio di rinforzare le difese immunitarie. Sono gli adolescenti ad avere davvero bisogno della vicinanza dei genitori. Io ero sempre in casa, ad ascoltare le loro conversazioni, controllare la cartella, frugare nelle loro stanze».

A Frances era sembrato un discorso sensato, e ancora una volta aveva rimpianto di non potersi permettere un part-time. Ma, lavorando a loro volta, i clienti le fissavano spesso appuntamenti nel tardo pomeriggio, costringendola ad affidare a Mandy i fratelli minori. Aveva perso il conto delle serate in cui, rientrando, li trovava già a letto, e poteva solo sperare che avessero fatto i compiti.

«So che le ricordi di studiare», disse Jay. Sospirò. «Non sarà depressa, per caso?».

Anche quello era stato un motivo di litigio. La psicologa della scuola aveva suggerito che il peggioramento nel rendimento scolastico di Mandy fosse dovuto alla depressione, e aveva consigliato un analista. Loro due avevano subito fissato un appuntamento, e l'avevano accompagnata direttamente dopo la scuola. Ma al termine della seduta, l'analista si era rifiutato di parlargliene, menzionando il segreto professionale: una reticenza che Frances aveva trovato allarmante. L'unica cosa di cui li aveva informati era che Mandy si era comportata da tipica adolescente, rifiutandosi di collaborare.

«Che significa?», avevano chiesto Frances e Jay, in

coro. In quello studio tappezzato di libri, e senza il divano, si sentivano entrambi come immigrati clandestini. L'assistenza psicologica non era coperta dall'assicurazione, e loro si erano augurati che la figlia non avesse bisogno di troppe sedute.

«Significa che ci vorrà un po' più del previsto per arrivare al fondo del problema», aveva risposto l'analista.

Dopo tre appuntamenti, Frances aveva deciso che la cura non stava funzionando.

«Trecento dollari, e ancora nessun cambiamento», aveva detto a Jay. «E ogni volta Mandy pianta una storia per non andarci. Chiederò all'analista di interrompere per un po'».

Jay sapeva che quella pausa non sarebbe stata temporanea, e si era opposto.

«È solo per i soldi, vero?», si era inalberato. «Come puoi metterli prima del benessere di tua figlia?»

«Io passo con lei più tempo di te, sai?», aveva ribattuto Frances, lasciando trapelare dalla voce quanto quell'accusa l'avesse ferita. «Mandy non mostra alcun sintomo di depressione. Mangia regolarmente, e non passa le giornate a piangere».

Persino lui aveva dovuto ammettere che l'unico cambiamento visibile nella figlia riguardava la scuola. Il disordine in camera e la maleducazione erano una costante fin dalla terza liceo. Così Frances l'aveva spuntata, ed era tornata a osservarla in silenzio, sperando in un miglioramento.

«Come ho detto», rispose ora, «nessun cambiamento».

Silenzio.

Fuori si sentì miagolare un gatto, poi un calpestio sul vialetto. Probabilmente un procione aveva fatto la tana in giardino. Frances lo aveva intravisto solo una volta, ma le tracce della sua presenza erano chiaramente visibili dagli escrementi che lasciava sul prato.

Non poté trattenersi dall'aggiungere: «Chissà se Vic ha avuto guai simili con Nikhil».

«Anche se fosse, non lo ammetterebbe mai. Forse suo figlio è come lui, assolutamente determinato».

«Be', qualcosa Vic deve averla azzeccata nella sua educazione. Nikhil si è laureato al MIT, e persino il figlio di Lali ha appena cominciato a Harvard». Le veniva automatico associare Vic e Lali. Si erano conosciuti tutti e quattro quando studiavano alla UCLA, e malgrado da allora si sentissero solo raramente, nelle occasioni speciali i vecchi legami tornavano a galla.

«Forse dovremmo solo accontentarci di ciò che abbiamo», disse, acida. «Ecco perché siamo venuti qui: per offrire ai nostri figli delle opportunità che in India non avrebbero mai avuto».

«Mandare i figli in classe non significa farne persone... di classe».

«Per favore, piantala con questi giochi di parole. Mi danno proprio sui nervi».

Jay si rannicchiò sul bordo del materasso. Un tempo le piacevano i suoi *calembours*, ed era sempre fiera di lui quando a una festa strappavano una risata.

Lei lo sentì alzarsi dal materasso.

«Ti chiedo scusa. Colpa della stanchezza», disse. «E della delusione. I Miller avevano ricevuto un'offerta, e si sono tirati indietro all'ultimo minuto».

«Mi dispiace».

«Contavo tanto su questa vendita, mi sembrava già di vedere la luce in fondo al tunnel».

«Non credi sia il caso di cambiare lavoro?»

«Con questa crisi?».

Non era la prima volta che Jay le suggeriva di cercare un altro impiego. Frances lo percepiva come un rimprovero. D'altra parte, era comprensibile: la loro situazione finanziaria preoccupava anche lui. Per ridurre le spese, si portava il pranzo da casa, e non comprava da anni un completo nuovo.

La mente di Frances tornò al cartoncino rosso, e alla busta per rispondere all'invito, del medesimo colore sgargiante.

«Vic non è cambiato, è il solito taccagno. Il biglietto è più dorato di un sari nuziale, ma la busta per rispondere non è nemmeno affrancata». Almeno sulla tirchieria dell'amico lei e Jay si erano sempre trovati d'accordo.

«Se si trattasse di un altro, penserei a una svista. Ma Vic ha sempre approfittato quando poteva risparmiare a spese degli altri». Nel tono di voce si era insinuato un cenno di sorriso.

«Ricordi alle feste, quando si presentava puntualmente a mani vuote? Ogni volta gli suggerivo almeno di comprare una bottiglia di vino da quattro dollari, ma lui non mi ha mai dato retta».

«Si comportava ancora come in India, dove portare qualcosa a una cena è un'offesa, nemmeno si accusasse il padrone di casa di non essersi prodigato a sufficienza. Forse era una scusa, eppure lui sembrava in buona fede».

«Se n'è sempre infischiato di integrarsi. Ti ricordi quei suoi occhiali spessi, le infradito di gomma, e le tuniche sdrucite che si ostinava a indossare?».

Vic era stato il primo della sua famiglia a ricevere un'istruzione, e a imparare l'inglese. I suoi genitori dicevano «*Yumrica*» invece di «America», e proprio per via della sua bassa estrazione sociale Frances non si sentiva in soggezione davanti alla sua intelligenza. Stranamente, Vic non faceva mistero di pagare la retta grazie a una borsa di studio. D'estate rimediava sempre dei lavori ben retribuiti, ma ovunque andasse si portava dietro quell'aria da provinciale.

Frances non si sarebbe mai abbassata a fidanzarsi con un uomo del genere.

Jay era l'esatto opposto. Le era piaciuto tutto di lui, persino il nome – Jayant – molto più originale dei soliti Mohan, Prakash e Ram. La sua famiglia possedeva una vasta tenuta nell'India settentrionale, e lui si era diplomato in una scuola privata nel Darjeeling. A Nuova Delhi aveva frequentato lo stesso college del padre, il St Stephen's, e poi si era iscritto al master della UCLA, a spese dei genitori.

Il padre era il rampollo di una famiglia di proprietari terrieri, e la dote della madre includeva due purosangue da corsa. L'uomo aveva pensato di farli riprodurre, ma il suo piano non aveva funzionato. Jay la buttava sul ridere – «Forse avrebbe dovuto guardarlo in bocca, quel caval donato» – ma Frances era rimasta folgorata da quell'ambiente che aveva conosciuto solo nei film e nei libri.

Tutto, dalla sua famiglia alle sue esperienze, lo distingueva e lo poneva a un livello superiore rispetto a Frances. Come le sue amiche indiane, anche lei aveva studiato nella scuola cattolica del quartiere, gestita da carmelitane in abito marrone, e aveva frequentato il college nella squallida Hyderabad, una cittadina di provincia nemmeno paragonabile a una metropoli come Nuova Delhi. Le risorse della sua famiglia bastavano a stento per la retta. Suo padre era insegnante di matematica in una scuola dei gesuiti, l'omologo maschile dell'istituto delle carmelitane, e arrotondava lo stipendio dando lezioni private.

Frances era nervosissima al momento delle presentazioni con i genitori di Jay, tre anni dopo le nozze. Era la prima volta che incontrava indiani di rango elevato, e non si era mai vergognata tanto delle sue origini a Goa. E del suo cattolicesimo. La famiglia di Jay apparteneva alla casta braminica da secoli, era ricca da generazioni. Il loro nome godeva di ben altra risonanza rispetto a quella che lei aveva attribuito al proprio: era convinta che Frances Dias fosse più raffinato dei pedestri Sita Gopal, Rani Choudhry, Malini Nair. Ma anche quella magra consolazione era stata spazzata via quando Frances aveva fatto il suo ingresso nell'immensa residenza dove la padrona di casa le aveva offerto dolci da un vassoio d'argento («Non è questione di privilegio», le aveva detto Jay, «è solo che per le stoviglie la mia famiglia ha sempre preferito quello agli altri metalli»), mentre uno stuolo di domestici si inchinava al ritorno del figliol prodigo.

Naturalmente, era per colpa di Frances se i genitori la pensavano così. Jay non aveva chiesto il loro permesso per sposarla. Sapeva che l'avrebbero negato. Con ogni probabilità, condividevano il tipico pregiudizio indiano contro la gente di Goa, di solito malvista perché rinunciava alla propria religione e ai propri nomi di famiglia per passare dalla parte dei portoghesi. Sarebbe bastato il suo cognome a rivelare che Frances non era degna di diventare la moglie di Jay.

Poi c'era stata la questione spinosa della sua carriera. Frances studiava antropologia, con una specializzazione sull'India.

«Perché andare fino in America per studiare due secoli di rito cattolico in India?», aveva domandato incredulo il suocero, laureato in filosofia a Oxford.

Al suo arrivo alla UCLA, tutti le ponevano la stessa domanda. Le sue compagne si complimentavano con Frances per la sua astuzia mentre lei spiegava di aver sempre sognato il trasferimento negli Stati Uniti: quale miglior biglietto da visita se non un progetto di cui conosceva già lingua d'origine e background culturale? Ma la spiegazione che pareva tanto brillante alle sue amiche, agli occhi del suocero la faceva sembrare troppo stupida per studiare qualunque altra materia. Lei aveva rivolto uno sguardo smarrito a Jay, che aveva prontamente sviato il discorso sui progetti del fratello minore dopo il college, da sempre un tema delicato in famiglia. Ciò nonostante, non c'era alcun dubbio che il matrimonio di Jay fosse stato una delusione per i suoi genitori, da ogni punto di vista.

Eppure lui l'aveva scelta, facendo la proposta a due anni dal loro primo incontro, durante una festa per matricole.

Frances ci era andata solo perché trascinata dalla sua coinquilina, Katrina, e le era rimasta incollata fino a quando Jay si era avvicinato, offrendole un bicchiere di vino. Di fronte a tanta disinvoltura, lei si era sentita ancora più insignificante e impacciata. Vic aveva fatto tappezzeria finché il rettore dell'università, che da studente era stato in India, lo aveva strappato al suo angolo per presentarlo agli altri. L'ultimo membro della "banda dei quattro", come avevano cominciato a chiamarsi, era Lali. Disse di essere venuta alla festa perché il suo tutor le aveva garantito che ci sarebbero stati un mucchio di dottorandi. «E con chi mi ritrovo, invece? Con un trio di indiani che avrei potuto conoscere senza muovere un passo da Bangalore!».

Malgrado ciascuno studiasse in facoltà diverse, la banda si era tenuta in contatto, perché all'inizio degli anni Ottanta non erano molti gli indiani iscritti all'università. Quando Frances lo raccontava ai suoi clienti, i più giovani restavano sbalorditi; adesso, dicevano, era impossibile frequentare la UCLA senza imbattersi in studenti indiani.

«Forse ci siamo avventurati fuori dall'armadio», scherzava lei, parafrasando *L'indiano nell'armadio*, un romanzo per bambini letto da Mandy in prima elementare.

L'ultima volta che si erano incontrati tutti e quattro era stato alla cena per la laurea di Jay. Anche Vic e Lali avevano discusso la tesi insieme a lui, ma naturalmente era stato solo il suo futuro marito ad accollarsi il conto. Quella sera Frances era particolarmente euforica, perché una settimana prima Jay l'aveva chiesta in moglie. Non riusciva a staccare gli occhi dall'anello, ancora estraneo – eppure così calzante – al suo anulare sinistro.

Seduta accanto a Jay, e tenendolo per mano, si era sentita finalmente realizzata, con un brillante futuro davanti a loro. Lui aveva già un lavoro, e insieme avevano firmato il contratto d'affitto per l'appartamento dove avrebbero traslocato dopo le nozze. Non c'era fretta di portare a termine il dottorato, l'aveva rassicurata Jay. Poteva fare le sue ricerche con tutta calma, per scrivere al meglio la tesi. A quanto diceva, avevano le carte in regola per diventare una coppia di successo: lui nel ramo finanziario, lei in quello accademico.

Lali era ancora zitella, e stava per traslocare a San Francisco, dove aveva trovato un impiego in un'agenzia pubblicitaria. Vic era indeciso se restare a Los Angeles, trasferirsi a nord, nella zona della Baia, o andare a sud, dalle parti di San Diego. Non aveva un piano di lavoro né risparmi da parte, e aveva accennato vagamente ad alcune persone interessate alla sua idea di formare una piccola società informatica.

«Sarà un fiasco clamoroso, poverino», aveva profetizzato Jay. Frances gli aveva creduto, e aveva temuto in cuor suo che Vic finisse per elemosinare da loro un po' di denaro.

Invece, con un perfetto tempismo, aveva fondato la VikRAM Computers. Il loro incontro successivo era stato nella sua villa di Newport Beach. Li aveva invitati a cena, a conoscere la moglie scelta dai suoi genitori. Priya parlava inglese come se fosse allergica a quella lingua, ma indossava un Rolex identico a quello che scintillava al polso del marito. Si vedeva a occhio nudo che gli affari gli andavano a gonfie vele, e poteva permettersi dei costosi lussi.

Era incredibile che proprio lui, che ancora pronunciava "computer" all'indiana, con l'accento sulla prima sillaba invece della seconda, abitasse in una casa enorme, con un doppio box doccia nel bagno padronale e una piscina olimpionica, affinché suo figlio potesse fare le vasche necessarie ad aggiudicarsi il podio in ogni gara, e infine coronare il tutto con la laurea al MIT. Vic – un uomo talmente sprovveduto che una volta, all'aeroporto di Amsterdam, aveva perso il volo per Los Angeles perché era rimasto strabiliato davanti alle scale mobili – aveva surclassato tutti i membri della banda dei quattro.

Adesso, però, Frances era stufa di pensare a lui. Il suo antico senso di superiorità ormai era svanito, lasciandole solo un dubbio sul perché lei e Jay, la coppia più promettente, fossero quelli con più difficoltà.

«Sono le undici», disse, guardando il quadrante graffiato della sveglia. Ormai era da buttare, ma persino quella spesa veniva sistematicamente superata dalla necessità di risparmiare per lavori più urgenti: una nuova cucina, le tegole del tetto, imbiancare le pareti. «Vado a dare un'occhiata a Mandy».

«Lascia, ci vado io», si offrì subito Jay. Aveva avvertito la sua irritazione, e voleva dimostrarsi collaborativo.

Fece ritorno in meno di un secondo. «La luce è spenta. Dev'essersi addormentata».

«Hai almeno aperto la porta? A volte spegne la luce, e resta al computer al buio».

«È tutto a posto», rispose lui, aggirando la domanda. Non voleva mentire, e allo stesso tempo non intendeva insistere con Mandy perché andasse a letto. Prima o poi lo avrebbe fatto da sola.

«Buonanotte, allora», sbadigliò Frances, tirandosi le coperte fino al mento.

Jay chiuse gli occhi, deciso a prendere sonno. Ma l'immagine dell'invito lo tormentava. Era *jaal*, come avrebbero commentato sprezzanti i suoi amici in India: l'eccesso di dorature lo rendeva dozzinale, e la decorazione pacchiana sapeva di arricchito e di cattivo gusto quanto troppo dopobarba. Ma la tragica ironia era che Vic – agli occhi di Jay sempre in contrasto con lo stile americano – aveva azzeccato proprio quel tocco di Bollywood, ora all'ultimo grido negli Stati Uniti, e insieme cosmopolita, come la laurea al MIT di suo figlio.

Jay ripensò al percorso tortuoso della propria vita, alle svolte e agli ostacoli che l'avevano condotto in quel letto, in quella casa. Era cresciuto nella certezza che ogni suo passo lo avvicinasse inesorabilmente a successi clamorosi. E invece era stato Vic a fare le scelte giuste.

Da principio, Jay provava compassione per lui, ma non aveva impiegato molto a capire che l'amico se la cavava benissimo per conto proprio, e a modo suo.

Anni prima, in vista di una riunione con potenziali investitori, e riconoscendo la maggiore familiarità di Jay con l'ambiente americano, aveva chiesto il suo aiuto per scegliere un completo. La giacca che gli aveva consigliato gli era sembrata bella, ma troppo cara. Voleva mercanteggiare con il commesso di Macy's.

«In America non si fa», si era affrettato a riprenderlo lui, in hindi. «E poi è in saldo, è già scontata».

«Lasciami fare», aveva risposto Vic, e Jay era rimasto a guardare, imbarazzato alla prospettiva di una figuraccia da immigrato pitocco.

Ma Vic non si era imbarcato nel negoziato tipico dell'India, in cui il prezzo viene rilanciato di continuo come una palla da tennis finché uno dei contendenti segna il punto. Aveva semplicemente mostrato al commesso un difetto del tessuto e aveva ottenuto, con grande stupore di Jay, un ulteriore ribasso del dieci percento.

«Visto? Non si sa mai, fino al momento in cui non ci provi», aveva commentato con un'alzata di spalle, mentre il commesso impacchettava il suo acquisto.

Jay aveva fatto l'abitudine alle strane consuetudini dell'amico, e spesso, come nel caso dell'episodio da Macy's, aveva dovuto ammetterne la superiorità.

Non aveva mai incontrato nessuno di simile a St Stephen's. I suoi compagni di college erano nati e cresciuti in città, e ne avevano i modi sofisticati. Dagli Stati Uniti, scriveva loro lettere piene di aneddoti divertenti sui *dehati* nei quali si imbatteva, e quelli rispondevano ammirati del fatto che un ragazzo di campagna abitasse tanto vicino a Hollywood. Ma, a dispetto dei suoi racconti, Jay si era legato quasi esclusivamente a Vic, adeguandosi alla visione americana: agli occhi degli occidentali, l'origine indiana li rendeva indistinguibili l'uno dall'altro. Ecco perché, una sera in cui avevano fatto tardi al bar e alzato un po' il gomito, gli aveva confidato i propri dubbi sul conto di Frances. Avevano fatto coppia fissa per i due anni del master e, in ossequio alla tradizione indiana, si erano limitati a baciarsi e tenersi per mano, senza andare oltre. E ciò nonostante, nell'imminenza di giugno e della cerimonia di laurea, Jay sapeva benissimo che Frances si aspettava una proposta di matrimonio.

«Siamo al bivio», aveva confessato a Vic, ordinando l'ennesima birra. «E il problema è che non so proprio quale strada prendere».

«No, il problema è che hai accettato di frequentarla, e adesso non vuoi fare la cosa giusta».

«Fai presto a parlare, tu, signor *Seedha rasta*».

«Certo, secondo te finora sono andato dritto per la mia strada. Ma io mi comporto così di proposito, per evitare complicazioni».

«Evidentemente non soffri di solitudine».

«Non troppo. In America non è difficile trovare compagnia».

«Aspetta un momento, vuoi dire che hai avuto delle ragazze?»

«Non le definirei vere e proprie ragazze. Diciamo delle donne».

«Tu?». Jay non credeva alle sue orecchie. In presenza di ragazze, Vic si era sempre chinato davanti alla sua esperienza, e Jay lo prendeva in giro, domandandogli cosa esattamente nel genere femminile avesse il potere di privarlo della parola. «Perché non me le hai mai presentate?»

«A loro ho sempre detto chiaro che si trattava solo di compagnia. Non le ho mai illuse».

«E non ti è mai capitato di privilegiarne una in particolare?»

«No. Mai. Ho promesso ai miei genitori di tornare a casa per sposarmi. Non posso deluderli».

«I miei credono che sposerò la figlia dei loro migliori amici. Lo danno per scontato, come la laurea con il massimo dei voti. Se sapessero di Frances, mi richiamerebbero subito in patria. Voglio dire, è cattolica. E originaria di Goa, per giunta». Non serviva aggiungere altro. Per quanto Vic parlasse poco della sua famiglia, erano evidenti sia la sua appartenenza alla casta braminica sia le origini rurali. Anche ai loro occhi, i cattolici erano stranieri. E quanto agli abitanti di Goa, persino il più analfabeta dei contadini li disprezzava. Gli angloindiani erano fieri delle proprie conoscenze britanniche, e ridevano della fierezza con cui a Goa ci si vantava di avere delle parentele portoghesi, incroci risalenti a secoli prima, e ormai del tutto irrilevanti.

«E quindi, comunque vada, una ragazza resterà scottata».

«Nei miei panni, tu cosa faresti?». Jay si sentiva abbastanza smarrito da chiederlo esplicitamente. Non aveva parlato a nessuno di Frances. Gli amici a casa continuavano a chiedergli se usciva con delle ragazze bionde, e i suoi genitori lo immaginavano a sgobbare giorno e notte sui libri. I compagni d'università americani non facevano domande, non trovandoci niente di strano, ma per timore del ridicolo lui non aveva mai rivelato che si trattava di una relazione esclusivamente platonica. Gli yankee non avrebbero potuto comprendere il fatto che Frances si aspettasse una proposta di matrimonio anche senza fare sesso, senza convivere, senza mai nemmeno accennare a progetti futuri. A lui, invece, bastava guardarla per leggerle in faccia la trepidazione all'inizio di ogni appuntamento, e la delusione quando la riaccompagnava a casa. E non riusciva a spiegarsi perché l'idea di sposarla lo opprimesse tanto.

Vic si appoggiò il mento alla mano, volgendo lo sguardo alla sala fumosa. «Forse non sono la persona giusta a cui chiedere consiglio», disse. «Io non sono come loro», e indicò con un cenno della testa gli studenti che affollavano il bar.

«E io sì, invece?». Jay si era sempre considerato più americano e progressista di Vic. Ma non somigliava affatto a quei ragazzi, ciascuno dei quali era probabilmente già andato a letto con sei donne diverse senza sentirsi in dovere di sposarne nessuna.

«Certo che lo sei. A Delhi anche tu eri un *Seedha rasta*, e non uscivi con le ragazze. In India, si sa, il minimo *hera pheri* porta dritto al matrimonio. Ma negli Stati Uniti, hai invitato Frances al cinema e altrove. Io invece non ho cambiato abitudini solo perché in tasca avevo dei dollari, invece delle rupie».

Per la prima volta, Jay lo aveva invidiato. Vic era così sicuro di sé, e aveva tenuto fede alle tradizioni, concentrando ogni energia sui progetti formulati a Kharagpur, quando ancora frequentava l'Indian Institute of Technology. E in seguito, proprio secondo i piani, aveva fondato una sua azienda informatica. A quel punto, doveva essere plurimilionario.

Mentre Jay, rientrando una sera dal cinema, aveva chiesto a Frances di prenderlo per marito. Non si era messo in ginocchio, non le aveva dato un anello con diamante. La sua dichiarazione era stata: «Che ne diresti se ci sposassimo?».

Sapeva che lei avrebbe accettato, considerando la proposta l'esito naturale dei loro anni insieme. Era totalmente ignara del fatto che Jay era stato indotto a quel passo da una telefonata con i genitori.

Suo padre era venuto subito al dunque, chiedendogli con quale media si fosse laureato.

«Papà», aveva riso lui, preparato a richieste del genere da anni di paternali. «Nessuno chiede a un dottorando il voto di laurea. Vale solo per le lauree di primo grado».

«Sciocchezze», aveva ribattuto suo padre. «Non ti sei iscritto a Oxford come ti avevo chiesto e, dato che le università americane sono più facili, mi aspetto il massimo dei voti».

Ancora non gli aveva perdonato di avere trasgredito alle tradizioni di famiglia, preferendo la UCLA a Oxford. Lo aveva destinato fin da piccolo al Balliol College, organizzando ogni anno un viaggio in Inghilterra e portandolo a passeggiare sui prati del campus con la stessa reverenza che si riserva a una chiesa. Jay aveva apprezzato l'imponenza degli antichi edifici, ma era rimasto più colpito dalla maleducazione della cameriera alla quale aveva dovuto richiedere tre volte una bottiglia d'acqua, e dal gelo che li aveva accolti all'ingresso nel pub. Forse la ragazza era villana con chiunque, e gli altri avventori si ammutolivano a ogni nuovo arrivo, ma lui avvertiva nell'aria la stessa ostilità percepita a Londra, dove un passante li aveva apostrofati con il termine dispregiativo "*paki*".

Così aveva deciso di diventare il pioniere della famiglia, avventurandosi più a ovest. La destinazione più lontana era Los Angeles, e la facoltà di economia della UCLA era rinomata. Non aveva chiesto il permesso del padre, così come non lo aveva informato di non essersi presentato all'esame di ammissione per Oxford. L'uomo lo aveva saputo solo a cose fatte, e lo aveva incenerito con lo sguardo, ma lui aveva tenuto duro, rifiutandosi di restare in patria un altro anno, in attesa della sessione successiva.

Alla fine, di malagrazia, suo padre si era rassegnato a finanziare il suo "assurdo capriccio", ma infilando nella conversazione continui riferimenti all'università dove Jay *avrebbe dovuto* studiare.

«Comunque la media dei voti non ha importanza», aveva proseguito al telefono. «Ti ho già procurato un ottimo impiego per quando torni. È a Delhi, io e tua madre abbiamo deciso che dicembre è il mese adatto per il tuo matrimonio. I genitori di Geet sono d'accordo. Quindi prendi la laurea, e poi il primo volo per l'India».

Jay aveva immaginato quel ritorno: suo padre che pretendeva di vedere il certificato di laurea, sua madre che vantava quanto si era raffinata Geet in sua assenza. Non soltanto gli avevano assicurato un impiego, gli avevano anche trovato casa insieme a un amico, finché non fosse stato in grado di «camminare con le sue gambe». Cosa significasse, era chiarissimo a tutti. Si aspettavano che facesse carriera in fretta, crescendo come lievito. Quando suo padre aveva usato quell'analogia, Jay era scoppiato a ridere: «Devo anche tuffarmi nell'acqua bollente?». Ogni settimana suo padre avrebbe preteso un resoconto sul suo rendimento, e sua madre avrebbe telefonato per chiedere come andavano le cose con Geet, sottintendendo: «Quanto ancora dovrò aspettare prima di diventare nonna?». Jay non sapeva nemmeno se quella ragazza fosse contenta di sposarlo o se, come lui, obbedisse soltanto alla volontà dei suoi genitori.

Quella sera stessa si era dichiarato a Frances. I suoi si erano infuriati quando li aveva informati, a nozze già celebrate, e ancora di più quando aveva aggiunto che sarebbe rimasto negli Stati Uniti.

«Che figura ci faccio con l'amico che ti ha procurato il posto?», aveva sbraitato suo padre. «E cosa dico ai genitori di Geet? Aspettano di imparentarsi con noi da quand'è nata!».

«Può sposarla mio fratello», aveva risposto lui.

«Vuoi che erediti anche la tenuta?»

«Perché no?», era stata la reazione magnanima di Jay a quella minaccia. Pensava con questo di metterlo a tacere, convinto in seguito di zittirlo definitivamente con il suo successo di immigrato negli Stati Uniti. Il futuro di suo fratello non sembrava altrettanto promettente. Si era diplomato con una media bassa, e di conseguenza aveva dovuto accontentarsi di un college piccolo e anonimo, dove continuava a prendere voti insufficienti, senza alcuna speranza di venire ammesso a Oxford. Era uno dei molti motivi per cui suo padre aveva riposto tante speranze in Jay, ed esercitato pressioni così incessanti.

Anche i genitori di Frances avevano reagito male, non perché si fosse scelta un marito da sola – era normale per la gente di Goa – ma perché aveva sposato un hindu, limitandosi a una cerimonia in municipio. Alla fine Frances era riuscita a tranquillizzarli, giurando sulla Bibbia di educare i figli nel cattolicesimo.

La rabbia generale sull'altra sponda dell'oceano li aveva uniti, e loro due si erano rassicurati a vicenda sulla correttezza della decisione presa.

«La gente sostiene che la vita matrimoniale è irta di ostacoli», diceva Jay agli amici. «Ma per noi, l'unico vero ostacolo è stato riuscire a sposarci. Superato quello, il resto sarà una passeggiata».

Una volta trasgredita la volontà delle famiglie, si erano convinti di poter plasmare il loro futuro a piacimento, liberi dalle tradizioni e affrancati dalle aspettative altrui.

Si erano impegnati a diventare americani molto prima di cambiare passaporto. Non volevano seguire l'esempio degli altri indiani, ossessionati dalla pensione, restii a destinare anche un solo centesimo ad altro che ai risparmi per la casa.

«Siamo troppo giovani per preoccuparcene adesso», era il giudizio di Jay di fronte a tanta frugale lungimiranza. Lui era nato ricco e, forte della laurea in economia, contava di diventarlo ancora di più. Insieme, avevano approfittato di ogni weekend lungo per andare alle terme di Napa, o alle lezioni di parapendio in Baja California. Avevano persino preso in considerazione un appartamento in comproprietà a Mammoth, archiviando il progetto solo con la gravidanza di Frances. Di colpo, comprare casa era diventato impellente.

Non c'era stato bisogno di insistere perché Jay accettasse di dare a sua figlia un nome occidentale. Amanda sarebbe cresciuta negli Stati Uniti, e lui non voleva condannarla a un soprannome perché gli americani non riuscivano a pronunciare quello indiano, com'era capitato a lui. Sette anni dopo era arrivata Lily, e poi Jay aveva persuaso Frances a riprovarci, nella speranza di un maschio. Sapeva che suo padre avrebbe considerato le due femmine come un castigo per il matrimonio contrario alla loro fede e alla comunità, e lui stesso era abbastanza indiano da desiderare un erede che tramandasse il suo nome, e da emozionarsi alla vista di un pene sull'ecografia.

«Lo vede quello?», aveva detto il ginecologo, indicando un puntino scuro sulla lastra indecifrabile. «Maschio, senza alcun dubbio».

Sam era nato lo stesso anno in cui Jay e la moglie avevano preso posto in una vasta sala insieme ad altri immigrati giunti dai quattro angoli del pianeta, per giurare fedeltà alla bandiera americana. Era stata Frances a suggerire il nome del figlio, in ossequio allo Zio Sam, e Jay si era detto d'accordo, ma aveva insistito per aggiungere Sureesh, quello di suo padre. Al telefono, l'uomo non aveva commentato, e tuttavia in seguito aveva spedito al bambino un piatto e un cucchiaio d'argento.

La loro cerchia di amici comprendeva persone di origini diverse – americani, inglesi, turchi – ma si erano anche tenuti sporadicamente in contatto con la crescente comunità indiana di Los Angeles. In gran parte si trattava di ingegneri o programmatori informatici, e a Jay piaceva il suo ruolo di mosca bianca. Ma le diverse carriere li separavano, e Frances non aveva molto in comune con le altre mogli, tutte arrivate dall'India sulla scorta di un matrimonio combinato. Molte, come quella di Vic, Priya, preferivano parlare in hindi, una lingua che Jay conosceva bene, ma che Frances aveva studiato a stento a scuola. La usava esclusivamente per imprecare, cosa che lo aveva sempre divertito. A loro volta, le mogli si sentivano in imbarazzo con Frances, non sapendo come reagire ai suoi capelli corti e ai suoi jeans. Al divario culturale si era poi aggiunta la distanza fisica, quando avevano deciso di comprare casa a Sherman Oaks, un quartiere prevalentemente ebraico.

«Gli ebrei sono come noi», era stata la razionalizzazione di Jay. «Tengono alla famiglia e all'istruzione». E poi, perché venire in America per rinchiudersi in un ghetto indiano?

Lui godeva a scandalizzare i suoi compatrioti, annunciando l'intenzione di non vietare a Mandy le frequentazioni maschili.

«Anch'io mi sono sposato per amore», rammentava loro. «Mia figlia potrà sposare chi vuole. E, diversamente da voi cavernicoli, non sarò costretto a risparmiare per la dote».

Aveva ripetuto la stessa cosa anche a Vic, quando si erano trovati per il loro pranzo annuale, aspettandosi per risposta la predica di rito sul fatto che gli indiani non devono rinunciare alle proprie tradizioni. Invece l'amico lo aveva messo in guardia sul rischio di gravidanze indesiderate.

«Se Dio avesse voluto altrimenti, alle donne non avrebbe dato l'utero», aveva scherzato lui.

«È meglio essere severi», lo aveva ammonito Vic. «Presto i nostri figli se ne andranno per la loro strada, ed è nostro dovere di genitori esercitare un controllo finché sono ancora piccoli».

Ciò nonostante, Jay non aveva dubbi che fossero quelli come lui e Frances, e non i Vic di questo mondo, ad avere scelto il modo giusto di educare i figli. Soprattutto quando vedeva Mandy sostenere senza imbarazzo una conversazione con gli adulti, mentre Nikhil, più grande di lei, si impappinava se solo qualcuno gli faceva domande sulle sue gare di nuoto o sui suoi voti. Adesso, però, era stato lui a laurearsi al MIT, mentre Mandy stentava a finire il liceo.

Discutendone con Frances, Jay insisteva sempre sul fatto che si trattassc di una fasc passeggera. In parte lo faceva per convincersi, ma soprattutto per non infliggere a sua figlia le angherie subite da lui stesso per l'unica insufficienza presa in vita sua, in hindi. Suo padre non aveva ammesso bocciature in alcuna materia, mentre Jay voleva somigliare agli altri uomini del suo ufficio, che reagivano con disinvoltura agli incidenti di percorso dei figli, convinti che tutto si sarebbe aggiustato una volta superata l'adolescenza.

Forse Vic aveva ragione: avrebbero dovuto essere più severi con Mandy.

Di colpo, si pentì di non avere controllato in camera. Chissà, forse in quel preciso momento sua figlia era collegata a una di quelle chat room e chiacchierava con uno sconosciuto, addirittura stava fissando un appuntamento in un motel: lo spauracchio che levava il sonno a tanti padri.

Jay si alzò dal letto e attraversò il corridoio in punta di piedi. Dalla stanza di Sam proveniva un borbottio confuso: parlava nel sonno, come suo solito. I trofei di baseball erano allineati ordinatamente sopra la cassettiera. Un gigantesco poster di Kobe Bryant, il suo idolo dei Lakers, si distingueva appena nel chiarore della luna che filtrava dalla persiana.

Poi sbirciò nella cameretta di Lily. Tra il letto e la libreria non restava quasi spazio per muoversi. La stanza era minuscola, ma Mandy aveva preteso l'altra per sé, sostenendo che nessuna delle sue compagne era costretta a condividere la camera con la sorella. I genitori avevano finito per accontentarla, e per consolare la figlia più piccola, Frances le aveva permesso di comprare un copriletto viola: un colore che lei detestava, e che a suo dire rimpiccioliva ulteriormente la stanza.

La porta di Mandy, come al solito, era chiusa, con tanto di scritta INGRESSO VIETATO. Da quando aveva appeso quel cartello, in prima superiore, Jay aveva ribattezzato la stanza "il camerino di Greta Garbo". «Lasciatemi in pace», le faceva il verso, imitando l'accento dell'attrice, e sua figlia ci si divertiva un mondo. I fratelli minori non capivano cosa ci fosse da ridere, e lui aveva spiegato che la famosa diva svedese aveva abbandonato le scene all'apice della carriera, scegliendo di vivere da reclusa a New York, al riparo dai media.

«E perché lo ha fatto?», aveva domandato Lily.

«Non lo so», aveva replicato lui, ancora fingendo un accento svedese, mentre in contemporanea Mandy rispondeva: «Perché era lesbica». Per fortuna i piccoli non avevano sentito.

In seguito, per qualche tempo, ogni volta che la figlia si chiudeva in camera, lui diceva agli altri due che era stata posseduta dallo spirito di Greta Garbo.

La prima volta che l'aveva tenuta in braccio, appena nata, Jay si era commosso al pensiero di averle offerto tante opportunità con la sola decisione di restare in America. Ma ultimamente lei aveva messo da parte ogni ambizione di diventare neurologa, ed emergeva dalla stanza solo per mangiare e andare a scuola.

Era ancora collegata al computer? Era rimasta in chat tutta la sera?

Jay girò piano la maniglia, e sentì un fruscio, un movimento.

Si era preparato a impartire una predica, e restò strabiliato alla vista di sua figlia che si metteva di colpo a sedere nel letto.

«Cosa stai facendo?»

«Leggo».

«A luce spenta?»

Mandy sollevò la torcia blu, un regalo per il suo dodicesimo compleanno. In passato si era appassionata ai romanzi di spionaggio, e aveva brevemente preso in considerazione l'ipotesi di una carriera nell'FBI, invece che in medicina. Non lo sorprese il fatto che possedesse ancora la vecchia torcia. «È l'unico vantaggio del suo disordine», diceva sempre a sua moglie. «Conserva tutto».

«Perché?», le domandò.

Mandy non rispose, e Jay tacque. Lui non era come Frances, sempre pronta a colmare i silenzi.

Poi la figlia sbadigliò, e disse: «Mi ricorda di quand'ero piccola».

A Jay si spezzò il cuore. Lui stesso aveva passato la serata a rimpiangere i tempi in cui era una bambina diligente. Forse anche lei ne provava nostalgia?

«Vuoi che ti monti la tenda in giardino?»

«Oh, papà, non essere stupido. Ho sonno. Buonanotte».

Era stato l'invito a farle desiderare un ritorno al passato, a quand'era tanto migliore di Nikhil?

«L'invito dello zio Vic ti ha scombussolato?», le chiese Jay.

«Perché avrebbe dovuto?»

«Nikhil si è laureato al MIT», rispose lui, come se fosse ovvio.

«E con questo? Chissenefrega. Comunque alla festa non ci vengo», disse lei, tirandosi le coperte sulla faccia.

«Ma devi venirci».

«Non devo fare proprio niente, papà», ribatté Mandy, sbadigliando di nuovo, e Jay si domandò se lo facesse apposta per sbarazzarsi di lui. Poteva anche essere un sintomo d'ansia. Quando la psicologa della scuola aveva avanzato l'ipotesi di una depressione, lui si era documentato: sbadigliare, aveva letto in un libro, era un espediente molto efficace per alleviare la tensione. E Jay per primo comprendeva benissimo l'angoscia di confrontarsi con i successi altrui.

«Ci andremo tutti insieme», rispose, categorico.

«Perché? Nikhil nemmeno lo conosco».

«Vi siete visti da piccoli. I suoi genitori sono nostri amici».

«Dio, tu e la mamma siete talmente ipocriti. Non li vedete mai, e solo perché vi mandano un invito, di colpo diventano amici».

«Perché non vuoi andarci?». Forse anche lei si vergognava dei suoi voti? L'atteggiamento menefreghista era solo una facciata per nascondere l'imbarazzo?

«Perché non conosco il festeggiato, né gli altri invitati. Mi annoierei a morte. Mi diverto di più per conto mio, a casa».

«Ma ci saremo noi», propose Jay, vagamente deluso dalla banalità del movente.

«Dio, quanto sei patetico. Le feste indiane sono un incubo. Un mucchio di estranei che si sente in diritto di ficcare il naso nella mia vita, facendomi domande personali. Lo detesto».

«Lo fanno perché ti vogliono bene…».

«E dài, papà. Non sanno nemmeno chi sono», lo interruppe lei, alzando la voce. «Riconosceranno a stento persino te e la mamma. Non frequentate la comunità indiana da un pezzo».

«Un tempo sì, però», si giustificò Jay. «Adesso è diventato più difficile, perché abitiamo lontano da tutti».

«Anche la casa di Vic è distante, eppure chissà perché adesso sembra che andarci sia obbligatorio».

«Infatti è così. Vic è stato il mio primo amico in America. Non ti ricordi quanto eravamo legati, quand'eri piccola? La piscina ti era sembrata strana».

«Ah, è vero, c'era una corsia per allenarsi». Mandy parve quasi sorridere. «Il figlio era molto timido».

«Figli», la corresse Jay. «Però sì, Nikhil sembrava avere preso più dalla madre. Ma, a pensarci bene, anche Vic è un po' come lui. Parla solo quando si sente a suo agio».

«Lo zio Vic era quello che chiedeva sempre dei miei voti?»

«È il suo modo di dimostrare interesse. Quindi preparati».

«Mi ricordo una signora anziana. Si era arrabbiata moltissimo perché avevo una media migliore di suo figlio».

«Almeno di questo adesso non dovrai preoccuparti», disse lui, in tono scherzoso.

«Papà, per oggi mi è bastato il sermone della mamma, ok?». Si girò dall'altra parte. «Buonanotte».

«Buonanotte», replicò, chiudendo la porta.

Era troppo agitato per tornare a letto, così andò a prendere il pacchetto di sigarette dal portaoggetti dell'auto. Temendo di far cigolare la saracinesca del garage, rientrò in casa dalla porta comunicante, e uscì dall'ingresso principale, aspettando di avere raggiunto il bordo del prato, a distanza di sicurezza dalle finestre della camera da letto, prima di accendersi una Marlboro.

L'aria era fresca, e profumava del gelsomino del giardino di fronte. Di tanto in tanto, Sherman Oaks gli ricordava l'India. Lucy Margolis aveva un albero di guava, e gli lasciava cogliere tutti i frutti che voleva.

«Finché non siete arrivati voi, non sapevo nemmeno che pianta fosse», gli aveva detto. «È una soddisfazione che i frutti non vadano sprecati».

Inspirò una lunga boccata, poi restò a guardare la brace rossastra nel buio. Aveva attraversato mezzo mondo, e fumava ancora di nascosto come uno studentello. Aveva cominciato in collegio, perché tutti lo consideravano un comportamento da duri. Il suo migliore amico, i cui genitori vivevano a Washington, tornava sempre dalle vacanze carico di stecche, e insieme aspettavano che si spegnessero le luci del dormitorio per sedersi sul davanzale della finestra a fumare come ciminiere. Frances gli aveva chiesto di smettere poco dopo la nascita di Mandy, e il medico lo aveva avvertito che alla sua età non poteva più permettersi di mettere a rischio i polmoni.

Ultimamente ricorreva alle sigarette soltanto come ultima risorsa contro l'ansia.

Come adesso.

Quanto avrebbe desiderato che Mandy tornasse a prendere buoni voti. Forse le serviva soltanto un cambiamento positivo, qualcosa di bello per darle la spinta giusta.

Un rumore di passi interruppe le sue riflessioni.

Spense in fretta il mozzicone, agitando una mano per disperdere il fumo. Non voleva che un vicino, senza volerlo, rivelasse il suo vizio a Frances.

Griffin Zlotnick, il ragazzo dinoccolato che abitava tre case più in là, entrò nella sua visuale. Fissava le loro finestre, e avvicinandosi rallentò.

Jay fece un colpo di tosse, per avvertirlo della sua presenza.

«Ehi, signor Bakshi», lo salutò Griffin.

«Non so se dirti buonanotte o buongiorno», sorrise lui.

Griffin lanciò un'altra occhiata alla casa. Sembrava in imbarazzo.

«Cercavi mia figlia?». La domanda gli era venuta spontanea, ma avrebbe voluto mordersi la lingua. Si era ripromesso di non comportarsi come il tipico padre indiano.

«Mandy? No, no. Ero fuori a suonare con gli amici, e ho perso la cognizione del tempo».

Il ragazzo sembrava sincero, e in effetti portava la chitarra a tracolla. Ma lo sguardo sognante, e l'aria di essere stato colto con le mani nel sacco, a Jay parevano proprio quelli di un adolescente innamorato.

Quel giovane biondo, con i capelli lunghi e i jeans stracciati, si era preso una cotta per sua figlia!

Gli venne quasi da ridere. Chi l'avrebbe mai detto? Quando i bambini erano piccoli, e giocavano con i coetanei del quartiere, Griffin capitava a casa loro quasi ogni giorno. Ma da allora erano passati anni, e Jay sapeva su lui solo che frequentava lo stesso liceo della figlia.

E Mandy, lo ricambiava? Aveva finto di avere sonno per sbarazzarsi del padre, e poi sgattaiolare fuori di nascosto?

Ripensò alla conversazione di poco prima. Mandy era in pigiama. Le ragazze non si presentano a un appuntamento con indosso un vecchio pigiama di flanella.

E poi lei non sembrava affatto interessata ai ragazzi. Non ne invitava mai a casa, e non chiedeva il permesso di uscire. Lui e Frances temevano che i compagni la emarginassero, ma al tempo stesso era un sollievo non doversi preoccupare di gravidanze fuori programma.

«Non immischiamoci», concludeva puntualmente lui. «Uscirà con i ragazzi quando si sentirà pronta».

«La saluti da parte mia», gli disse Griffin.

Senza dubbio era innamorato.

«Perché non passi da casa, un giorno di questi? Così potrai salutarla tu stesso», gli suggerì Jay.

Griffin sorrise. «D'accordo», disse, e con un ultimo cenno si allontanò.

Jay si sorprese di quanto fosse contento all'idea che Griffin avesse una cotta per Mandy. Si era sempre domandato a chi si sarebbero accompagnati i suoi figli in futuro, e a loro ripeteva sempre che erano caucasici, esattamente come chiunque altro nel quartiere. Avevano la pelle più scura soltanto perché Dio li aveva lasciati in forno qualche minuto di troppo. Potevano anche appartenere a una minoranza, come gli afroamericani, ma erano comunque più bianchi di loro. In teoria, Jay era solidale con gli altri gruppi discriminati dall'America bianca, ma il pregiudizio era duro a morire. Lo aveva assorbito in India, dove la ricchezza e una carnagione chiara erano considerati segni di distinzione.

Sospirò. L'incontro con Griffin gli aveva ricordato cosa raccontava la madre su di lui. A quanto diceva, il ragazzo era talmente avanti rispetto al programma scolastico da seguire già i corsi di matematica al college. Si era segnalato per la sua predisposizione nelle materie scientifiche fin dalla prima elementare, e gli insegnanti faticavano a tenere vivo il suo interesse.

Forse frequentarlo poteva dare a Mandy lo stimolo giusto per migliorare i suoi voti e la sua vita sociale. Si ripromise di parlarle l'indomani, per suggerire di invitarlo a un barbecue.

Si strofinò le mani, alzando lo sguardo al cielo notturno.

C'era un alone intorno alla luna, ma nell'aria non si sentiva odore di pioggia. "Le apparenze ingannano", pensò.

Valeva anche per Mandy.

Chissà quantc cosc potcvano cambiare prima dell'11 giugno, quando sarebbero partiti per la festa a Newport Beach?

***

Parcheggiata l'auto, Lali prese la borsetta e la tracolla del portatile e si avviò alla porta a vetri. Non le piaceva restare in casa durante le pulizie, così si era attardata giusto il tempo di raccomandare a Rosa di sbrinare frigorifero e freezer, e poi si era diretta da Starbucks.

«Buongiorno, signora Feinstein. Il solito?», la salutò Ellen, da dietro il bancone. Ellen Krueger era stata compagna di liceo di suo figlio Aaron, e ora lavorava nei weekend per pagarsi il college. Lali la ricordava perché ai tempi della scuola metteva i calzoncini corti anche d'inverno.

«Ha delle gambe pazzesche, le piace metterle in mostra», aveva commentato Aaron, e Lali aveva riso. «Per fortuna tuo padre non ragiona come te. Altrimenti mi avrebbe accusata di portare il sari per esibire la pancia, anche se nel mio caso farei meglio a nasconderla».

Lanciò un'occhiata alla lavagnetta in cerca di qualcosa di stuzzicante, poi si rassegnò: «Sì, il solito, noioso *chai*, Ellen».

All'inizio si sentiva a disagio a entrare da sola nel locale, ma ormai erano passati quattro mesi e quel rito cominciava a sembrarle normale. Gli altri avventori non si accorgevano nemmeno che era senza un accompagnatore, oppure se ne infischiavano. Le caffetterie erano molto cambiate da quand'era studentessa. Allora, i clienti si presentavano sempre armati di libri e giornali, e ordinare un cappuccino era considerata una scelta esotica. Adesso, libri non se ne vedevano da nessuna parte. Vecchi e giovani aprivano il portatile, e approfittavano del Wi-Fi per leggere le ultime notizie o controllare la posta elettronica.

Il suo posto preferito, un tavolino d'angolo, era libero, così Lali sedette, accese il computer e cliccò sulla sua casella postale di Yahoo.

Un nuovo messaggio.

Attese con impazienza che la pagina si aprisse, sentendosi subito invadere dall'agitazione alla vista del nome di Aaron. Suo figlio le scriveva di rado, e se era lei a telefonargli, non si dilungava mai oltre il minimo indispensabile. «Sto bene, mangio regolarmente, studio e mi comporto come si deve»: ripeteva la stessa frase ogni volta, per metterla a tacere.

Se aveva scritto, doveva essergli capitato qualcosa.

Mamma, il mio coinquilino mi ha invitato nel Vermont per il weekend. Dice che la baita è in mezzo ai boschi, e il cellulare non prende. Ti telefono io domenica o lunedì.

Rilesse il messaggio per sincerarsi di non avere frainteso. No, era proprio così: Aaron stava bene! Lo immaginò nel dormitorio di Harvard, seduto a una scrivania servita a migliaia di studenti prima di lui. Faceva amicizie, e si divertiva. E adesso partiva addirittura per una gita in montagna. Era la prima volta che passava un weekend fuori città, e sua madre ne era felice.

La vita accademica di suo figlio non somigliava nemmeno lontanamente ai suoi tre anni di college, passati sotto l'occhio vigile delle suore.

«Il dormitorio era adiacente agli edifici delle aule, e il campus circondato da un alto muro di cinta», aveva raccontato ad Aaron mentre passeggiavano per Harvard Square. «Noi mettevamo piede fuori solo durante il fine settimana, dalle nove alle cinque. Qualsiasi ospite di sesso maschile doveva suonare il campanello, aspettare che la portinaia gli aprisse, e firmare un modulo. Dopodiché, il suo nome veniva cercato sull'elenco di visitatori autorizzati dalle famiglie. Solo dopo l'accertamento, veniva avvertita la studentessa in questione».

Aaron aveva fatto una smorfia. «Non avrai idealizzato anche questo, insieme al resto del tuo passato indiano?».

Lali aveva riso. «No, del college non ho proprio nostalgia. Una volta il mio povero cugino dovette aspettarmi un'ora davanti ai cancelli! Trovo meraviglioso che la tua esperienza qui sia tanto diversa. Non soltanto frequenti un'università prestigiosa, sei anche libero di goderti la tua giovinezza, uscire con gli amici per un caffè, o fare una gita nel weekend».

Tornò a scrutare la casella della posta. Per la verità, era un altro il messaggio che aspettava.

Aakash non le aveva scritto. Di solito le mandava un'e-mail il sabato mattina, per rammentarle il loro appuntamento in chat. Invece niente, ed erano già le dieci.

Evidentemente era occupato.

Anche lei, un tempo, era sempre impegnata il sabato mattina. Non avrebbe mai immaginato di sprecare quelle ore in una caffetteria.

Per anni aveva atteso con impazienza l'arrivo di Rosa alle nove e mezza, perché lei e suo marito Jonathan mangiavano immancabilmente fuori, tranne quando lui aveva un turno in ospedale, o Aaron una partita. Lei fingeva di lagnarsene, definendolo un "appuntamento obbligatorio", ma Jonathan sapeva quanto ci tenesse, in realtà: cominciava a fare programmi fin dal mercoledì, consultando le pagine culinarie del «San Francisco Chronicle» alla ricerca di qualche nuovo ristorante nelle vicinanze, a Marin County. Nei weekend Jonathan si rifiutava di attraversare il Golden Gate: diceva che era ingolfato da turisti talmente assorti a contemplare il panorama da finire contromano.

Quand'era piccolo, si portavano anche Aaron, ma con l'adolescenza lui aveva preso il vizio di dormire fino a tardi, e giudicava umiliante sedersi a fare il brunch con i genitori.

Lali bevve un sorso di tè e alzò lo sguardo sulla vetrina. Inclinando la testa riusciva a intravedere il Golden Gate. Come sempre, a quell'ora del mattino, la gigantesca struttura arancione era ancora nascosta dalla nebbia sul lato dell'oceano mentre, al capo opposto, si stagliava nitida sulle acque blu della Baia, dove il sole aveva già dissipato la foschia.

Somigliava alla sua vita. Un lato rispecchiava il periodo d'oro del suo passato con Jonathan. Nei primi anni del loro matrimonio, due decenni addietro, rinnovavano a ogni stagione l'abbonamento ai concerti sinfonici e al balletto. Spesso Lali era l'unica indiana tra il pubblico, e i suoi sari facevano girare parecchie teste, tanto che lei e Jonathan scommettevano su quanti si sarebbero avvicinati per farle un complimento. Attraversavano regolarmente il ponte per assistere alle rappresentazioni di Shakespeare al campus di Berkeley, portandosi dietro qualcosa da mangiare, e non si perdevano mai un film in prima visione.

Nei mesi della gravidanza, entrambi si incantavano a contemplare il pancione che affiorava progressivamente dall'acqua della vasca. Jonathan non aveva mosso obiezioni quando lei aveva spostato la culla di Aaron in camera loro, e aveva riso mentre lei insisteva a dire che gli svedesi avevano copiato l'idea del lettone dagli indiani. Malgrado i suoi impegni come cardiologo in un ospedale di San Francisco, lui aveva sempre cercato di tenersi libero nei weekend per dedicarli alla famiglia. Andavano al parco, alle giostre, ai musei, e ogni settimana Lali si sforzava di escogitare qualche attività interessante e fuori dall'ordinario per tutti e tre.

Era felice per l'intimità della sua famiglia, così diversa dal clima in cui era cresciuta lei. *Appa* era stato il classico padre indiano, sostanzialmente assente, e per quanto lei gli avesse voluto bene, non si era mai sentita a suo agio con lui. *Amma*, come tutte le altre madri, passava più tempo in cucina e a far visita alle amiche che con le figlie. Ogni giorno, dopo la scuola, Lali finiva i compiti e poi scappava fuori, per rincasare solo all'ora di cena. I weekend consistevano di interminabili tornei di badminton con le sue sette sorelle, e di sfide a nascondino con i figli dei vicini. Gli unici eventi ai quali partecipassero i suoi genitori erano la messa domenicale, i ricevimenti di nozze e i funerali, tutte occasioni rigorosamente formali. Le sue amiche avevano avuto un'infanzia identica e, al momento di sposare Jonathan, Lali era convinta che solo nei romanzi o nei film i genitori passassero del tempo con i figli o si interessassero ad altro che non fossero le pagelle.

Invece, lei e Jonathan avevano seguito attivamente l'avvicendarsi degli interessi di Aaron. Avevano assistito ai suoi saggi musicali, lo avevano applaudito con entusiasmo nella parte del tacchino alla recita scolastica per la festa del Ringraziamento, e a un concorso per dilettanti, dove si erano premurati di portare delle corde di scorta per la chitarra, semmai una si fosse rotta. Quando Aaron si era appassionato allo sport, Jonathan era diventato allenatore della squadra di quartiere, e Lali una supporter: aveva imparato ad avvolgere gli hot dog nella carta di alluminio per tenerli caldi, e comprato una borsa frigorifero con le rotelle, più facile da manovrare sul prato a bordo campo. Le scorte di viveri erano cresciute in proporzione agli stomaci senza fondo degli adolescenti, e spesso, quando Aaron giocava due partite di seguito, tutti e tre restavano fuori insieme fino a tardi.

Poi, il settembre scorso, di colpo era calata la nebbia.

Aaron si era iscritto a Harvard, e d'un tratto la casa le era sembrata deserta. Aveva sentito spesso le amiche parlare di "sindrome del nido vuoto", eppure quello smarrimento l'aveva colta alla sprovvista. Non avrebbe mai pensato di provare nostalgia per la biancheria sporca di suo figlio, sparpagliata sul pavimento, per le cene al fast food dopo una partita, o per le ore passate al cinema con gli occhi chiusi e la mano stretta a quella di Jonathan, perché Aaron si era incaponito a vedere un film dell'orrore.

Alla fine si era rassegnata. Il suo istinto di madre non aveva più uno scopo. Ma tutto quel tempo libero presentava anche un risvolto positivo: l'opportunità ideale per ricreare con il marito il rapporto che avevano avuto nei primi anni di matrimonio.

Jonathan lavorava ancora nello stesso ospedale, e il ritmo era sempre frenetico, ma nei weekend in genere era libero, e lei aveva cominciato a fare progetti, comprando guide ai sentieri nella zona di Marin County.

«So che non ti piacciono le palestre», gli aveva spiegato. «Ma continui a ripetere che alla nostra età dovremmo tenerci in esercizio. Potremmo fare delle passeggiate».

Avevano esplorato Sonoma e Mendocino, innamorandosi di quest'ultima al punto da prendere in considerazione l'acquisto di un cottage, finché Jonathan aveva fatto due conti, e concluso che la retta di Harvard non lasciava margine a spese extra. Il sabato era diventato il giorno dedicato al trekking, e insieme si erano inerpicati sulle colline, avevano scalato il monte Tamalpais, e in una occasione attraversato a piedi il Golden Gate. A metà della struttura oscillante, Jonathan si era messo a gambe divaricate, e aveva annunciato: «Guarda, sono in due posti contemporaneamente: Marin e San Francisco». Un turista lo aveva sentito, e l'aveva imitato, e Lali si era sentita felice e spensierata come ai primi tempi del loro fidanzamento, quando lui faceva le capriole nel parco del Golden Gate. Una volta aveva abbassato il finestrino dell'auto e si era messo a urlare a pieni polmoni: «Io amo questa ragazza!».

«È come una seconda luna di miele, anzi, meglio», aveva detto Lali a Mary Kibrick, la sua collega al Marin College. Era diventata segretaria alla facoltà di inglese quando Aaron aveva cominciato l'ultimo anno di liceo, e aveva anche preso la patente. Da principio aveva cercato lavoro nel suo settore, quello pubblicitario, ma non c'erano agenzie interessate ad assumere una donna rimasta a casa per sedici anni ad accudire suo figlio. Fare la segretaria era ben al di sotto delle sue credenziali, e tuttavia era un piacere avere mansioni così semplici, poter chiudere a chiave l'ufficio ogni venerdì sera e smettere di pensare al lavoro per un intero fine settimana. Con il personale di facoltà andava d'accordo, e soprattutto con Mary, che spesso le consigliava itinerari da fare a piedi o ristoranti.

Poi, un giorno in cui avevano in programma un trekking, Jonathan si era tirato indietro: era troppo stanco, preferiva restare a casa a leggere. Qualche giorno dopo, lei aveva trovato uno dei nuovi libri in cui si era immerso: un testo sul giudaismo. Quando avevano cominciato a frequentarsi, lui si era dichiarato ebreo soltanto di nome: «I miei genitori non vanno alla sinagoga. E io ho assaggiato il brodo di *matzo* per la prima volta a casa di un amico». Nessuno dei due era osservante, e avevano deciso di sposarsi in municipio.

Nella cucina del loro primo appartamento, Jonathan si era stupito di vederle usare due taglieri diversi, uno per la carne, l'altro per le verdure; era gentile da parte di Lali, aveva detto, ma lui non si atteneva alle regole della cucina kosher.

«Non è kosher», aveva spiegato lei. «Mia madre fa la stessa cosa».

Jonathan non si capacitava che una cattolica in India rispettasse la separazione dei cibi, ma la consuetudine non riguardava solo la madre di Lali: era tipica di tutte le donne della sua generazione, hindu comprese. «Te l'ho già detto», aveva ribadito Lali. «L'India è un Paese molto sofisticato».

Lui era scoppiato a ridere. «L'hai già detto eccome, insieme a quella frase di Gandhi, quando auspicava che anche l'occidente si civilizzasse. Non aggiungere altro: a quanto pare, gli ebrei hanno copiato le usanze kosher dagli indiani».

In famiglia celebravano il Natale, non Hanukah, e pur avendo parlato con Aaron dei rispettivi background culturali, non lo avevano educato né all'una, né all'altra religione.

In casa loro, quel libro con la stella di David in copertina sembrava un intruso. Poi si erano susseguite consegne di Amazon quasi ogni settimana. Jonathan era fatto così: quando un argomento risvegliava il suo interesse, si procurava tutta la letteratura necessaria per approfondirlo. Poco dopo il loro matrimonio si era messo in testa di imparare lo spagnolo, e recentemente Lali aveva donato alla biblioteca del quartiere una serie di grammatiche che riempivano un intero scaffale. Si consolò pensando che anche questa sarebbe stata una passione passeggera, una variante della tipica crisi di mezza età. Suo marito avrebbe finito per stufarsi, e avrebbero potuto tornare alle loro passeggiate, seguite da una cena al ristorante e da un cinema.

Invece Jonathan aveva trovato una sinagoga progressista, e cominciato a frequentare la funzione ogni sabato, perché il venerdì i turni in ospedale erano troppo imprevedibili.

L'aveva invitata ad accompagnarlo, e lei lo aveva assecondato. All'inizio l'accoglienza cordiale l'aveva incantata. La congregazione era così diversa da quella della sua chiesa in India.

In Kerala, la messa domenicale era una faccenda seria, ma aveva anche una funzione sociale, era un'occasione per scambiare pettegolezzi e pavoneggiarsi nei vestiti nuovi. Le ragazze in età da marito mettevano l'abito della festa, e a diciannove anni Lali era rimasta colpita da Sara: studiava in un college di Bombay, e aveva fatto scandalo per un sari di chiffon trasparente e scollato. Le anziane della parrocchia mettevano sotto torchio le bambine più piccole sui voti scolastici, e le adolescenti sui progetti matrimoniali.

«Quando deciderò di sposarmi, sarai la prima a ricevere un invito, zietta», aveva risposto Lali a una delle più insistenti, ma quella non si era data per vinta: «D'accordo, ma questo invito quando arriverà? Quando, quando?».

La comunità ebraica non aveva chiesto a lei e a Jonathan perché d'un tratto si fossero presentati in sinagoga, li aveva accolti e basta. E a Lali non era parso un ostacolo nemmeno il fatto di non conoscere l'ebraico. Anche in patria, il sacerdote alternava la liturgia in malayalam a quella in siriaco, una lingua incomprensibile a tutti.

Ma con il passare del tempo, Lali si era sentita sempre più fuori luogo. Non sapeva come spiegare quel cambiamento a Jonathan. Non dipendeva da un fanatismo per la propria fede ortodosso-siriaca, né da un pregiudizio antisemita. Semplicemente, quel mondo le era estraneo quanto un tempio hindu. Come in chiesa, anche in sinagoga si usava l'incenso, ma il profumo era diverso; sia il prete sia il rabbino leggevano dalla Bibbia, eppure i testi non sembravano coincidere.

A peggiorare le cose, la *kippà* sui capelli biondo chiaro di Jonathan lo faceva apparire, per la prima volta nella loro vita insieme, uno sconosciuto, un uomo visto per caso in fotografia. Così, un sabato mattina Lali si era inventata un mal di testa, ed era rimasta a casa. Quello successivo si era scusata dicendo di avere un appuntamento dal parrucchiere, e in breve era diventato normale per Jonathan andarsene in sinagoga senza di lei.

Poi lui aveva deciso di iscriversi a un corso di religione di sabato sera, e da quel momento aveva dedicato ogni attimo libero allo studio. Una sera era stato persino restio ad accettare l'invito al barbecue dei loro vicini, i Reidel.

Quella volta Lali si era impuntata. Aveva già accettato l'invito, con la promessa che Jonathan si sarebbe cimentato nella sua famosa insalata di patate.

Al barbecue, i padroni di casa avevano proposto un cinema per la settimana successiva, e Jonathan si era tirato indietro: «Il corso che frequento è molto impegnativo». I Reidel erano ebrei non osservanti, e avevano reagito con sorpresa e ammirazione venendo a sapere dei suoi studi talmudici.

«Avrei sempre voluto farlo», aveva commentato James Reidel, «ma non ne ho mai avuto il tempo».

Jonathan aveva sorriso: «Il tempo basta trovarlo».

Lali avrebbe desiderato che ne trovasse per lei e, contando sul suo amore per la musica, aveva acquistato i biglietti per un concerto diretto da Sir Neville Marriner, un idolo giovanile di suo marito. Lui l'aveva accompagnata, ma Lali l'aveva sorpreso a lanciare occhiate impazienti all'orologio. Appena rincasati, si era chiuso nel suo studio.

Lali era rimasta a sedere sul letto, sola, desolata e sgomenta dal divario che si era aperto tra loro. Erano diventati una di quelle coppie che abitano sotto lo stesso tetto, mangiano alla stessa tavola, leggono nel medesimo salotto, ma libri radicalmente diversi.

Lui, però, non aveva mai smesso di tentare un riavvicinamento, e ogni volta lei si illudeva che la situazione stesse per cambiare.

Un giorno l'aveva vista guardare il sito della rivista «People».

«Tesoro, vuoi che ti compri un abbonamento?», le aveva proposto.

«No, ti prego, non farlo», si era affrettata a rispondere lei, vergognandosi di essere stata colta mentre era presa da una pubblicazione tanto frivola. «Non voglio finanziare i paparazzi».

«Non è la stessa cosa, se lo leggi su internet?»

«No. Leggo solo gli articoli gratuiti. L'abbonamento costa più di cento dollari l'anno, e poi consuma carta».

«Se lo dici tu», aveva risposto Jonathan, evidentemente perplesso.

La loro vita si era riempita di momenti di incomunicabilità. "È tutta colpa del giudaismo?", si domandava lei. Doveva riprendere ad accompagnarlo in sinagoga? Inutile, ormai era rimasta troppo indietro.

Suo marito la considerava una *shiksa*, e la incolpava del fatto che, per causa sua, il figlio Aaron avrebbe dovuto convertirsi per diventare ebreo?

Da parte sua, Lali si era sempre considerata fortunata ad avere accanto un uomo come Jonathan. Persino i suoi genitori, inizialmente contrari, si erano tranquillizzati sapendo che si trattava di un cardiologo laureato a Harvard («Nessuno in tutto il Kerala potrebbe trovare niente da ridire», aveva osservato *Amma*, compiaciuta), e ne avevano apprezzato la dedizione alla famiglia... *Appa* aveva letto sui giornali che gli uomini americani sono più interessati ai loro hobby che a fare bambini. E quando Lali lo aveva portato in India, lui non si era lamentato del cibo, e aveva dimostrato interesse per ogni cosa, dalle tecniche per estrarre la gomma ai ragazzini che pescavano con canne artigianali nelle risaie allagate. Le era sembrato che suo marito rappresentasse tutto il meglio dell'occidente, proprio perché era aperto ai costumi orientali.

Finché la sua fede aveva occupato la scena, relegandola dietro le quinte.

«So che non ha un'altra», aveva confessato un giorno a Mary, in ufficio, «ma è come se l'avesse».

«Non dovresti lamentarti. In fondo, è solo una questione religiosa. Quando lo studio diventerà troppo impegnativo, si stuferà», aveva profetizzato la collega.

Lali ci aveva sperato, ma Jonathan non aveva desistito. Di tanto in tanto, diceva che gli sembrava di arretrare, invece di progredire. Lei si dimostrava comprensiva, ma in cuor suo esultava. E tuttavia, malgrado i momenti di scoraggiamento, lui non aveva mai smesso di dedicarsi ai suoi libri, e alla fine Lali si era convinta che la conversione fosse definitiva.

Ma a lei, quale ruolo spettava? E come doveva comportarsi?

«Mi scusi». Una voce la riportò al presente, nella caffetteria. «È libera questa sedia?»

«Certo, la prenda pure», rispose Lali. Tanto Jonathan non l'avrebbe raggiunta. Anche volendo, non sapeva dove trovarla.

Per uscire, lei aspettava sempre che andasse in sinagoga, e stava bene attenta a rientrare prima di lui. Jonathan si sarebbe stupito di vederle portare il computer da Starbucks. Sapeva che lo usava solo per scrivere agli amici e per leggere «People», cose che avrebbe potuto fare comodamente da casa.

Stava per collegarsi al sito della rivista quando, nell'angolo in basso a destra, sullo schermo comparve una piccola icona.

Il cuore le balzò il gola.

Aakash era in linea.

«Ci sei?»

«Ero seduta qui a contemplare un'altra magnifica giornata», digitò lei in risposta, sentendo il sangue pulsare in ogni parte del corpo, come se si trovasse sulle montagne russe.

«Se fossi al tuo fianco, non dovresti guardare fuori per trovare il tuo cielo», replicò lui, alludendo al proprio nome: in hindi, *Aakash* significa "cielo". Lei rise. Non lo ricordava tanto galante all'università. Ai tempi del master alla UCLA, si erano frequentati per un breve ma intenso periodo. Un ricordo che in seguito lei aveva quasi rimosso.

Poi, un venerdì di sei mesi prima, Jonathan le aveva telefonato per avvertirla che aveva accettato un invito alla cena di shabbat, a casa di un amico di Berkeley, a nome di entrambi.

Lali si era infuriata. «Credevo avessi la serata libera, e ho prenotato due biglietti per il cinema. Prima del film contavo di andare al ristorante».

«Tesoro, mi dispiace. È solo che non facciamo mai niente insieme, per questo ho accettato l'invito. Vedrai, ti troverai bene. Sua moglie lavora in pubblicità».

«Non ho voglia di guidare oltre il ponte», si era ostinata lei, sperando di fargli cambiare idea, e risentita per quella frase: *Non facciamo mai niente insieme*.

«D'accordo, capiranno senz'altro».

Stava per dirgli di averci ripensato, quando Jonathan aveva aggiunto: «Al cinema potresti andarci comunque».

Avrebbe voluto strangolarlo. Che se ne faceva di un marito, se poi le toccava andare al cinema da sola? E poi la irritava quel tono di concessione magnanima, quando in realtà lui stava facendo precisamente i suoi comodi: la incoraggiava a uscire solo per tacitarsi la coscienza.

Era rimasta a casa, immusonita sul divano, a fare zapping davanti al televisore. Poi, in mancanza di meglio, aveva pensato di accendere il computer.

«È il mio nuovo migliore amico», aveva scherzato con Mary.

«Credevo di esserlo io», aveva replicato lei.

«Sì, durante la settimana. Ma nei weekend tu diventi una moglie, con un marito che apprezza la tua compagnia».

«Già. Mi trascina in giro per tutta la città a vedere case che non possiamo permetterci. Mi sta facendo ammattire».

«Il mio tiene il naso dentro a un libro per tutto il tempo. Sai, avevo sempre pensato che il lavoro fosse di per sé una soddisfazione. Invece non mi diverto affatto a comunicare le stesse informazioni all'ennesimo studente, o a dettare a un altro genitore il sito online dell'università. In ufficio vengo volentieri perché almeno qui la gente mi presta attenzione. Patetico, eh?»

«No», aveva risposto Mary. «È solo che sei sposata da più tempo di me. Vedrai, tra qualche anno anche io e Larry ci troveremo dei passatempi diversi. Io sogno di allenarmi per la maratona, ma lui non rinuncerà mai alla birra per dedicarsi alla corsa. Quindi, chi lo sa? Un giorno io potrei gareggiare nella maratona di Boston, mentre lui resterà a casa a guardare la partita dei Celtics alla TV».

Lali fissò gli occhi sullo schermo azzurrino del suo "migliore amico", e sulle parole di Aakash.

Colpa del computer se si trovava in quella situazione.

Quel venerdì, accendendolo per collegarsi al sito di «People», aveva visto un annuncio per rintracciare i compagni di classe del 1985. Aveva sentito parlare di gente che si era ritrovata a distanza di dieci, venti, trent'anni. Lei non provava alcuna voglia di rivedere le altre allieve del collegio femminile in India. Non si erano più sentite dopo la sua partenza da Bangalore, e se anche ne avesse provato nostalgia, non avrebbe saputo come rintracciarle, visto che una volta sposate avevano tutte preso il cognome del marito.

Quanto agli amici della UCLA, manteneva contatti sporadici con Jay e Frances, e si scambiava gli auguri di Natale con qualche altro studente della sua facoltà.

Poi le tornò in mente lui.

Aakash Khan non era un nome molto comune. Bastava digitarlo.

Si erano conosciuti all'emporio dell'università. Lui indossava i jeans sotto il *khadi kurta*, perfettamente a suo agio con addosso quel mix di abiti americani e indiani.

L'aveva invitata a bere un *chai*, e dieci minuti dopo si erano trovati seduti insieme in un piccolo caffè di Westwood.

Studiava ingegneria, e usciva con una ragazza americana di nome Claire, trasferitasi per un semestre alla Cornell.

«Perché senti il bisogno di dirmelo?», gli aveva domandato lei, bollandolo automaticamente come uno dei soliti indiani affetti dalla "febbre bianca", con l'unica ambizione di sposare una ragazza occidentale.

«Credo sia sempre meglio essere franchi. Non voglio darti un'impressione sbagliata».

Lali era rimasta sorpresa. Aveva creduto che l'avesse invitata perché provava interesse per lei, ma forse l'aveva fatto soltanto perché era indiana, e a quel tempo alla UCLA se ne incontravano di rado.

Avevano continuato a vedersi, a pranzo, a qualche

matinée, e persino per un tè a tarda serata, proprio come in India. Lui le aveva duplicato una cassetta di Madonna, e lei gli aveva corretto qualche tesina per la facoltà.

Una sera la sua ex coinquilina Sharon le aveva parlato di una festa, estendendo l'invito al suo ragazzo.

«Aakash non è il mio ragazzo», aveva puntualizzato Lali, ma l'aveva portato comunque.

Era la prima volta in vita sua che andava a una festa accompagnata da un cavaliere. Prima di arrivare in America, le era capitato di sedere sull'autobus accanto a un uomo, ma mai in un'aula scolastica. Gli unici ragazzi con i quali veniva in contatto erano figli di parenti e di amici dei genitori, e nessuno di loro avrebbe osato chiederle un appuntamento.

Alla partenza per gli Stati Uniti, sua madre le aveva raccomandato di rispettare le tradizioni, e tenersi alla larga dai maschi. E in seguito, al telefono, non perdeva occasione di metterla in guardia sul conto dei giovani americani: «Loro non sono come noi. Escono con le ragazze, ma non credono nel matrimonio».

Aakash, però, non cra americano, dunque non c'era niente di male ad attendere ansiosamente le sue telefonate, per poi correre a raggiungerlo.

Eppure si era sentita a disagio quella volta che si erano imbattuti in Frances e Jay. Lei non faceva mistero di essere la ragazza di Jay. A Goa i matrimoni d'amore erano la norma, e Frances diceva che se non si fosse trovata un marito per conto suo, i suoi genitori non si sarebbero nemmeno sognati di presentargliene uno. Lali invece veniva dal Kerala, e già allora la sua famiglia si affannava in cerca di un candidato adatto. Lei aveva evitato di proposito di parlare a Frances di Aakash, per non vedersi costretta a dare spiegazioni. Quando se l'era trovata davanti, all'ingresso della Royce Hall, aveva finto di non sentire il suo commento bisbigliato: «Carino, il tuo ragazzo».

«Un giorno di questi dovremmo uscire a doppia coppia», aveva suggerito Jay, prima di entrare in biblioteca.

«Doppia coppia?», si era inalberato Aakash, quando se n'erano andati. «*Doppia coppia?* Ma che razza di gente frequenti? Così supponenti e presuntuosi. E come gli salta in mente, a quello, di salutarti con due baci sulle guance? Crede di passare per europeo? Che impostore!».

«Non sono tanto male, a conoscerli meglio», li aveva difesi Lali, per quanto lei stessa fosse un po' stufa del loro atteggiamento condiscendente e della loro aria di superiorità. Ma si sentiva indulgente, perché recentemente Frances le aveva confessato il timore che Jay non intendesse sposarla.

A metterla in agitazione era stata la notizia che Loretta, una sua amica di Goa, era stata scaricata dal fidanzato, studente nel Wisconsin. In occasione del suo compleanno, lei aveva speso un patrimonio per fargli recapitare un mazzo di fiori, e per tutta risposta aveva ricevuto una lettera di addio. Frances aveva il terrore di fare la stessa fine.

Lali le aveva rammentato che lei non era in India: studiava nella stessa università di Jay, e lui non sembrava tipo da comportamenti tanto abbietti.

«Be', forse tu riesci a sopportarli», aveva ribattuto Aakash, «ma se vuoi la mia opinione, quel bellimbusto di Jay si stancherà presto degli sguardi dolci di Frances. Scommetto che la pianterà in asso per tornarsene in patria a sposare una fidanzata scelta dai suoi genitori. Io sono l'esatto opposto. Ai miei ho già detto chiaro che, appena Claire finisce il corso alla Cornell, le chiederò di sposarmi».

«Potrebbe respingerti».

«Ne dubito».

«Sei molto sicuro di te».

«Più di te, senz'altro», aveva replicato lui. «Quella prima volta all'emporio dell'università non riuscivi nemmeno a decidere quale giacca comprare. Una *bevakuuf* incapace di distinguere tra un piumino e un blazer!».

A quel punto conoscevano bene il passato e le abitudini l'uno dell'altra. Lali aggiungeva automaticamente una spolverata di cacao al caffè di Aakrash, e lui le serviva il tè senza zucchero.

Poi, un giorno, le aveva detto di avere chiuso con Claire. Non sembrava dispiaciuto, il tono era puramente informativo, una frase qualsiasi pronunciata mentre sorseggiava il tè.

Lali ne era già un po' infatuata, e quell'insperata disponibilità lo aveva reso ancora più desiderabile.

Per un'intera settimana si era chiesta come fargli capire che le piaceva... non come amico, ma come uomo. Era persino disposta a sfidare la reazione rabbiosa dei suoi genitori, quando avessero scoperto che era musulmano.

Lo invitò a cena. Comprò una bottiglia di vino. Preparò i *brownies*, il suo dolce preferito. E dopo tanto riflettere e scervellarsi sul modo di comunicargli i propri sentimenti, le sembrò perfettamente naturale appoggiare una mano sulla sua. Non aprì bocca. Anche lui rimase in silenzio. Quando infine Lali ritrovò la parola, erano a letto, con i vestiti abbandonati sul pavimento. Gli sussurrò: «Sì, non preoccuparti, voglio farlo».

«Perché con me?», aveva domandato lui, dopo.
«Perché sì».
«Sono lusingato».
Le era sembrata una risposta perfetta fino all'indomani, quando lui non aveva telefonato. E nemmeno il giorno successivo. Alla fine Lali aveva messo da parte il suo orgoglio, e lo aveva chiamato. Aakash si era detto mortificato. Claire era tornata a sorpresa dalla Cornell. Ci aveva ripensato, lui si era dichiarato, e lei aveva accettato la proposta di matrimonio.
«Ti avevo parlato di lei fin da principio», le rammentò.
Lali era troppo sconvolta per precisare che, a sentire lui, la relazione con Claire era finita. Aakash lo aveva detto di passaggio, senza entrare nel dettaglio, e come una stupida lei aveva dato per scontato che fosse stato lui a scaricarla... per amore suo.
Si sentiva un'idiota. Era profondamente ferita, e pentita.
Ci era andata a letto. Nemmeno Frances era arrivata a tanto con Jay, malgrado uscissero insieme da quasi due anni.
Che cretina. Eppure le era sembrato così... naturale. Fin dal suo arrivo negli Stati Uniti, aveva visto coppie comportarsi in modo impensabile per le tradizioni indiane. Uomini e donne che si baciavano in pubblico, si tenevano per mano, lasciavano una festa insieme. Per la prima volta in vita sua, aveva provato invidia. Voleva davvero accettare un matrimonio combinato dai suoi genitori? Non poteva fare come le sue compagne di università, e trovarsi un uomo per conto suo?
Molti ragazzi americani l'avevano invitata a uscire, ma lei non aveva mai avuto il coraggio di accettare.
Non provava la minima attrazione per quelli che la

cercavano per via della sua aria esotica. Erano facili da individuare, bastava vedere come la guardavano quando si vestiva all'indiana. Non erano interessati a lei come persona, e la facevano sentire come il soggetto di un servizio del «National Geographic», con tutte quelle domande sul *bindi* che portava in fronte o gli anelli alle dita dei piedi. La loro curiosità l'aveva talmente esasperata che aveva cominciato a inventarsi le risposte. A uno di loro aveva detto di essere scappata in America per sfuggire a una perfida suocera che, scialacquata la sua dote, continuava a spremere denaro ai suoi genitori. Fatto il primo passo, non era stato difficile ricamare ulteriormente, raccontando di essersi sposata a quindici anni, di avere partorito tre figli prima dei diciassette, e di esserseli lasciati tutti alle spalle. Da un lato l'aveva lusingata che, malgrado tutto, quel tizio volesse ancora uscire con lei, ma a conti fatti aveva deciso che un uomo abbastanza idiota da bersi simili idiozie non meritava la sua attenzione.

Quanto ai ragazzi che invece le piacevano, il problema era diverso. Non essendo mai uscita con nessuno, non sapeva come interpretare un invito per un tè rispetto a uno a cena, o come reagire qualora avessero tentato di baciarla. Invidiava le sue amiche americane, che avevano fatto esperienza fin dall'adolescenza, e affrontavano la questione con perfetta disinvoltura.

Aakash aveva rappresentato un mix ideale di oriente e occidente. Un americano avrebbe riso di lei, scoprendola ancora vergine ben oltre i vent'anni. Aakash, invece, lo reputava normale, e sapeva esattamente cosa significasse avergli offerto la sua verginità.

Una cosa che rendeva il suo voltafaccia ancora più brutale.

E non soltanto l'aveva respinta, ma si era fidanzato con un'altra. Lali non aveva mai visto Claire nemmeno in foto, ma il nome stesso la rendeva la quintessenza della donna bianca: bionda e con gli occhi azzurri. Il semestre di studio alla Cornell dimostrava anche che era intelligente. E il fatto che Aakash fosse tornato da lei persino dopo il passo irreparabile di Lali completava il quadro: la sua rivale era irresistibile.

Quella breve conversazione al telefono le aveva spezzato il cuore. Non riusciva a levarsi dalla testa il tono monocorde delle sue scuse. Si lasciò cadere sul letto, e si infilò sotto le coperte. Voleva restarci in eterno. Non sarebbe mai più uscita di casa. Non voleva rischiare di incontrarli.

Non le interessavano più le lezioni, né la consegna della tesi ormai imminente. Ignorò lo squillo del telefono, saltò la cena. I *brownies* nella teglia si erano ammuffiti, e li buttò nel cestino. Poi vomitò nel lavabo della cucina. Quei dolci erano come lei: inutili e indesiderati.

Il pensiero della notte passata con Aakash la tormentava. Perché lo aveva invitato a casa? Perché aveva appoggiato la mano sulla sua? Perché lui non si era sottratto, limitandosi a cenare per poi tornarsene nel suo appartamento? Quando se n'era andato, alle prime ore del mattino, lo aveva persino salutato sulla porta con un bacio.

Non riusciva a ricordare se lui lo avesse ricambiato, o se avesse battuto in ritirata.

Lali soffriva di insonnia. Le occhiaie diventavano sempre più profonde.

Si vergognava troppo per parlarne con Frances e, pur sapendo che le sue amiche americane non l'avrebbero giudicata male, erano conoscenze troppo superficiali per una simile confidenza. E poi, per loro lasciarsi era normale. Quando il ragazzo di Angela l'aveva piantata per un'altra, lei aveva cambiato pettinatura, ed era tornata in pista. Nel giro di una settimana si era trovata un altro partner, e poco dopo era persino uscita in doppia coppia con il suo ex.

Mentre Lali si sentiva morire al solo pensiero di rivedere Aakash.

Al terzo giorno, aveva capito di doverselo levare completamente dalla testa. Cancellò il suo nome dall'agenda del telefono. Gettò via il pupazzo di peluche che le aveva regalato: «Perché anche tu sei un orsetto», le aveva detto, consegnandole il pacchetto. Cambiò le lenzuola... odoravano ancora di lui, e di ciò che avevano fatto. Stava ammucchiandole nella cesta della biancheria da lavare quando qualcuno bussò alla porta.

Di colpo, sentì rinascere la speranza. Era Aakash? Era pentito, era tornato da lei?

Corse alla porta. Un attimo prima di aprirla, sbirciò dallo spioncino. Una chioma nera. Il cuore minacciò di scoppiarle nel petto. Era lui!

«Lali Manali! Sei in casa?». Solo Jay la chiamava con quello stupido soprannome.

Si accasciò contro la porta. Pensò di essersi sbagliata, e controllò di nuovo dallo spioncino. Ma poi riconobbe distintamente la voce di Frances.

«Prova a bussare tu», diceva. «Sei più forte, io non riesco a farmi sentire».

Si allontanò in punta di piedi. Non voleva che scoprissero la sua vergogna. Forse si sarebbero convinti che non era in casa.

Ma loro non si dettero per vinti. I colpi rimbombavano in tutta la casa, la facevano ammattire. Alla fine si rassegnò a tornare all'uscio.

«Sono malata», bisbigliò.

«Apri», insistette Frances. «Se vuoi, possiamo portarti in ospedale».

Non c'era verso di liberarsi di loro.

«Entra solo tu», sussurrò. «Dì a Jay che non sono presentabile». Le lacrime le rigarono le guance al ricordo dell'ultimo uomo che aveva varcato quella soglia.

Frances le preparò una tazza di tè. Le provò la febbre. Poi pretese di sapere la verità.

Lali non si era mai sentita tanto vulnerabile in vita sua. Non riuscì a inventarsi una bugia plausibile, e confessò che lei e Aakash si erano frequentati per un po', ma poi lui era tornato con la sua ragazza americana.

«Quell'*harami*», commentò Frances. «Se fossimo in India, assolderei dei *gunda* per spezzargli le gambe».

La sua rabbia era confortante, ma nel contempo Lali sentiva il bisogno di restare sola. Voleva tornare a letto, addormentarsi, e risvegliarsi di nuovo vergine.

Non le disse di avere fatto sesso con Aakash, e Frances non domandò oltre. Da quella mattina in poi, Lali si rifiutò di pronunciare il nome di quell'*harami*.

Ma si era sempre domandata se Frances avesse indovinato che lei e Aakash non si erano limitati a "frequentarsi".

Secondo l'amica, la migliore vendetta era non permettere a gente come lui di condizionarle la vita. Doveva levarselo dalla testa, e tornare a dedicarsi ai suoi progetti originali. Aveva insistito perché Lali facesse una doccia.

«Devi cambiare tutto, abito e atteggiamento», aveva sentenziato, categorica. L'aveva convinta a mangiare un panino. Poi l'aveva accompagnata in biblioteca, persuadendola a riprendere in mano la tesi, trascurata per troppo tempo.

«Sto meglio», aveva ammesso lei, pentita di avere riso quando Aakash aveva definito Frances e Jay il tipo di persone che a letto fanno l'amore con loro stesse, non l'una con l'altra. Si sentiva in colpa di avere dato per scontato che Frances la disprezzasse. Era colpa della propria insicurezza, della consapevolezza di non essersi comportata da brava ragazza indiana, del timore di venire mal giudicata se altri avessero scoperto ciò che aveva fatto.

Senza l'aiuto di Frances, non avrebbe mai più trovato il coraggio di mostrarsi in pubblico.

«Grazie», le disse, e ripeté: «Sto meglio, non preoccuparti».

Ma Frances aveva scosso la testa. «No, non ancora. Prima ci si sente tristi perché la relazione è finita, poi si sprofonda nella depressione del lutto. Starai meglio solo quando proverai rabbia».

«Come le sai, queste cose?».

Frances si era stretta nelle spalle. «"Cosmopolitan". Molto meglio di quel "People" che ti vedo sempre sfogliare di soppiatto alla cassa del supermercato».

Lali non aveva mai raggiunto l'ultimo stadio, ma era riuscita a riprendere la sua quotidianità: aveva affrontato gli esami, scritto la tesi, trovato un impiego a San Francisco, e per tutto il tempo aveva contato i giorni fino alla laurea, felice che mancassero soltanto due mesi.

Ventiquattr'ore prima della sua partenza da Los Angeles, Frances, fresca di fidanzamento, si era presentata per aiutarla con il trasloco. Era sola.

«Non so se dovrei dirtelo, ma ho incontrato quell'*harami* di Aakash la settimana scorsa. Ho cercato di cavargli qualche notizia, ma è stato molto reticente. Sostiene che tornerà in India, ma non ha fatto parola di un matrimonio. Mi ha detto di salutarti».

Lali non aveva risposto, continuando imperterrita ad ammucchiare libri in uno scatolone.

«Stai bene?», le aveva domandato Frances.

«Sì, sì, certo», aveva mentito lei.

Le parole di Frances le erano rimaste impresse nella mente per tutto il giorno. Aveva cercato di pensare ad altro, per distrarsi era persino andata al cinema da sola, ma alla fine era corsa a casa e aveva afferrato il telefono. Sull'agendina il numero era cancellato, ma le sue dita lo ricordavano benissimo.

Non aveva idea di cosa gli avrebbe detto, né cosa fare con gli scatoloni già imballati e il lavoro a San Francisco, se lui avesse confermato le sue speranze.

Sentendo lo squillo all'altro capo della comunicazione, le varie alternative le affollavano la mente.

«Pronto?». Al suono della sua voce, un brivido le aveva percorso la schiena, le era venuta la pelle d'oca.

Stava per parlare quando aveva sentito un'altra voce in sottofondo. Dolce, femminile. Aveva riagganciato, giurando a se stessa di non lasciarsi ingannare mai più.

Un anno dopo, a San Francisco, aveva incontrato Jonathan in un negozio di alimentari. A distanza di mesi, le aveva confessato di averla seguita di proposito nel reparto ortofrutta, domandandole un consiglio su come scegliere le melanzane al solo scopo di attaccare bottone.

«Patetico, assolutamente patetico», aveva detto. «Ma dovevo parlarti, e non mi era venuto in mente niente di meglio».

L'invito di Jonathan l'aveva sorpresa in una fase della sua vita in cui non credeva più ai motivi che in passato l'avevano spinta a rifiutare quelli dei compagni alla UCLA.

Aveva deciso di stabilirsi in America, e per sposarsi avrebbe potuto contare solo sulle proprie forze. Ai suoi genitori aveva detto di essere contraria ai matrimoni combinati, ma la verità era un'altra. Loro la credevano ancora vergine, e l'avrebbero presentata così agli eventuali candidati. Lei non poteva rischiare di confessare la verità prima del fidanzamento, né di venire smascherata dopo le nozze.

I suoi genitori si erano scandalizzati, ma la distanza rendeva inefficace qualsiasi pressione. Quando telefonava a casa, sua madre si lagnava di essere diventata lo zimbello di tutta la comunità malayalam della città. «Sono l'unica con una figlia ancora zitella», ripeteva sempre. Dopo quelle conversazioni, Lali impiegava giorni a riprendersi dal senso di colpa.

Ma poteva biasimare solo se stessa. Concedendosi ad Aakash, si era bruciata ogni opportunità di un matrimonio combinato. Anche lui doveva esserne consapevole, e questo aggravava il dolore del suo rifiuto.

Così Lali si era aperta alla possibilità di accettare degli inviti, ma era come se il fiasco con Aakash le avesse messo addosso una maledizione, perché a San Francisco incontrava soltanto uomini sposati o omosessuali. Fin dal primo momento, Jonathan aveva rappresentato un'eccezione insperata.

Ma poi, proprio quando lei aveva creduto di poter tornare ai bei tempi degli abbonamenti a teatro e delle gite nel weekend, era diventato un estraneo.

Così, sei mesi prima, mentre lui passava lo shabbat

con il suo nuovo amico, Lali aveva digitato su Google un nome archiviato da tanto tempo. Non si aspettava di trovarlo. Ma quando aveva visto l'indirizzo e-mail di Aakash sullo schermo, non era riuscita a trattenersi dal passo successivo.

Gli anni trascorsi e i traguardi conquistati le permettevano di contattarlo senza sprofondare per via dell'imbarazzo. Adesso era la moglie di un cardiologo, la madre di uno studente di Harvard. Suo marito era un bianco. Non aveva motivo di temere che Aakash avesse avuto più successo di lei nella vita.

In fretta, per non darsi il tempo di cambiare idea, gli aveva mandato un'e-mail: «Eri studente alla UCLA?».

Lui aveva risposto immediatamente. La sua prontezza l'aveva lusingata, e lei aveva atteso di proposito una settimana prima di scrivergli. Con Jonathan in casa, ma assorto nei suoi libri, Lali aveva affrontato con calma tutte le domande dell'e-mail di Aakash, offrendo un breve sunto della sua vita – sono sposata, ho un figlio – ma dilungandosi in dettagli solo sul conto di Jay e Frances, e dei loro tre bambini. Lui aveva trovato divertente che Lali fosse ancora in contatto con loro, e si era sorpreso che Jay avesse poi davvero deciso di sposare Frances. Non ricordava di avere mai conosciuto un Vikram o un Vic, ma aveva sentito parlare della VikRAM Computers.

«Dunque frequenti dei pezzi grossi. Sicura che io sia all'altezza?».

Era ancora schietto come un tempo, ma laconico in merito alla sua vita privata.

«Sono la dimostrazione vivente della statistica secondo cui un matrimonio su due finisce in divorzio. Io e Clare ci siamo lasciati da un pezzo».

Lei aveva sempre creduto che la sua ragazza si chiamasse Claire, non Clare. E che il loro matrimonio sarebbe durato in eterno.

«Mi dispiace».

Era la reazione corretta, ma lontanissima da quella reale. Al contrario, Lali era felice che anche lui avesse sofferto. Il suo fallimento le aveva permesso di proseguire la corrispondenza.

Negli anni trascorsi da quando si conoscevano, Aakash era diventato galante.

«Forse avrei dovuto dare retta ai miei genitori. Lo dicevano che le ragazze indiane sono le migliori. E tu, sei ancora la migliore?».

Aveva cominciato a scrivergli ogni sabato, quando Jonathan andava in sinagoga. Passava tutta la settimana a preparare mentalmente il messaggio successivo.

Erano passati secoli dall'ultima volta che si era sentita così emozionata, e desiderata. Le sembrava di essere tornata nel suo appartamentino di Los Angeles, quando sedeva accanto al telefono, in attesa di sentire la voce profonda di Aakash all'altro capo, si cambiava d'abito cinque volte prima di uscire con lui, e al ritorno riepilogava mentalmente ogni parola detta, timorosa di avere parlato a sproposito. Adesso si sentiva esattamente così. Se leggeva un articolo, sentiva un aneddoto interessante, il primo pensiero era: «Dovrei scriverne ad Aakash? Mi farebbe apparire intelligente? Gli strapperà un complimento?».

Poi, un sabato, lui le aveva scritto mentre era collegata, e le era sembrato perfettamente naturale passare alla comunicazione online. Ma quel botta e risposta in tempo reale l'aveva messa a disagio… e se Jonathan fosse tornato in anticipo?

Starbucks era un'alternativa più sicura, così aveva cominciato a rifugiarsi là con il suo portatile.

Si era detta che non c'era nulla di male: era solo uno scambio di e-mail tra vecchi amici. Lui abitava a San Diego, e non si erano nemmeno parlati al telefono, né avevano accennato all'ipotesi di un incontro. Era bello veder spuntare parole hindi nei loro messaggi, e la divertiva persino che Aakash talvolta ne inserisse in yiddish: «Me le ha insegnate il mio capo. Mi sembrano efficaci quanto l'hindi».

Probabilmente conosceva quella lingua meglio di Jonathan.

Ora, avvolta negli aromi tiepidi della caffetteria, spostò la tazza da tè sforzandosi di trovare una risposta adeguata a quella dichiarazione ammiccante che Aakash fosse "il suo cielo".

«Preferisco i cieli azzurri», scrisse, e poi aggiunse: «Non se ne vedono spesso, a San Francisco».

«Come, non sei una *memsahib* di Marin County?».

Come faceva a saperlo? Lei non gli aveva mai rivelato il cognome di Jonathan. Poi si rese conto che bastava leggere l'intestazione delle sue e-mail per fare due più due. Su internet era facile scovare informazioni personali.

Continuarono a conversare, scambiandosi consigli sui libri da leggere, e concordando che il recente successo dei film di Bollywood era un fenomeno positivo, per quanto bizzarro.

«Tutto merito di *The Millionaire*», scrisse Lali. «Anche se forse era una pellicola più americana che indiana».

«Decisamente confezionato per il mercato estero», scrisse Aakash. «In patria nessuno crederebbe alla favola di un ragazzo di strada finito in televisione!».

Per l'ennesima volta, Lali si sentì invadere dalla felicità. Finalmente un uomo che la capiva, e la apprezzava. Se avesse fatto un commento identico con Jonathan, lui le avrebbe creduto sulla parola, ma senza capire fino in fondo a cosa si riferisse.

«E poi, Freida Pinto un sex symbol?», domandò Aakash. «Questi produttori di Hollywood dovrebbero farsi un giro a Goa. Vedrebbero ragazze molto più belle, e attrici capaci di recitare davvero, non soltanto di fare smorfie».

«Quindi Frances ti sembrava carina. Lei è di Goa».

«Oddio, no. Lascia perdere Frances e Freida. Parliamo piuttosto dei bambini di *The Millionaire*. Secondo me erano magnifici. Avrebbero dovuto pagarli meglio».

Quella frase li portò a un dibattito sull'egemonia occidentale, e su quant'era strano il nuovo interesse per l'India.

«Quando arrivai per la prima volta negli Stati Uniti, nessuno aveva mai sentito parlare di Bangalore. Adesso sembrano conoscerla tutti», scrisse Lali.

«Io trovo esasperante quando gli occidentali credono di conoscere l'India meglio di me. Sarà colpa di History Channel o degli articoli sui giornali?».

Quando finalmente Lali controllò l'ora sul computer, si rese conto che mancava poco al ritorno di Jonathan.

«Devo scappare. La domestica sta andando via, aspetta lo stipendio».

Inutile confessare ad Aakash che per tenersi in contatto con lui scappava letteralmente di casa. Comunque non aveva mentito. Era lei, non Jonathan, a pagare la domestica.

«Arrivederci, *memsahib*. A sabato prossimo. È l'unico pensiero a rendermi sopportabile la settimana».

Lali rientrò a casa di corsa, scusandosi con Rosa per averla fatta attendere qualche minuto.

«Nessun problema», rispose la donna. «Avevo appena finito».

Restò alla finestra a bovindo, a guardarla mentre si allontanava. Per fortuna quel giorno anche Jonathan era un po' in ritardo.

All'orizzonte apparve una sagoma vestita di blu. Il postino era diretto verso casa loro, e spingeva un carrello probabilmente zeppo più di volantini pubblicitari che di lettere. Era passato molto tempo da quando lei scrutava ansiosamente le buste, impaziente di ricevere una missiva da sua madre, un biglietto inatteso da un'amica. Ora con *Amma* si teneva in contatto via Skype, e tutti usavano la posta elettronica.

Aveva appena cominciato a prepararsi un sandwich quando Jonathan entrò dalla porta.

«Cara, c'è posta per te. A giudicare dalla busta, il mittente si direbbe indiano».

Rimase impietrita. Possibile che Aakash le avesse spedito qualcosa? Cosa avrebbe detto a Jonathan? Lui si fidava.

Poi si calmò. Aakash era troppo abituato alle consuetudini americane per mandarle buste in stile indiano. Le sue paure erano dettate soltanto dal senso di colpa che la attanagliava ogni sabato.

Jonathan le tese una grossa busta, e ogni traccia di paura svanì. Probabilmente l'aveva mandata uno dei medici indiani dell'ospedale. Il marito era stato felicissimo di presentarglieli, ma lei non aveva legato con nessuno. Gli uomini erano pomposi, e le donne talmente concentrate sulla propria cerchia di compatrioti, intente a spettegolare su chi facesse cosa con chi, che Lali non trovava mai niente da dire. Ciò nonostante, per il semplice fatto di essere una connazionale, veniva puntualmente invitata insieme al marito a tutti i ricevimenti di nozze e alle feste comandate.

Controllò il mittente. Si era sbagliata.

«È di Vic», disse.

«Lo conosco?»

«No. Eravamo compagni alla UCLA, ma lui era amico soprattutto di Jay».

Possibile che Vic avesse invitato solo lei? Girò la busta. Era intestata ai signori Feinstein.

«Non è solo per me», puntualizzò. «Siamo invitati entrambi. Suo figlio si è laureato al MIT».

«Non è un po' strano? Di solito le feste di questo tipo si fanno per il diploma».

Il suo tono era perplesso e, come ormai accadeva sempre più spesso, Lali avvertì il divario che la separava dal marito. Lui non avrebbe mai capito cosa significasse essere indiani. Almeno lei aveva vissuto tra gli americani, e li conosceva abbastanza bene da non fare domande del genere.

«Vic è indiano fino al midollo. Qualsiasi scusa va bene per organizzare una festa. Dev'essere molto orgoglioso della laurea del figlio». Anche Aaron era stato accettato al MIT, ma aveva preferito iscriversi a Harvard, seguendo l'esempio del padre. «Ecco, guarda». Gli mostrò l'invito.

«Piuttosto appariscente», disse Jonathan. «Che tipo di festa sarà?».

Lali rise. «Come l'invito: eccessiva. Almeno un centinaio di invitati. Montagne di cibo, e balli. Musica indiana a tutto volume. Se ha scritto persino a noi, malgrado la distanza, deve trattarsi di un ricevimento in grande stile». Immaginò vassoi di samosa e curry, e conversazioni nel tipico accento ibrido tra americano e indiano, con le R marcate e le H aspirate nei punti sbagliati.

«Avremmo potuto organizzarne uno anche noi, se Aaron avesse fatto il bar mitzvah».

Lali non rispose. Non sapeva mai cosa dire quando lui si lasciava prendere dai suoi rimpianti ebraici. In fondo, nemmeno Jonathan aveva fatto il bar mitzvah, e Aaron non l'aveva voluto, quindi perché recriminare?

«Credo che ci andrò», decise. L'invito era un altro segno che l'India la richiamava a sé.

«Quando sarà?», domandò Jonathan.

«L'11 giugno».

Jonathan controllò il calendario sul Blackberry. «Quel fine settimana ho un congresso a Santa Barbara. Il mio intervento è fissato in mattinata, potrei raggiungerti subito dopo».

Lali si stupì della proposta quanto della propria reazione: un impeto di affetto e di felicità.

«Sarebbe magnifico», disse, con entusiasmo. Forse poteva essere l'inizio di una nuova serie di weekend passati insieme.

Andare alla festa accompagnata da Jonathan presentava anche altri vantaggi. Lui sarebbe stato la prova vivente di quanta strada avesse fatto Lali, la mosca bianca, dopo la UCLA. Frances e Jay si erano sposati, e Vic aveva realizzato le sue ambizioni. Ai tempi dell'università lei era sola, e se l'era filata con la coda tra le gambe per accettare un lavoro da quattro soldi a San Francisco.

Ora poteva tornare in aereo, senza preoccuparsi del costo di un albergo, e affrontare tutti a testa alta, dimostrando concretamente di essersi costruita una vita invidiabile. Jonathan sarebbe stato al suo fianco, avrebbe potuto ostentarlo. E se Aaron avesse preso qualche giorno di vacanza, avrebbe potuto portarci anche lui. Le sarebbe piaciuto mostrare a suo figlio il proprio lato indiano. E ancora di più esibire agli amici il rampollo iscritto a Harvard.

«L'11 è un sabato», disse Jonathan. «La domenica potremmo fare un giro a San Diego».

A Lali venne quasi da ridere.

«Vedremo», disse, prendendo tempo. Come poteva spiegargli il motivo della sua reticenza? C'era il rischio di imbattersi in Aakash.

«Coraggio», la spronò lui. «Era da tempo che sognavamo di farlo, e questa è l'occasione ideale. Dedicherai la serata ai tuoi amici, quindi non si offenderanno se passeremo il giorno seguente da soli».

Non c'erano scuse plausibili per scantonare.

E Jonathan aveva ragione. Parlavano di una gita a San Diego da quando Aaron era in quarta elementare. Il bambino voleva vedere l'acquario e lo zoo, ma ogni volta c'era stato un contrattempo: una scadenza di lavoro, un altro impegno.

Se non ci erano riusciti in tanti anni, forse poteva sperare che anche stavolta si frapponesse un ostacolo.

***

«Papà!». Dal ricevitore, la voce di Nikhil rintronò nell'orecchio di Vic. «Sei impazzito?»

«Al contrario, sono in forma smagliante. Sono stato dal medico giusto la settimana scorsa, e mi ha dichiarato perfettamente sano di corpo e di mente».

«Ti avevo detto che non volevo un'altra festa. Mi è bastata quella per i diciotto anni».

«Non era per la maggiore età», lo corresse Vic. «Era per festeggiare il diploma da primo della classe, e l'iscrizione al MIT. Adesso ti sei laureato, dunque è naturale organizzarne un'altra».

«Non avrai già spedito gli inviti?»

«Tre giorni fa. Il tuo lo hai ricevuto solo adesso perché vivi all'altro capo del continente».

«Papà, perché non mi ascolti quando parlo? Ti avevo detto già, quando sono tornato per le vacanze invernali, che non avrei partecipato a nessuna festa».

«Cosa? Vorresti impedire a un padre di essere orgoglioso dei successi del proprio figlio?»

«Non fingere che questa faccenda riguardi me. È quello che vuoi tu, come sempre. Senti, ho scelto il MIT solo per accontentarti. Ma ti avevo avvertito che, dopo la laurea, avrei fatto di testa mia».

«Ti passo tua madre». Vic allungò il ricevitore a Priya, come al solito in piedi alle sue spalle, in attesa di parlare con Nikhil.

«*Beta*, ti è arrivato il pacco di spezie che ti ho mandato?», la sentì chiedere, uscendo dalla stanza.

Priya trovava sempre le parole giuste per intenerirlo, e tranquillizzarlo.

Vic sapeva benissimo che suo figlio non voleva una festa, e che la moglie l'avrebbe convinto a prendervi parte. Non gli aveva mentito dichiarandosi fiero di lui. Dall'istante in cui lo aveva visto appena nato, tra le braccia della madre, aveva sperato che, diversamente da lui, Nikhil avrebbe goduto di diritto delle tante opportunità disponibili in America.

Vic aveva coltivato l'ambizione di emigrare fin dai

tempi della piccola scuola con le mura di fango frequentata dall'asilo alle superiori. Vikram, come lo chiamavano al villaggio, aveva imparato già dal primo giorno il prezzo di essere indisciplinato. Se chiacchieravi durante le lezioni, dimenticavi a casa la lavagnetta, non sapevi recitare l'alfabeto, il *teacherji* te le dava con il righello. Vic era determinato a scansarlo, e si era buttato nello studio, malgrado suo padre continuasse a ripetere che i libri di storia e di inglese erano inutili per coltivare i campi. Ma a geografia aveva imparato che esistevano altri mondi, e altri modi di guadagnarsi da vivere. Aveva letto di palazzi tanto alti da sfiorare il cielo, e di ponti enormi eretti sopra vasti fiumi, dove la gente poteva abitare su una sponda, e lavorare sull'altra.

Nessuno al villaggio aveva proseguito oltre la seconda superiore. Valeva persino per alcuni degli insegnanti, ancora gli stessi che, a suo tempo, avevano tartassato suo padre. Avevano ottenuto la cattedra per mancanza di candidati più qualificati, e l'avevano accettata perché un maestro suscitava maggiore rispetto di un contadino.

Vikram sapeva che la sua unica possibilità di andarsene dal villaggio era farsi onore alla maturità. I risultati venivano inseriti in una graduatoria nazionale, insieme alla media delle pagelle precedenti. Lui era sempre stato il primo della classe, e l'ultimo anno aveva sgobbato come un matto per emergere anche nell'esame finale.

Le prove, due al giorno, si erano protratte per tutto il mese di gennaio, ma bisognava pazientare a lungo prima di conoscerne i risultati. I suoi compagni avevano smesso di pensarci, mentre Vikram contava i giorni, le settimane, i mesi. Alla festa di Holi, tutti gli abitanti del villaggio avevano celebrato l'arrivo della primavera, gettandosi l'uno addosso all'altro manciate di pigmenti in polvere e secchi di acqua colorata. Era l'unico momento dell'anno in cui non si facevano distinzioni tra vecchi e giovani, ricchi e poveri. Insieme ai compagni, Vikram si era nascosto dietro un albero, e appena i loro ex insegnanti erano comparsi alla vista, li avevano bersagliati uno a uno, inzuppandoli fino all'osso, e tramutando le loro camicie in un folle caleidoscopio di colori. Quelli non potevano ribellarsi, e i ragazzi avevano approfittato con abbandono di un raro giorno di libertà, sfregando le polverine colorate sulle loro facce e sui capelli.

Dal momento che non doveva frequentare più le lezioni, Vikram aveva cercato di incoraggiare allo studio il fratello minore. Ma Vijay odiava la scuola, e ogni volta citava il padre Pitaji: «A cosa mi serve sapere della *Yumrica*?», diceva, «se non intendo andarmene dal villaggio?».

Così Vikram si era dedicato alle sue incombenze nei campi, domandandosi per tutto il tempo se avesse ottenuto un piazzamento sufficiente ad aggiudicarsi una borsa di studio. Aveva aiutato il padre a rivoltare il terreno. Poi, sotto un sole cocente, aveva partecipato alla semina, circondato da contadini curvi, gli uomini intenti ad aprire i solchi, le donne e i bambini a gettare i semi. Quando i germogli avevano raggiunto una spanna di altezza, era tornato con il padre a controllare le foglie per la presenza di parassiti, e a innaffiare le piantine.

«Vikram! Vikram!», si era sentito chiamare, e alzando la testa aveva visto correre verso di lui il professor Pandey, il coordinatore della sua classe, e l'unico a non essersi presentato per la strada durante la festa di Holi.

«C'è il tuo nome sul giornale», aveva annunciato il professore, senza fiato per l'emozione e sventolando in aria il quotidiano.

«Che ha combinato?», era sbottato suo padre, in tono allarmato. Vikram indovinava facilmente cosa gli passasse per la testa: se avessero arrestato suo figlio, la famiglia non avrebbe avuto abbastanza soldi per corrompere i poliziotti, e in sua assenza, chi l'avrebbe aiutato nei campi?

«Si è classificato tra i primi nell'esame di maturità», aveva spiegato, raggiante, il professor Pandey. «Per questo il suo nome è sul giornale. Ecco, proprio qui: Vikram Jha. Sapevo che ce l'avrebbe fatta, per questo ho controllato ogni giorno, in attesa della pubblicazione».

Vikram ricordava distintamente le staffilate inflitte con la canna di bambù da quel medesimo insegnante, e nel punto più sensibile, dietro le ginocchia. Si era azzardato a contraddirlo e, malgrado avesse dimostrato di avere risolto il problema di matematica in modo più semplice e rapido, per tutta risposta il vecchio aveva brandito la canna, sempre a portata di mano. Il professor Pandey ci provava gusto a picchiare gli allievi. I suoi colleghi lo facevano a malincuore, assestando un paio di colpi svogliati sulle mani o sul sedere, e solo perché le punizioni corporali erano la prassi. Lui invece mirava di proposito dove faceva più male. Quel giorno lo aveva fatto sanguinare, e Vikram aveva dovuto subire in silenzio, piangendo lacrime di dolore, e di rabbia.

Lesse il proprio nome sulla pagina, poi controllò la data. «I risultati sono usciti due giorni fa».

«Be', sì, certo. Nel nostro villaggio non è facile procurarsi per tempo un giornale».

Vikram assaporava la sua prima vittoria. Aveva sbaragliato tutti gli abitanti del villaggio. Nemmeno il più ricco, il latifondista al quale i contadini si inchinavano, chiamandolo *seth*, si era classificato tra i primi all'esame finale. I suoi tre figli studiavano in una scuola importante e costosa sulle montagne, non giocavano mai con i coetanei del villaggio e, secondo la donna delle pulizie, ogni estate avevano dei precettori privati, ospitati appositamente nell'enorme villa di famiglia. Recentemente uno dei tre era tornato a casa, e malgrado il *seth* sostenesse di averlo richiamato affinché si impratichisse nell'attività paterna, la domestica aveva spifferato a tutti che il ragazzo era stato espulso dalla scuola dopo essere stato bocciato due volte.

Vikram ripiegò il giornale e se lo infilò sottobraccio senza chiedere il permesso al suo insegnante. Per la prima volta da quando lo conosceva, il professor Pandey non profferì parola. Tese una mano per dargli una pacca sulla spalla, ma lui si scansò. Non si sarebbe mai più lasciato sfiorare da quel vecchio sadico.

Dopo molti ringraziamenti, Pitaji aveva fatto notare a Pandey che erano occupati. Bisognava irrigare il campo, e se avessero aspettato troppo, il caldo avrebbe fatto evaporare l'acqua prima che raggiungesse le radici. Dopodiché aveva ripreso a trasportare i secchi dal pozzo. Taceva come al solito, completamente assorbito dal lavoro.

Il professor Pandey aveva già informato Mataji, e quando Vikram e suo padre erano rincasati, avevano trovato imbandito un pranzo speciale, un vassoio di *paratha* intriso di *ghee*.

«Nostro figlio ha superato ogni altro studente, sia di quest'anno che del passato», aveva dichiarato Mataji, piena d'orgoglio.

«Almeno adesso potrà concentrarsi sul raccolto», era stato il commento di Pitaji.

Vikram era rimasto zitto. La reazione di suo padre era prevedibile. In tanti anni, da primo della classe non era mai riuscito a strappargli una lode. Era Vijay il suo preferito, che saltava le lezioni per dare una mano durante la stagione del raccolto.

Ma in seguito, quando Vikram aveva annunciato l'intenzione di iscriversi all'Indian Institute of Technology, in un posto chiamato Kharagpur, il padre aveva ritrovato la parola: «Mi servi qui. Siamo indebitati fino al collo con il *seth*. Basta che un unico raccolto vada male, e siamo rovinati».

«Puoi chiederlo a Vijay, e io darò il mio contributo durante le vacanze», aveva promesso lui. Ma una volta arrivato all'ITT, aveva fatto di tutto per rendersi indispensabile agli insegnanti. A casa tornava di rado, e non si fermava mai più dello stretto necessario. La sua famiglia non capiva cosa studiasse in quello strano istituto. Prima della sua partenza non l'avevano mai sentito nominare, e quando Vikram aveva spiegato che vi facevano domanda a migliaia, ma solo pochissimi venivano accettati, sua madre aveva ringraziato gli dèi per quell'immeritato colpo di fortuna. Pitaji si era limitato a bofonchiare. Poi aveva aggiunto che doveva esserci una gran folla: come poteva tollerare di vivere in un posto sempre zeppo di gente?

Alle feste comandate, Vikram non mancava mai di portare doni per tutta la famiglia ma, per quanto si sforzasse di compiacerlo, il padre lo trattava come se ogni sua decisione fosse stata presa apposta per danneggiarlo. Mataji soffriva per la sua assenza. Si preoccupava della sua magrezza, temeva che studiasse troppo. Suo padre borbottava che tutti i libri e le scartoffie del mondo non servivano ad avere un raccolto migliore. Era molto più utile Vijay, almeno lui sapeva zappare.

All'ITT, Vikram doveva cavarsela da solo, diversamente dai compagni aiutati dai genitori con corsi estivi, lezioni private, e grossi pacchi di viveri per compensare il vitto scarso della mensa, oltre ai praticantati e ai colloqui di lavoro ottenuti sfruttando le conoscenze di famiglia.

Quando aveva annunciato che sarebbe partito per l'America, Mataji era scoppiata a piangere. Ne aveva sentito parlare, aveva detto tra i singhiozzi. Quel Paese si trovava dall'altra parte dell'oceano. Se Vikram lo avesse attraversato, gli dèi si sarebbero infuriati, e forse lo avrebbero ucciso. E anche se fosse sopravvissuto, sarebbe stato contaminato, vivendo tra genti carnivore.

Lui le aveva risposto di non preoccuparsi. Anche Gandhi aveva solcato gli oceani.

«Per andare dove vai tu?», aveva chiesto lei.

Vikram non avrebbe mai osato mentire esplicitamente a sua madre. Sapeva che Gandhi era stato solo in Sud Africa e in Inghilterra. Poi gli era venuto in mente Nehru, un altro nome del quale Mataji era a conoscenza, e che rispettava al pari di quello del Mahatma.

«Nehru è stato nello stesso posto, in America», aveva farfugliato. Aveva letto un resoconto del viaggio del grand'uomo all'università di Berkeley, poco dopo l'Indipendenza, e della sua soddisfazione nel venire accolto dal nuovo inno nazionale indiano.

Le preoccupazioni di sua madre erano riaffiorate anche in lui, quando aveva rischiato di perdere la coincidenza all'aeroporto di Amsterdam. Aveva approfittato dell'attesa di due ore per cercare la scala mobile di cui gli aveva parlato Homi, un *parsi* di Bombay i cui genitori lavoravano per l'ONU all'Aja, e che ogni anno, al ritorno dai suoi viaggi, raccontava storie meravigliose di treni sotterranei e porte automatiche. Vikram era ansioso di vedere quel prodigio ingegneristico grazie al quale le persone andavano da un piano all'altro senza muovere un passo. Miracoli simili li aveva incontrati soltanto nei libri e, quando finalmente si era trovato davanti il tappeto di metallo, era rimasto talmente incantato da infischiarsene dei passanti che si fermavano a chiedergli se aveva un malore. Appena salito, aveva capito che Homi gli aveva mentito.

«Se mai ti capiterà di usarne uno, dovrai stare molto attento», lo aveva messo in guardia. «La prima volta che ci ho appoggiato un piede, il gradino si è sollevato e mi ha buttato gambe all'aria». Avrebbe dovuto prevedere che Homi lo stesse prendendo in giro.

Era stato per gente come lui che all'ITT non aveva mai rivelato a nessuno le proprie origini. Non aveva nulla da temere dal punto di vista intellettuale, perché il fatto stesso di essere stato ammesso al politecnico dimostrava la sua intelligenza, ma sapeva che i compagni avrebbero riso di una famiglia tanto povera. Così, quando loro raccontavano di vacanze in Kashmir, di feste dove maschi e femmine bevevano alcolici insieme, lui restava ad ascoltarli in silenzio. Se avesse confessato che i suoi genitori vivevano in una capanna di fango senz'acqua corrente e non parlavano inglese, sarebbe diventato lo zimbello di tutti. Aveva imparato a difendersi, confidando solo in se stesso, come faceva fin da piccolo.

L'unica persona al corrente della sua ascesa era il rettore della UCLA, un uomo degno di fiducia e di rispetto, e il primo a chiamarlo Vic.

«La tua storia è straordinaria. Sei proprio come Horatio Alger», aveva detto il rettore, e in quel momento Vikram aveva capito che nemmeno gli americani, per quanto più indulgenti, avrebbero mai potuto capirlo. La sua storia non era paragonabile a quella di nessun altro. Horatio Alger faceva parte di una lunga tradizione di uomini venuti su dal nulla, che gli avevano fatto da modello. Vic invece non aveva esempi da emulare, nessun eroe al quale fare riferimento. Aveva fatto tutto da solo, malgrado gli ostacoli, e lo scherno.

Così, naturalmente, alla nascita di Nikhil aveva giurato di risparmiargli quell'isolamento. Suo figlio avrebbe potuto sempre contare sul suo aiuto.

E invece il ragazzo sembrava proprio volersela cavare da solo. Priya si era incaponita a parlargli in hindi, e Nikhil le rispondeva nella stessa lingua. Vic non se n'era preoccupato. In India chiunque era poliglotta, e non c'era motivo di temere che suo figlio si trovasse svantaggiato solo perché a casa diceva *paani* invece di acqua. Quando Priya avesse cominciato a frequentare le altre madri, anche Nikhil avrebbe incontrato compagni di gioco americani, e avrebbe imparato l'inglese ben prima di arrivare all'asilo. In realtà, suo figlio aveva fatto anche di più: aveva imparato a leggere da solo, guardando *Sesame Street* alla televisione.

Un giorno Priya lo aveva portato a fare la spesa, e lui aveva indicato la confezione di cereali che voleva. La madre aveva dato per scontato che l'avesse riconosciuta dal colore della scatola, e invece aveva scelto una marca diversa dal solito.

«Nikhil sa leggere», aveva detto al marito quand'era rincasato quella sera.

Ripensando a quant'era costato a lui arrivare a quel traguardo, Vic si era preso il bambino sulle ginocchia, e gli aveva chiesto di leggere i titoli del giornale.

Così Nikhil aveva saltato l'asilo, passando direttamente alla prima elementare. Era il più piccolo, ma sempre il più bravo della classe. Alla fine della quinta, Vic aveva deciso che nessuna scuola pubblica – nemmeno quelle ottime di Newport Beach – era sufficiente per suo figlio. Lo aveva iscritto alla miglior scuola privata della zona, sincerandosi che il ragazzo frequentasse tutti i corsi avanzati e le materie facoltative disponibili, per aggiungere punti al suo curriculum.

L'unico ostacolo lo aveva avuto in ambito sportivo. Nikhil preferiva i fornelli al baseball, e Vic aveva temuto che diventasse una femminuccia. Lui stesso si era preso gioco dei compagni che non sapevano colpire un lancio a effetto, e detestava l'idea che suo figlio facesse figuracce in campo.

«Ogni uomo deve avere un suo sport», gli aveva detto.

«E il tuo quale sarebbe?», aveva replicato Nikhil, in tono di sfida.

«Il cricket», aveva risposto lui, senza esitazioni. «Purtroppo qui non si gioca, altrimenti ti avrei fatto vedere che razza di campione sono».

Dopo molte discussioni, Nikhil aveva scelto il nuoto. Gli piaceva stare in acqua. E Vic sapeva che suo figlio prediligeva gli sport individuali: non amava il contatto fisico, né tantomeno la prospettiva di farsi male.

Non appena Nikhil si era iscritto alle lezioni, Vic aveva contattato un architetto per fargli costruire una piscina con una corsia di allenamento. Il figlio si era esercitato ogni giorno, e aveva vinto molte gare prima di smettere, all'ultimo anno di liceo. Ma a quel punto si era già aggiudicato l'ammissione al MIT, e lui aveva lasciato correre.

Ma quanto alla festa, non intendeva affatto rinunciarci. L'aveva fatto per orgoglio, naturalmente, ma anche per avere un'occasione in cui annunciare a tutti l'assunzione di Nikhil nella sua azienda. La progettava da quando il ragazzo aveva ottenuto la laurea in informatica, per dargli la possibilità di fare apprendistato in vista del momento in cui avrebbe preso il suo posto a capo della VikRAM Computers, la sua società di software. Non voleva che cominciasse dalla gavetta, secondo l'itinerario in genere caldeggiato dagli americani. Era superfluo che conoscesse l'attività in ogni sfaccettatura. Poteva cominciare da dirigente di medio livello, e poi salire ai vertici al momento in cui suo fratello Nandan avesse raggiunto l'età giusta per iniziare a sua volta a lavorare. Alla nascita del figlio più piccolo, sette anni dopo quella del primogenito, Vic si era preoccupato di quella distanza, ma poi si era ricreduto. Il maggiore poteva offrire una guida al minore, proprio come facevano da piccoli. E una volta sistemati entrambi alla VikRAM Computers, lui si sarebbe dedicato alla consulenza, senza più l'obbligo di andare in ufficio ogni giorno.

Lanciò un'occhiata all'orologio. Era ora di raggiungere il suo club di motociclisti. Aveva appena messo in tasca le chiavi della moto quando si sentì chiamare da Priya.

«Dove vai?»

«Esco con gli amici».

«Andate a bere?», protestò subito lei, ma poi, vedendo la sua espressione, cambiò tattica. «Nikhil è molto arrabbiato».

«Conto che tu riesca a farlo ragionare».

«Vuole che *tu* sia ragionevole».

«La festa si farà, e non intendo più discuterne. Abbiamo già spedito gli inviti».

«Per la verità, no».

«Ti avevo detto di mandarli».

«Mi è sembrato meglio dare a Nikhil il tempo di vederli».

«Esigo che tu li spedisca oggi stesso». Era furibondo. Come si era permessa di disobbedire?

«È sabato. A quest'ora l'ufficio postale è già chiuso», obiettò lei.

«So benissimo che giorno è. Gli inviti sono già affrancati, no? Puoi imbucarli nella cassetta delle lettere davanti all'ufficio. Anzi, dalli a me. Ci penso io».

«Farai tardi per la gita in moto. Lo faccio io».

Di colpo, gli venne da pensare che sua moglie avesse mentito. «Sii sincera: in realtà li hai già spediti, vero?».

Il silenzio di Priya confermò i suoi sospetti. «Cosa pensavi di fare, telefonare a tutta quella gente per disdire la festa? E con quale scusa? Dicendo che Nikhil non vuole celebrare la sua laurea?»

«È davvero fuori di sé. Dice che ti rifiuti di ascoltarlo...».

«Se gli avessi dato retta, a quest'ora sarebbe ancora iscritto al college di zona, e incastrato ogni weekend nella cucina di uno stupido ristorante».

«Ti ha obbedito in tutto, fin dalla prima elementare. Ha frequentato i corsi di nuoto, allenandosi ogni giorno...».

«E tu cosa avresti voluto? Che restasse ai fornelli a sminuzzare verdure? Almeno io mi sono assicurato che crescesse forte e sano».

«E ci sei riuscito. Adesso è un adulto, forte nel corpo e nella mente. E ha deciso di diventare uno chef».

«Non intendo mandare mio figlio a una scuola di cucina», urlò Vic.

Priya era debole, come Nikhil. Fin da piccola aveva dato per scontato che qualcuno si sarebbe preso cura di lei: prima i genitori, e poi il marito che le avrebbero scelto. Non aveva mai dovuto sudare per compilare domande di iscrizione, mai sgobbato sui libri tutta la notte, mai saputo come ci si sente a saltare i pasti fingendo di schifare il cibo della mensa, quando in realtà non ti bastavano i soldi nemmeno per una tazza di tè, la cosa meno costosa del menu.

Nikhil era stato ancora più fortunato. Aveva sempre dormito in un vero letto e aveva avuto una paghetta per soddisfare ogni capriccio, una bicicletta appena l'aveva chiesta, e una piscina in giardino solo perché non gli piacevano gli sport di gruppo. Non era rimasto a digiuno un solo giorno in tutta la sua vita e non poteva nemmeno immaginare dei privilegi di cui non godesse già.

«È anche figlio mio», protestò Priya.

«Tuo figlio, tuo figlio!», si spazientì Vic. Era un ritornello ricorrente, da quando Nikhil aveva cominciato ad aiutarla in cucina. Il marito rincasava per cena, e lei annunciava che il *dal* era opera di suo figlio. Vic era talmente stanco che non la stava nemmeno a sentire, né guardava cosa avesse nel piatto. Desiderava soltanto mangiare un boccone e poi buttarsi sul divano.

«È *mio* figlio!», urlò, ricordando d'un tratto il giorno in cui Nikhil aveva ricevuto la lettera di accettazione dal MIT.

Vic aveva toccato il cielo con un dito. Anche alcuni dei suoi compagni all'ITT avevano fatto domanda alla stessa università, mentre a lui non bastavano i soldi per spedire i moduli a più di un ateneo. Il suo relatore aveva frequentato la UCLA, e gli aveva consigliato di iscriversi là, promettendogli una lettera di raccomandazione. Quando Nikhil aveva ricevuto la risposta positiva dal MIT, suo padre aveva provato l'impulso di telefonare a tutti per darne l'annuncio. Ma, esattamente come aveva fatto quando gli era arrivata la sua dalla UCLA, aveva tenuto quel trionfo per sé. La madre gli aveva instillato il timore di attirarsi il malocchio, avvertendolo di non vantarsi in giro delle buone notizie per scongiurare l'influsso nefasto dell'invidia altrui. Il *seth* aveva saputo della sua iscrizione all'ITT quando già frequentava il secondo anno. Erano riusciti a nasconderglielo fino al momento in cui il suo erede era stato ammesso a un college di Delhi, evitando così di suscitarne la rabbia al pensiero che il figlio di un suo contadino aveva avuto l'ardire di superarlo negli studi.

Quanto a Nikhil, aveva accolto la lettera con distacco. L'aveva lasciata in camera sua, e in seguito, quel pomeriggio, il padre lo aveva sentito parlare con il suo migliore amico, Jeff. Invece di vantarsi, il figlio si era complimentato con Jeff per l'iscrizione a un college di Long Beach.

«A te non toccherà affrontare il gelo degli inverni», gli aveva detto. «A quanto sento, a Boston il clima è siberiano per sei mesi l'anno».

Non era stato suo padre a insegnargli l'arte della modestia, eppure Nikhil si era comportato esattamente come lui, quando il suo compagno di dormitorio all'ITT aveva ottenuto un impiego a Bombay, ma era stato respinto dall'università del Wisconsin. Vic gli aveva detto che era stato più fortunato di lui, perché sapeva esattamente quale futuro lo aspettasse, mentre nel suo caso sarebbe bastata una bocciatura alla UCLA per rispedirlo a casa con le pive nel sacco.

«È figlio mio!», urlò di nuovo.

Nandan entrò nella stanza.

«State litigando un'altra volta?», domandò.

«Stiamo discutendo», rispose Priya.

«E la cosa non ti riguarda», rincarò Vic.

«Vi ho sentiti urlare», disse Nandan.

«Allora chiudi la porta», ribatté suo padre. «Vi ho dato una casa abbastanza grande perché ciascuno avesse una stanza propria. Non serve che ti impicci quando io e tua madre abbiamo una discussione».

Bella gratitudine, dopo una vita spesa a sacrificarsi per loro. Nandan aveva solo quattordici anni e già lo contraddiceva. Nikhil si rifiutava di partecipare alla festa e Priya si schierava dalla sua parte.

Era soprattutto questo a farlo imbestialire. L'aveva strappata al villaggio minuscolo dove aveva frequentato una scuola di un'unica stanza, accettando di sposarla malgrado non avesse nemmeno terminato le superiori. I suoi genitori le avevano dato solo due bracciali d'oro e una collana, insieme a una dote talmente irrisoria da non meritare nemmeno questo nome. Ma poiché era stata la sua famiglia a combinare il fidanzamento, lui era tornato in patria, si era sposato, e qualche tempo dopo aveva organizzato il viaggio di Priya per gli Stati Uniti.

Al suo arrivo nel Paese, lei era terrorizzata di tutto. Non sapeva usare la cucina a gas, faceva il bucato nella vasca da bagno, e malgrado desiderasse disperatamente fare amicizia con i vicini, restava chiusa in casa tutto il giorno.

Lui l'aveva convinta che un figlio fosse la soluzione migliore, e ci aveva visto giusto. Con la nascita di Nikhil, lei aveva cominciato a uscire per accompagnarlo al parco, dove aveva incontrato le bambinaie e le altre madri, e organizzato feste per i piccoli.

Aveva imparato la lingua in un batter d'occhio, e si era intestardita ad aspettare prima di avere un secondo figlio.

Era stata una soddisfazione vederla così bene inserita, e un sollievo non trovarla in lacrime ogni sera quando rincasava dal lavoro.

Ma adesso si era talmente integrata nel nuovo ambiente da permettersi di contraddirlo. Lui, l'uomo che aveva fatto costruire una casa di due piani per i suoceri, che aveva sborsato di tasca sua una somma ragguardevole per dare una dote alle cognate, permettendo loro di sposare dei medici, e che aveva pagato la retta per il college del cognato. Due anni prima, aveva persino fatto immigrare negli Stati Uniti quell'imbecille di suo cugino.

Rajesh aveva frequentato un triennio di economia e commercio in un college infimo nell'India settentrionale, e ogni volta che tornavano in patria per fare visita alle famiglie, implorava Priya di convincere Vic ad assumerlo nella sua ditta. Lui aveva firmato i documenti solo dopo essersi accertato che nessun altro parente intendesse seguire l'esempio di Rajesh. Come suo fratello Vijay, gli mandavano lettere zeppe di richieste, ma erano ben contenti di restarsene a casa loro. Così Vic aveva contattato un avvocato, e aveva pagato il biglietto aereo per Rajesh, sua moglie e i tre figli piccoli.

Il cugino di Priya credeva che in America funzionasse come in India, dove i parenti ottenevano lauti salari senza la minima qualificazione. Vic lo aveva avvertito che per lavorare alla VikRAM Computers serviva un'ottima preparazione informatica, e Rajesh aveva continuato a rassicurarlo, vantando questo e quel corso di specializzazione, mentre in realtà si era iscritto senza frequentare nemmeno una lezione.

A dispetto di tutto ciò, Vic aveva assecondato sua moglie, e l'aveva assunto. Ma a Rajesh non era bastato. Pretendeva un ufficio privato, un aumento, una posizione di prestigio all'interno dell'azienda. Su questo, però, Vic era stato irremovibile. Non intendeva inquinare la gestione della sua società con il malcostume indiano.

Vedendo che non faceva breccia, Priya aveva smesso di tormentarlo. Forse perché lei stessa ne aveva fin sopra i capelli della moglie di Rajesh. Non faceva che lagnarsi della mancanza di domestici, della nostalgia della propria famiglia, e del fatto di essere costretta a guidare. Se l'America era un Paese tanto meraviglioso, aveva domandato una sera in cui Priya e Vic l'avevano invitata a cena, perché i negozi erano così lontani? Non soltanto era una scomodità, ma dimostrava quant'erano stupidi gli americani. In patria, bastava chiamare gli ambulanti dalla finestra, quando passavano lungo la strada. Non serviva uscire di casa per preparare un pasto.

Dopo sei mesi, la donna aveva preferito tornarsene a casa. Vic aveva nuovamente comprato i biglietti aerei per lei e i bambini, e aveva cercato di convincere anche Rajesh a seguirla. Ma lui si era rifiutato. Aveva trovato lavoro come agente assicurativo.

«C'è una grande comunità indiana nella zona di Los Angeles, quindi farò senz'altro soldi a palate. Poi richiamerò qui mia moglie, e questa volta le darò tutti i domestici di cui ha bisogno, a costo di farli venire direttamente dall'India». Si era trasferito in un appartamento, e ogni volta che incrociava Vic tentava di vendergli un'altra polizza. Ma il fatto di avere ceduto alle insistenze della moglie e aver acquistato l'ennesima assicurazione superflua da suo cugino non significava che adesso fosse lei la capofamiglia.

«Hai dimenticato chi comanda in questa casa?», le disse.

«Niente affatto», rispose lei, senza scomporsi. «Sei tu a non ricordare che in questo Paese i genitori non possono dettare legge per sempre. Nikhil ha ventun anni. Può votare, bere, e andarsene di casa».

«Non lo farebbe mai», ribatté Vic, scuotendo la mano come per scacciare un pensiero molesto. «Non ha mai lavorato un giorno in vita sua. Come potrebbe mantenersi?»

«Sa usare i computer, e sa cucinare. In America non mancano posti di lavoro per i ragazzi come lui».

«Non con questa crisi».

«Ha accennato all'ipotesi di tornare in India».

«Cosa?», sbottò Vic. «Gli ho permesso di crescere in questo Paese, di studiare al MIT, e lui vorrebbe tornare in India? Che razza di idee gli hai messo in testa?»

«Cosa c'entro io? Non ho mai aperto bocca».

«Sei sempre stata tu a insistere per portare i bambini in India ogni estate. Non facevi che raccontare loro le storie del tuo villaggio, facendolo sembrare un paradiso in Terra».

«Non mi pare che tu abbia mai cercato di fermarci», sbuffò lei. «Eri ben contento di liberarti di noi, per dedicarti solo al tuo lavoro».

«E per chi credi che lo facessi?»

«Per noi», rispose Priya. «Non fai che ripeterlo».

«Mi sono sempre sacrificato per la famiglia. Non mi sono mai concesso una vacanza. Per risparmiare, non prendevo nemmeno l'autobus quando ho fondato la società. Ho mai comprato abiti eleganti, o mangiato in ristoranti costosi? No, mi portavo il pranzo da casa, e mi vestivo da Target. E adesso, quando chiedo soltanto una piccola festa, tu mi rispondi che pretendo troppo».

«Non ho detto questo».

«Tu pensa solo a convincerlo a tornare a casa», disse Vic. «Ecco, ora arriverò in ritardo all'appuntamento, ed è tutta colpa tua». Uscì di casa pestando i piedi.

Non era affatto consigliabile farsi aspettare dal gruppo. Grazie al cielo, quel giorno dovevano incontrarsi solo per discutere della prossima gita. I suoi amici prendevano molto seriamente le loro attività di motociclisti, e i ritardatari erano malvisti. Lo avevano lasciato indietro parecchie volte, finché Vic aveva capito che l'orario stabilito non era affatto elastico. In patria, la puntualità era riservata solo agli esami. Quando aveva cominciato a frequentare la UCLA, e prima di modificare il suo comportamento, Vic si era persino preso il lusso di arrivare tardi alle lezioni.

Ignorando l'ultimo avvertimento di Priya – «e non bere!» – entrò in garage e si mise in sella alla nuova BMW, con la vernice e le cromature ancora lucide. Imboccò la strada, prendendo velocità e tenendo gli occhi aperti per la presenza di vigili. Se avesse trovato i semafori verdi, forse poteva ancora farcela.

Si era imbattuto nel gruppo di motociclisti, sei immigrati francesi, un anno prima, in una concessionaria della BMW. Si credeva un esperto di moto finché non li aveva sentiti parlare di spinterogeni, stabilizzatori e gruppi termici con il rappresentante. Si era tenuto in disparte, fingendo di esaminare le moto, ma in realtà origliando la conversazione.

Quand'erano usciti, li aveva seguiti, d'impulso, esordendo con un'ovvietà: «Guidate una Harley Davidson».

«E a te cosa importa?», aveva risposto, sgarbato, l'uomo che aveva ammonito il commesso.

«Niente. È solo che sentendovi parlare con tanta competenza delle BMW, avevo creduto che ne aveste una».

«Ci piace dare del filo da torcere ai tipi della BMW. Tu cosa guidi?»

«Una Jaguar». A quell'affermazione, uno degli sconosciuti aveva fatto un verso di scherno, e Vic si era affrettato ad aggiungere: «Ma ho deciso di comprare una moto, per questo sono venuto qui».

«Una BMW?»

«Sì». Sapeva che i biker più seri preferivano le Harley, ma sognava una BMW fin da quando era bambino.

Nel suo villaggio le strade non erano asfaltate, e non c'erano lampioni. La gente girava in bicicletta, e i più ricchi guidavano un motorino. Il grasso *seth*, proprietario di quasi tutti i campi coltivati, era l'unico ad avere un'automobile.

Mahesh rappresentava l'eccezione alla regola: aveva una moto BMW. L'aveva ereditata dal padre, che diceva di averla avuta da un soldato inglese anni prima. La moto era vecchia, e Mahesh non la guidava spesso, perché era pesante e difficile da manovrare sugli sterrati dissestati e crivellati di buche dalle piogge. Ma ogni volta che lo faceva, accorrevano tutti per ammirare quella meraviglia costruita in Germania, passata in Inghilterra, e infine arrivata in India.

Vikram lo aveva implorato di portarlo a fare un giro, ma Mahesh si era sempre rifiutato, con la stessa scusa che usava con tutti i bambini: «Non voglio rischiare che tu ti faccia male. Anche se fosse solo un graffio, i tuoi genitori non mi perdonerebbero mai». Così lui restava a guardare la moto che si allontanava maestosa lungo la strada, e Mahesh che salutava gli astanti con un cenno, nemmeno fosse il primo ministro.

Si era ripromesso di riuscire in futuro a rilevarla da Mahesh. Lui non aveva figli, e alla sua morte la vedova non avrebbe saputo cosa farsene. Durante l'ultimo anno all'ITT, gli era giunta la notizia che Mahesh era stato ucciso da un serpente velenoso. Si stava ancora arrovellando sul modo per racimolare il denaro necessario quando sua madre, memore di quella sua passione infantile, gli aveva scritto che la moto era andata in eredità a un cugino di Mahesh. Vikram non avrebbe mai avuto l'occasione di provarla. Giurò a se stesso di diventare abbastanza ricco da comprarne una nuova di zecca. Identica a quella di Mahesh.

Con il passare degli anni, aveva dovuto soddisfare esigenze più impellenti: la casa, le scuole private, la Mercedes, la Porsche, la Jaguar. Una moto non era adatta per accompagnare i bambini nelle loro varie attività. Ma adesso a casa era rimasto solo Nandan, ed era Priya a portarlo avanti e indietro.

Finalmente era giunto il momento di realizzare un sogno coltivato fin da piccolo, quando restava a guardare quell'ingombrante residuato bellico procedere scoppiettando lungo lo sterrato.

«Buona fortuna», gli aveva detto il francese, mettendosi in sella.

«Aspetta un momento», lo fermò Vic, alzando le mani.

«Fate parte di un gruppo, un club di motociclisti?». L'approccio si rivelò vincente. E se fino a quel momento Vic pensava soltanto di comprare una moto, adesso gli sembrava molto più divertente guidarla insieme a degli amici. «Forse posso farne parte anch'io?»

«Noi però siamo tutti francesi».

«I francesi e gli indiani si somigliano molto», sorrise lui. «Sapevate che l'imperatore Napoleone e Tipu Sultan, il re che noi tutti conosciamo come la Tigre Indiana, si scambiavano consigli su come combattere gli inglesi?»

«E solo per questo dovremmo accoglierti nel nostro club?»

«Una volta, in Grecia, un negoziante mi fece lo sconto quando gli dissi che era stato il re indiano Poro a fermare l'avanzata di Alessandro».

«Cosa sei, uno storico?»

«In realtà sono il presidente della VikRAM Computers».

«E adesso vuoi diventare un biker?»

«Sì».

«Ma sai almeno guidarla, la moto?», lo sfidò quello, e l'uomo alla sua sinistra aggiunse: «E poi dovresti comprarti una Harley».

«Come hai detto tu stesso, voi siete francesi, mentre io sono indiano. Quindi anche la mia moto sarà diversa. Io guiderò una BMW».

La settimana successiva, a bordo della sua moto nuova fiammante, aveva fatto il primo giro con il gruppo di francesi. Pierre, l'uomo che aveva sostenuto gran parte della conversazione davanti alla concessionaria, era in America da più tempo degli altri, e aveva fondato il club tre anni prima, per tenersi in contatto con altri connazionali. Confidò a Vic che lo avevano accettato solo per la sua insistenza, e per quell'aneddoto storico sfoderato a sostegno della propria candidatura.

A lui non interessava per quale motivo lo avessero accolto. Uscire in compagnia era divertente, e il gruppo si era anche rivelato inaspettatamente utile. Da quando era diventato uno di loro, Pierre gli indicava i negozi migliori per l'attrezzatura, e i meccanici più competenti. Gli aveva persino mostrato il suo petto depilato, consigliandogli di radersi per essere più aerodinamico.

«Credevo valesse solo per i nuotatori», aveva obiettato lui, temendo che Pierre lo prendesse in giro.

«No, no», aveva insistito quello. «Lo fanno tutti i biker seri. L'aria si comporta come l'acqua, e i peli creano attrito».

Gli aveva anche raccomandato di potenziare i muscoli delle braccia, per fare miglior figura con le camicie aderenti e senza maniche tipiche dei biker. Priya era inorridita alla vista del torace rasato, e il prurito lo aveva fatto ammattire quanto bastava a dissuaderlo dal ritentare l'impresa. Ma aveva fatto installare una sala pesi in casa. Da principio si allenava tutti i giorni, mentre adesso ci riusciva a stento un paio di volte alla settimana.

In vita sua, non si era mai concesso del tempo libero. Prima di incontrare i francesi, faceva riunioni anche a pranzo, e spesso passava il weekend in ufficio. La sua società era bene avviata, ma lui doveva accertarsi di tenerla al passo con i tempi. E da quando un giornale si era occupato di lui in un articolo, Vic aveva aggiunto al lavoro vari impegni per la comunità indiana.

Il giro in moto una volta al mese era il suo unico lusso. I viaggi estivi sui quali Priya insisteva tanto erano per lei, più che per Vic. Anche in vacanza, lui passava la metà del tempo al telefono, restando in albergo mentre lei visitava musei e monumenti.

Quel giorno il gruppo doveva riunirsi per discutere di un weekend a Las Vegas. Organizzavano il "pellegrinaggio", come lo definivano loro, una volta all'anno, per godersi gli spettacoli, i casinò, e l'alcol. Vic non ci era mai stato, e il solo pensiero lo metteva in fibrillazione. Nikhil e Nandan avevano fatto molte gite scolastiche, esplorando la regione di Newport Beach, e spingendosi fino a Washington. Adesso toccava a lui. Un mese prima i francesi lo avevano accompagnato a Santa Barbara, dove Vic aveva tenuto una conferenza all'università, ma in quel caso si era trattato di un viaggio brevissimo, andata e ritorno in giornata. I suoi amici avevano scelto un itinerario di strade secondarie, mostrandogli un panorama spettacolare, e poi tutti insieme avevano cenato a un take-away sulla spiaggia.

Imboccò il parcheggio davanti al bar. Le Harley c'erano già tutte. Lasciò la moto accanto alle altre, ed entrò nel locale. Sapeva esattamente dove trovare i compagni. Erano sul fondo, a giocare a freccette.

«Scommetto venti dollari che non riesci a fare centro», lo apostrofò Pierre, allungandogli una freccetta.

Vic prese la mira, e la mandò dritta a bersaglio.

«Come fai a centrarlo ogni volta?», disse il francese, scuotendo la testa.

«Questione di occhio», rispose Vic, stringendosi nelle spalle e intascando le banconote.

Appena scoperto che il gruppo giocava sempre quando usciva a bere, Vic aveva comprato freccette e bersaglio, e si era esercitato per settimane prima di farsi sfidare a una partita. Adesso poteva affrontare senza timori le loro gare, e vincere le scommesse.

«Sicuro che tua moglie ti permetterà di passare tre giorni lontano da casa?», disse Pierre, dandogli di gomito.

«Vale anche per voi. Non siete sposati, ma dovete comunque assecondare le fidanzate», gli rammentò lui.

«Per noi è diverso: se una ragazza fa storie, basta scaricarla», scoppiò a ridere l'altro. «Con le mogli è più complicato».

«Non quelle indiane», si vantò Vic. «Mia moglie fa come le dico».

«Dunque è vero quello che raccontano delle indiane?», domandò Pierre. «Che sono l'esatto opposto di Indira Gandhi?»

«Alcune sono come lei, ma io non ho sposato una di quelle».

«Ok, allora, siamo d'accordo. Verrai con noi a Las Vegas, e ti mostreremo come ci si diverte. Vino, donne, e tavoli da gioco!». Pierre si fregò le mani. «E soprattutto, donne».

A Vic piaceva bere, ma non capiva affatto l'attrattiva del gioco d'azzardo. Scommetteva solo quand'era sicuro di vincere, come con le freccette. Non aveva mai avuto il tempo o la curiosità di studiare i giochi di carte, e non gli sarebbe nemmeno passato per la testa di arrischiare denaro in modo così avventato. E tantomeno provava il bisogno di assistere a uno spogliarello, o di portarsi una sconosciuta in una stanza d'albergo.

Eppure i francesi non erano gli unici ad accompagnarsi a donne di facili costumi. Vic aveva conosciuto da poco anche alcuni indiani che frequentavano prostitute, e uno di loro confessava apertamente la propria relazione extraconiugale. Esibivano certi comportamenti come un segno di distinzione, e l'uomo con l'amante si sentiva superiore ai propri connazionali perché andava a letto con una bianca. Vic lo aveva fatto ai tempi dell'università, ma da quando si era sposato era rimasto sempre fedele. In francese conosceva un'unica espressione – *ménage à trois* – e ne aveva tratto la conclusione che quel popolo non conoscesse inibizioni in fatto di sesso. La frequentazione dei francesi, che vantavano un carosello di relazioni e cambiavano donna come ci si cambia d'abito, aveva confermato i suoi sospetti.

«Quando pensavate di partire?», domandò, sfilando il Blackberry dalla tasca.

«Il 10 giugno».

«Quel weekend non posso».

«Perché? Tua moglie ha altri progetti?», lo schernì Pierre.

«No, no, niente del genere». Vic aveva evitato di proposito di addentrarsi in dettagli sulla sua vita privata, ricadendo nella stessa tattica usata all'ITT. A quel tempo, aveva taciuto la sua bassa estrazione sociale; in America, sapendo che molti giudicavano bizzarri i costumi indiani, teneva per sé le questioni familiari, rivelando solo il minimo indispensabile.

«Coraggio, a noi puoi dirlo».

«Perché non spostiamo a una data più comoda per tutti?», propose Vic, cercando di sviare il discorso.

«Adesso sì che siamo curiosi. Cos'hai da fare di tanto importante da volerlo tenere segreto?»

Vic stava per inventarsi una scusa lavorativa, ma all'ultimo momento decise che non c'era niente di male a confidare agli amici il successo così americano di Nikhil.

«Ho organizzato una festa per mio figlio».

«Cambia data. Il compleanno può festeggiarlo anche un altro giorno».

«Non è per il suo compleanno. Si è laureato al MIT, e torna a casa per lavorare nell'azienda».

«Al MIT. Wow. Congratulazioni. Dev'essere un ragazzo molto sveglio».

Vic si strinse nelle spalle. Non voleva pavoneggiarsi. Quegli uomini erano quasi tutti operai, rimasti a vivere in America dopo una vacanza. Pierre era l'unico con un incarico impiegatizio.

«Avrei giurato che fosse stata tua moglie a vietarti la gita nella peccaminosa Las Vegas», disse Pierre.

Di Priya non conoscevano neanche il nome. Appena saputo che Vic era sposato, avevano cominciato a prenderlo in giro. Se rifiutava una birra, lo schernivano: «Altrimenti la mogliettina si arrabbia». Se per strada non si girava a guardare una ragazza in minigonna, commentavano: «Cos'è, ti ha messo un investigatore alle calcagna?».

Circa sei mesi prima, lui si era stufato, ed era sbottato: «Fatela finita. Io posso sbarazzarmi di mia moglie *così*», e aveva schioccato le dita. «Per voi non sarebbe tanto facile trovarne una». Lo avevano lasciato in pace per un po', ma ultimamente avevano ripreso a punzecchiarlo.

Per ironia della sorte, Priya era stata felicissima quando le aveva detto del suo nuovo hobby.

«È un bene che tu ti sia fatto degli amici maschi», aveva dichiarato, e lui aveva sbuffato, domandandosi da quale trasmissione televisiva o film avesse pescato un'idiozia simile.

Non si era opposta nemmeno all'idea che uscissero a bere. Ma aveva dato in escandescenze quando, tre mesi prima, Vic si era beccato una multa per guida in stato di ebbrezza.

Gli altri lo avevano avvertito che la polizia discriminava i motociclisti, e approfittava di ogni occasione per multarli. Pierre gli aveva raccontato di un'occasione in cui stava rallentando per lasciar passare una donna sulle strisce pedonali; lei si era fermata per rispondere al cellulare, e lui aveva accelerato. E quella carogna di un poliziotto gli aveva comunque appioppato la multa. Quando aveva obiettato che la donna non era nemmeno scesa dal marciapiede, il bastardo gli aveva risposto di andarlo a raccontare al giudice.

«Comunque ti condannerà», aveva detto. «E io sarò in prima fila a godermi lo spettacolo».

Vic conosceva bene i pregiudizi dei poliziotti. Negli anni Novanta lo fermavano continuamente, dando per scontato che un uomo con la pelle scura al volante di una Mercedes dovesse senz'altro averla rubata. Ma ultimamente i neri guidavano macchine di ogni tipo, comprese le Jaguar, e lui aveva smesso di stare sempre all'erta. Così, quando i francesi gli avevano raccontato le loro disavventure, aveva creduto che non lo riguardassero.

Quella sera era stato il primo a lasciare il locale, e aveva trovato uno sbirro ad aspettarlo proprio all'uscita. La multa, però, si era rivelata una specie di rito di iniziazione per il gruppo. Gli altri ne avevano tutti più di una.

«Adesso sei davvero uno di noi», aveva brindato Pierre, pagando da bere.

Priya, al contrario, gli aveva fatto una scenata. Aveva pianto e urlato, strepitando che rischiava di morire in un incidente. Vic aveva cercato di spiegarle che non era ubriaco, aveva bevuto al massimo un paio di birre, e quello sbirro probabilmente stava solo cercando di completare la sua quota di multe per la giornata. Ma lei era ossessionata dal pensiero che la comunità indiana venisse a saperlo. Sarebbe stata una macchia incancellabile sulla loro reputazione. A lui interessava solo riavere la patente. Aveva bevuto appena due birre, era perfettamente in grado di badare a se stesso. E Priya non doveva preoccuparsi che capitasse di nuovo.

Dopo quell'episodio, però, sua moglie aveva cambiato atteggiamento rispetto ai suoi amici motociclisti. Si lagnava di non essere mai tranquilla quando Vic usciva con loro. Non le piaceva vederlo ostentare i muscoli sotto le magliette attillate. Non aveva obiezioni ai pesi, diceva, perché la ginnastica fa bene alla salute, ma quelle T-shirt striminzite lo facevano sembrare un volgarissimo *gunda*.

«Per la verità», disse Vic a Pierre, «mia moglie sarebbe ben contenta di annullare la festa».

«Coraggio, allora. Mandala a monte, e fai felici tutti», disse l'altro. «Non te ne pentirai, soprattutto dopo avere visto la Las Vegas che possiamo mostrarti noi».

«Quel fine settimana è impossibile», rispose lui, categorico. «Mi dispiace. Andateci voi, e divertitevi. Vi lascio ai vostri programmi. Ci vediamo la prossima volta». Se ne andò senza dar loro il tempo di ribattere.

Non aveva voglia di tornare a casa, e si diresse alla spiaggia. Prima di iscriversi alla UCLA, non aveva mai visto l'oceano: nella sua famiglia, l'ipotesi di una vacanza era inconcepibile.

Come ripeteva sempre Pitaji: «La terra non lascia riposo».

«Tranne nel caso del *seth*», aveva risposto lui, ma sua madre lo aveva subito zittito, rammentandogli che qualcuno poteva sentirlo e riferire le sue parole al grasso padrone dei loro campi e del loro destino.

In America si stupivano quando confessava di avere visto il Taj Mahal un'unica volta, malgrado da bambino abitasse poco lontano, e lui si guardava bene dal precisare di averlo visto durante un viaggio di ritorno in patria *dopo* essere emigrato negli Stati Uniti.

Si sedette sulla sabbia soffice e gialla, a guardare le onde. Ogni giorno, il panorama sembrava lo stesso, eppure l'acqua era diversa, un mutamento continuo che lo aveva sempre affascinato.

Ma in quella giornata sciagurata, nemmeno la vista del mare riusciva a distrarlo.

Aveva sperato che la prospettiva di una gita a Las Vegas gli risollevasse l'umore, e invece i francesi lo avevano irritato ulteriormente. Perché si ostinavano a irridere sua moglie? Un tempo li trovava divertenti, ma negli ultimi tempi li frequentava solo per i giri in moto.

Anche Priya lo faceva arrabbiare. Era colpa sua se Nikhil era diventato una femminuccia che preferiva la cucina agli sport. Lei era sempre stata diffidente nei confronti dei cibi in scatola o surgelati, e fin da principio cucinava come se non avessero mai lasciato l'India. La sua unica concessione era l'uso di un frullatore per preparare il *masala*, invece del pestello a mano.

I compagni di scuola si prendevano gioco di Nikhil quando si portava riso e *dal* per pranzo. Lei si era offerta di preparargli dei panini, ma Vic glielo aveva impedito. «Sarà sempre diverso dagli altri», le aveva detto. «Bisogna che impari a usare la diversità a suo vantaggio».

Adesso, naturalmente, in America andavano tutti matti per la cucina "casalinga", la dieta vegetariana e la gastronomia etnica erano diventate di moda. I vicini chiedevano continuamente ricette a Priya, e lei aveva persino tenuto una lezione alla scuola di Nandan, mostrando la preparazione di qualche piatto. Di tanto in tanto, il figlio minore rincasava a digiuno, perché un compagno lo aveva implorato di cedergli il pranzo. Il cibo indiano era conosciuto e apprezzato, se pure non considerato chic quanto il sushi giapponese. Ma Nikhil doveva rendersi conto che gli americani erano volubili in fatto di pietanze. Il loro interesse per la cucina indiana sarebbe tramontato, e loro avrebbero ripreso a mangiare carne. I computer, al contrario, erano destinati a durare.

Gli tornò in mente l'accenno di Priya al progetto di Nikhil di studiare in India. Era un'idea recente, oppure risaliva ai tempi in cui suo figlio aveva minacciato di lasciare il MIT per specializzarsi nelle tradizioni culinarie di varie parti del mondo, India compresa?

L'ennesimo castello in aria, e sarebbe toccato a Vic demolirlo sul nascere. Suo figlio non conosceva la vera India. Si era lasciato irretire dai servizi del telegiornale, basati sui resoconti degli stranieri, ignari della realtà del Paese, e dei politici, bugiardi di mestiere. Vic non aveva mai prestato fede alle statistiche che davano l'India a un passo dal diventare una superpotenza. La nazione era troppo corrotta – dai vertici fino alla base – per progredire davvero. Suo figlio non si rendeva conto che lui per primo sarebbe tornato in patria, se fosse stata un posto più vivibile? In America nessuno metteva becco nella gestione della VikRAM Computers, e lui poteva assumere chi voleva in base al merito, con l'unico obbligo di rispettare la legge e pagare le tasse. In India avrebbe dovuto sborsare bustarelle a ogni funzionario, e mettere tutti sul libro paga, dai parenti fino agli amici degli amici. Forse doveva spiegare a Nikhil il vero motivo per cui Rajesh non era più un suo dipendente.

Non poteva permettergli di tornare in India. Suo figlio era cresciuto in America. Non avrebbe saputo come comportarsi in patria, come ungere gli ingranaggi del sistema.

Dalla spiaggia si levò un coro di risate. Un gruppo di ragazzi correva verso l'oceano. Sembravano coetanei di Nikhil, forse più giovani. Scherzavano e si prendevano a spintoni, con l'aria di non avere preoccupazioni al mondo. Quand'era stata l'ultima volta che Vic si era sentito così spensierato? Aveva mai goduto di una libertà simile, provato tanta fiducia nel futuro, senza l'impellenza di controllarlo, pianificarlo, prevenirlo?

Aveva assaporato la sua prima emancipazione all'arrivo alla UCLA. I corsi erano facili, gli bastava studiare qualche ora per superare gli esami a pieni voti. Aveva ottenuto un incarico di assistente alla cattedra, e trovava anche il tempo di dare lezioni private, guadagnando a sufficienza per affittare un monolocale così vicino al campus da spostarsi a piedi. Aveva preso un telefono, un piccolo televisore in bianco e nero, e un frigorifero sempre ben rifornito, e ciò nonostante ogni mese riusciva a mettere da parte del denaro da mandare alla famiglia. I suoi genitori non avevano smesso di lamentarsi della distanza, ma grazie a lui potevano saldare il debito oneroso con il *seth* anche quando il raccolto era scarso. Eppure Vic non si sentiva schiacciato dalle responsabilità, e di tanto in tanto si era persino concesso una cena al ristorante.

Erano stati belli, quegli anni in America. Aveva assaggiato la carne per la prima volta in vita sua, ma era subito ritornato a essere vegetariano. Adesso non era più costretto a giustificare agli altri le sue scelte alimentari. Anzi, ultimamente un neo-assunto in azienda si era addirittura dichiarato vegano.

Da studente, Vic era stato a letto con qualche ragazza bianca. La prima volta che gli era capitato, lui per primo se n'era meravigliato. Dava lezioni private a una tipa molto carina, ed era stata lei a suggerire che si trovassero a casa sua, invece che in biblioteca. A lui non interessava dove facessero lezione, purché lei continuasse a pagarlo. Si era presentata alla porta in camicia da notte. Non avevano aperto libro quel giorno, né la volta dopo, e nemmeno la successiva. Ma a ciascuna di quelle ragazze, Vic aveva detto chiaro e tondo di non essere disponibile al matrimonio. Loro lo avevano giudicato un atteggiamento «da gentiluomo», come disse una. Anche le ragazze lo avevano rassicurato di non avere progetti matrimoniali a breve termine: per il momento volevano semplicemente divertirsi, e fare nuove esperienze. A Vic piaceva quella novità di sentirsi desiderato, e il fatto di essere tanto corteggiato lo lusingava. Ma non si era mai innamorato, né aveva mai avuto la tentazione di portare avanti una relazione. Diversamente da molti altri indiani conosciuti negli ultimi tempi, non aveva mai sofferto della "febbre bianca".

Era ancora studente alla UCLA quando aveva mosso i primi passi per fondare una società sua. Persino quello era stato facile. Era stato contattato da molte persone, e il sistema gli aveva fornito sia un aiuto per un piano d'impresa sia i referenti giusti a cui rivolgersi per l'investimento iniziale.

Era riuscito in tutto ciò che si era prefissato, compreso diventare padre di due figli maschi ai quali tramandare il suo cognome, e la sua azienda.

«James!», gridò una ragazza, correndo davanti a Vic

e tirandogli della sabbia sui pantaloni. Quell'immagine lo riportò automaticamente alla festa di matricole della UCLA in cui aveva conosciuto Jay. Vic faceva tappezzeria mentre l'altro attaccava discorso con chiunque, affascinandoli tutti. Disinvolto nei suoi blue jeans e la camicia di seta, aveva avvicinato ciascuna delle ragazze indiane presenti. Quanto a Vic, l'unico al quale avesse rivolto la parola era un tizio giapponese, fissato con i computer. Si chiamava Kevin Ozaki, e come lui progettava un giorno di mettersi in proprio, ma intendeva fondare la società nella sua città natale, a Kyoto.

A un certo punto, il rettore della UCLA li aveva interrotti, insistendo affinché Vic facesse conoscenza con gli altri invitati indiani. Gli era bastato scambiare due parole con Jay per inquadrarlo come un figlio di papà. Si vedeva dalla sicurezza con cui dava per scontato che tutti lo stessero a sentire, dall'indifferenza con cui aveva raccontato di avere perso i libri di testo appena comprati. Poco alla volta, avevano cominciato a frequentarsi, e Vic rideva tra sé quando gli americani li prendevano per cugini, amici, fratelli. Come potevano sapere che in India le loro strade non si sarebbero mai nemmeno incrociate? Un ragazzo dell'estrazione di Jay viaggiava in prima classe, mentre Vic sarebbe stato relegato in terza, ammassato al resto della plebe.

Al contrario, negli Stati Uniti le origini facoltose di Jay si erano rivelate un intralcio. Invece di impegnarsi, si aspettava sempre la pappa pronta. Questione di abitudine. Aveva sempre trovato la strada spianata, dal primo giorno di asilo fino al liceo privato, per poi passare a un college di prim'ordine in India, grazie al quale aveva ottenuto una preparazione sufficiente a passare l'esame di ammissione alla UCLA.

Ma niente di tutto ciò era servito quando si era trattato di trovare un lavoro. In mancanza della rete sociale che lo aveva sempre sostenuto, Jay aveva cominciato ad annaspare e, quando Vic gli aveva offerto il suo aiuto, lo aveva respinto. Si sentiva superiore, credeva di cavarsela da solo.

«Perché non vieni con me all'ufficio di collocamento?», gli aveva suggerito l'amico, che per non precludersi nessuna opportunità non aveva smesso di cercare un posto da dipendente anche mentre si dava da fare per fondare la sua società.

«Ho già un'entratura per un'azienda, il mio relatore era uno dei consulenti», gli aveva risposto Jay, convinto che bastassero le conoscenze giuste per fare carriera. L'impiego l'aveva ottenuto, ma Vic era sempre stato convinto che avrebbe potuto fare di meglio se avesse spedito più curricula e sostenuto qualche colloquio.

Solo una volta Jay aveva calato la maschera, parlando del suo rapporto con Frances. Ma quella sera aveva bevuto molto, e Vic era certo che la sua sincerità fosse dettata dall'alcol, più che da un vero sentimento di amicizia.

Vic non era stato presente alle nozze, celebrate in municipio, ma si era fatto consigliare il regalo adatto da un'amica, e aveva comprato alla coppia un set di asciugamani.

Dopo la laurea, come previsto, ciascuno se n'era andato per la sua strada. E tuttavia, con il trascorrere del tempo, il legame stretto in quel breve periodo sembrava acquisire importanza invece che svanire. In seguito, Vic aveva fatto centinaia di altre conoscenze, allacciato dozzine di nuove amicizie, ma solo quella con Jay lo riportava alla spensieratezza giovanile dei suoi primi anni in America.

Era stato un conforto essere originari dello stesso Paese, gli unici tra tanti studenti i cui genitori mangiavano ancora con le mani. Per capire Jay gli era bastato uno sguardo, un'unica parola. E i francesi? Non riusciva nemmeno a immaginare quale posto avessero nella loro società, sebbene Vic fosse stato in vacanza in Francia.

Prese il cellulare dalla tasca. Sapeva che Jay non cambiava casa da anni, e uno dei vantaggi di aver studiato informatica stava nella memoria straordinaria per i numeri. Si portò il telefono all'orecchio, ascoltando lo squillo. Voleva chiedere a Jay se avesse ricevuto l'invito, e dirgli che questa volta non avrebbe accettato scuse. Il pensiero di rivedere il suo vecchio amico dissipò ogni traccia del malumore suscitato dai francesi, e dai propri familiari.

Sentì lo squillo dall'altra parte, e stava già preparandosi a urlare: «Ehi, sono Vic lo smilzo, ti ricordi di me?», quando partì la segreteria telefonica.

La voce registrata era quella di Jay: «Siete stati voi a chiamarci. Noi non sappiamo chi siete. Quindi presentatevi, e vi richiameremo appena possibile. Se ci va».

Riagganciò senza lasciare un messaggio. Avrebbe ritentato l'indomani. Forse, nel frattempo, Nikhil avrebbe ritrovato un po' di senno. E anche se si fosse incaponito, bisognava comunque dare il via ai preparativi per la festa.

I PREPARATIVI

Frances rilesse il nuovo listino, e poi tornò alla schermata di quello vecchio. Le dava un piacere immenso vedere la scritta "VENDUTO" di traverso sulla foto della casa dei Miller. Nel corso di un'intera serata di tira e molla, i proprietari avevano preteso un'offerta più alta, ci avevano ripensato, e infine ne avevano accettata una inferiore di 10.000 dollari al prezzo originario. Frances aveva temuto che la transazione saltasse comunque, perché l'acquirente si appoggiava a un prestito dell'agenzia statale Federal Housing Administration, e poteva permettersi un anticipo solo del tre percento. Ma i giorni erano passati senza che saltassero fuori altre grane, e infine lei aveva detto a Jay: «Credo che il mercato si stia finalmente riprendendo». Quella vendita le aveva ridato fiducia, non solo nell'immobiliare ma nella sua vita in genere, tanto da spingerla a iscriversi a un corso chiamato *Come incrementare il tuo potenziale*.

Dopo aver verificato che tutto stesse filando liscio, spense il portatile. Di sabato mattina non c'era mai molto da fare, e lei poteva godersi in tutta tranquillità una colazione in famiglia.

Aveva appena riempito il bollitore e acceso il fornello quando Jay la raggiunse in cucina. «Be', il giorno tanto atteso da Vic è finalmente arrivato». Suo marito era fatto così: cominciava a parlare appena aperti gli occhi, dando voce a tutto ciò che gli passava per la testa.

Si era quasi dimenticato della festa fino a pochi giorni prima, quando Harvey Goldman, un collega, lo aveva invitato a una conferenza alla Anderson School of Management della UCLA.

«È la tua università, e mia moglie preferisce andare a un tè con le amiche che ascoltare le previsioni degli esperti sul futuro della nostra economia. La quota partecipativa costa trecentocinquanta dollari, sarebbe un peccato sprecarla», aveva detto, sventolandogli il cartoncino sotto il naso.

Harvey era il manager più intraprendente dell'azienda, e Jay si era sentito onorato. «Fammi controllare l'agenda», aveva risposto, accendendo il Blackberry. «Accidenti, devo andare alla festa di laurea di un ragazzo che non vedo da anni», aveva concluso, scuotendo mestamente la testa.

«Se non lo conosci, che ci vai a fare?», aveva commentato Harvey, così Jay aveva finito per spiegargli di Vic, dei loro tempi alla UCLA, e di Nikhil.

«Intendi Vic Jha, il presidente della VikRAM Computers? Perché non mi hai mai detto di conoscerlo?», aveva recriminato Harvey. «Avresti potuto chiedergli se prendeva mio figlio per uno stage estivo. E invece il povero Bobby ha dovuto accontentarsi di insegnare nuoto alla piscina comunale». Dopodiché non aveva più smesso di torchiarlo sul conto di Vic. «Quando eravate all'università, sapevi che avrebbe fondato una società sua?».

A quel tempo, Vic aveva accennato al progetto, ma sempre in termini vaghi. Jay si era domandato se si trattasse di un sogno più che di un piano concreto. Persino quando erano andati a comprare un completo da Macy's, l'amico gli aveva detto che, se non fosse riuscito a trovare un investitore, avrebbe usato quella giacca nuova per andare a dei colloqui di lavoro. Jay ne aveva tratto l'impressione che Vic non avesse particolari preferenze sulla strada da intraprendere, purché ci fosse da guadagnarci.

«Perché non sei entrato in società con lui? Immagina dove saresti adesso».

Come spiegare a Harvey che, malgrado l'intelligenza di Vic, non lo aveva mai creduto abbastanza occidentalizzato da fondare e gestire un'azienda negli Stati Uniti? Dopotutto, la prima volta che avevano pranzato insieme, alla mensa universitaria, Vic era rimasto sbalordito dal vassoio in plastica, dal menu, dall'assortimento di condimenti disponibile persino per una patata lessa. Parlandone con Frances, Jay lo aveva bollato come aveva fatto con le sue scarpe: «Crede di poter restare in infradito fino e oltre la laurea. In aula passi, ma fuori di qui è inaccettabile».

Jay dava per scontato che la sua educazione, compresa l'abitudine a usare le posate appresa fin da piccolo, gli avrebbe procurato un ottimo impiego e il lasciapassare per dare la scalata all'occidente, mentre non si sarebbe affatto stupito se l'amico avesse deciso di tornare in patria.

«Le amicizie strette a scuola sono le più durature. Scommetto che questo Vic potrebbe aiutare i tuoi figli, qualora scegliessero di lavorare nell'informatica».

Jay non aveva dubbi che Vic sarebbe stato disposto a dargli una mano, e non soltanto in virtù del legame dell'epoca universitaria. Li accomunava anche il fatto di essere entrambi indiani. Ma non gli avrebbe mai chiesto un favore, sapendo di non poterlo ricambiare.

L'improvviso interesse di Harvey per Vic lo metteva a disagio. Se persino un collega americano si stupiva del loro divario, gli ospiti indiani alla festa sarebbero stati ancora più severi. Giudicavano sempre le famiglie in base alla posizione sociale del padre, e lui era ben consapevole di non avere offerto a moglie e figli ciò che Vic aveva saputo dare ai propri.

Quanto rimpiangeva di avere accettato l'invito.

Ricordò la reazione isterica di Frances nel riceverlo, e come se l'era presa con Mandy. In seguito non aveva quasi più accennato a quell'impegno, e Jay se n'era stupito. Vista l'ansia che la attanagliava persino prima della festa di Natale con le colleghe d'ufficio, si era aspettato che non avrebbe parlato d'altro.

«Abbiamo ricevuto quell'invito quando… due mesi fa?», le domandò.

«Come minimo», rispose Frances, un po' soprappensiero mentre cercava la sua tazza preferita. «Ieri ho comprato un biglietto d'auguri, e sono passata dalla banca a prelevare una banconota da cento dollari nuova di zecca».

«Ricordati di aggiungere un dollaro», le rammentò Jay, rimpiangendo di non potersi permettere una somma più alta.

«Ah, giusto. Dimentico sempre quella vecchia consuetudine. A Goa non si usa, sai».

«È una vecchia tradizione hindu. I numeri pari portano sfortuna». Jay scrutò dalla finestra. «Sembra stia per piovere, ma forse a Newport Beach hanno un clima *ad hoc*».

«Non ho dubbi che Vic avrà pensato anche a questo», disse Frances, nell'istante in cui Lily e Sam facevano irruzione in cucina.

«Vogliamo i pancake», annunciò la piccola.

«Con lo sciroppo d'acero *e* la marmellata», rialzò Sam.

«Chi sono io perché mi diate ordini?», domandò Jay, a braccia conserte, felice di venire distratto dal confronto avvilente tra la sua vita e quella di Vic.

«Tu sei *Ser* Jay, e sei il nostro *ser*vo», ridacchiò Lily.

«E devi *ser*virci la colazione», aggiunse Sam, piegandosi in due dal ridere.

Frances si lasciò contagiare dalla loro esuberanza, e dalla serena sicurezza con cui avevano preteso i pancake. Lei stessa sembrava aver ritrovato l'ottimismo di un tempo. La vendita della casa dei Miller aveva fatto molto di più che rimpinguare le loro finanze in un momento difficile: le aveva restituito fiducia, e dopo tanti dilemmi – combattuta tra il sì e il no – aveva finalmente architettato un piano per Mandy. La prospettiva di una soluzione concreta al problema di sua figlia l'aveva ulteriormente rinfrancata.

«Fuori dalla cucina, tutti e due», disse, scacciando i bambini in salotto. «Vi chiamiamo appena i pancake saranno pronti».

Ruppe un uovo nella terrina. Jay restò a guardare il tuorlo, prima intero e poi sciolto dal rapido movimento della forchetta di Frances.

D'un tratto, si ricordò di quando Mandy aveva cinque anni, e lui le aveva spiegato la vita usando l'analogia dell'uovo: non si può mai sapere cosa uscirà dal guscio.

«E dal tuo, cos'è uscito, papà?», gli aveva domandato lei, e Frances era scoppiata a ridere, dicendole che gli uomini non fanno le uova.

«Lo so, mamma», aveva detto Mandy. «I maschi fanno i girini. Si chiamano sper-ma-to-zo-i».

A quel punto avevano riso entrambi, condividendo con un'occhiata la soddisfazione per quanto la bambina fosse "precoce", come l'aveva definita la maestra dell'asilo.

Lo sguardo vigile negli occhi neri e luccicanti di Mandy conquistava sempre tutti. Ora quello sguardo si era fatto sfocato, e lui, che per primo ne era rimasto incantato, provava una profonda mortificazione per la propria impotenza. C'era stato un tempo in cui sua figlia lo aveva idolatrato come un dio onnisciente. Ma quei giorni appartenevano a un passato remoto, e ormai da mesi lui si sentiva un inetto.

Jay e Frances avevano passato notti insonni ad arrovellarsi su come restituire alla figlia l'entusiasmo di un tempo, l'insaziabile sete di sapere che ne aveva fatto una studentessa modello.

Frances gli aveva proposto di trasferirsi con Mandy in India per un anno.

«Mia madre non sta bene, e non la vedo da secoli», aveva detto. «Finora se ne sono occupate le mie sorelle, ma è giusto che anch'io faccia la mia parte. Mandy potrebbe frequentare là l'ultimo anno di liceo».

Jay conosceva il senso di colpa dovuto alla distanza dalla famiglia, lo aveva vissuto sulla propria pelle quando, due anni prima, suo padre si era sottoposto a un intervento di bypass. Frances lo aveva sollecitato a fargli visita, insistendo che in situazioni del genere anche il costo vertiginoso di un biglietto comprato all'ultimo minuto passava in secondo piano. A sua volta, lui non si sarebbe mai opposto al desiderio di sua moglie di tornare in patria, soprattutto considerato che l'ultimo viaggio risaliva ai tempi in cui Sam era appena nato.

E tuttavia il piano gli sembrava troppo drastico, così

aveva suggerito che Frances partisse da sola, per una vacanza estiva.

«Non voglio separare la famiglia per un anno intero», aveva obiettato, con decisione. «Lily e Sam soffrirebbero troppo la tua mancanza».

«Oh, Jay, e credi che per me sarebbe diverso?», aveva protestato Frances, con le lacrime agli occhi e un tremito nella voce. «Non sarà facile per nessuno. Avevo sperato che potessimo passarci l'estate tutti insieme, così la separazione sarebbe durata solo per l'anno scolastico, ma ci mancano i soldi».

Jay era ben consapevole di non potersi permettere cinque biglietti aerei, per non parlare dei regali e del trattamento generoso che in patria tutti si aspettavano da chi aveva dollari da spendere. Le famiglie di entrambi li consideravano ricchi espatriati e, con in mezzo un oceano, era facile alimentare quell'illusione. Suo padre non sapeva che la loro casa era la più piccola del quartiere, e le loro macchine venivano puntualmente acquistate di seconda mano. Avevano persino un'ottima scusa per giustificare le lunghe assenze: l'estate era alta stagione per il mercato immobiliare, e le vacanze invernali dei bambini troppo brevi per un viaggio intercontinentale.

«Riuscirei a tollerarlo solo perché Lily e Sam mi sfiniscono perché li iscriva al doposcuola. Lo considerano un premio, e per quest'anno potrò accontentarli», aveva detto Frances. «E poi, quali alternative abbiamo? Mandy non dà segni di miglioramento. Abbiamo tentato con l'analista, e non ha funzionato. Hai detto di darle tempo, ma siamo quasi alla fine dell'anno, e lei continua a prendere insufficienze. Che altro possiamo fare?».

«Cosa ti fa credere che in India andrebbe meglio?»

«Non lo so. Ma dobbiamo pur tentare qualcosa. Mi spezza il cuore restarmene con le mani in mano, mentre lei va a fondo».

Una volta giunta alla sua conclusione, Frances si era subito dedicata ai dettagli. Aveva fatto una ricerca in internet, consultando i vari siti delle scuole, e aveva trovato un liceo americano a Bangalore.

«Il programma di studio è identico, ma con insegnanti più severi. Se la pagella di Mandy migliorasse, avrebbe la possibilità di venire ammessa a una buona università. Lo dici sempre anche tu che in America sono più comprensivi. Potrebbe persino sfruttare le difficoltà di quest'anno per scrivere il suo saggio di ammissione all'università».

Jay ricordò i propri insegnanti, la loro inflessibilità da mastini nel costringerlo a studiare. Se Mandy era davvero come lui e le serviva un pungolo, l'India era il posto ideale. Forse avrebbe ritrovato la curiosità di un tempo e la soddisfazione per un rendimento migliore avrebbe a sua volta agito da stimolo. Jay aveva sperato che fosse Griffin a darle la spinta giusta ma, malgrado la loro frequentazione ora più assidua, i voti della figlia erano rimasti inalterati.

Frances aveva anche escogitato una spiegazione plausibile, qualora la gente avesse domandato il motivo di quel viaggio.

«Ricordi la compagna francese di Mandy in quarta elementare? Sua madre l'aveva portata a Parigi per un anno, per perfezionare la lingua. Be', noi facciamo la stessa cosa, ma per Mandy non si tratterà tanto della lingua, quanto della cultura indiana. È un Paese di cui tutti oggi sanno qualcosa, mentre proprio i nostri figli l'hanno visitato a stento».

Qualche settimana più tardi, Frances era incappata in un articolo del «Los Angeles Times» sul flusso di ritorno degli indiani in patria.

«Visto?», aveva commentato, mostrandolo al marito. «Non siamo gli unici».

Jay non si era sentito di puntualizzare che quegli indiani partivano sulla scorta dei magnifici posti di lavoro offerti dalle ditte americane a Delhi, Bangalore e Mumbai. Tornavano per occupare incarichi da amministratori delegati, con tanto di ville in stile occidentale, tirate a lustro da un esercito di domestici.

La decisione presa aveva rinsaldato la sicurezza di Frances, dandole una serenità che Jay non le vedeva da anni, e guarendola dall'insonnia. Forse per alleviare il suo stesso senso di colpa, lei continuava a ripetere: «Anche se non dovesse funzionare, almeno ci avremo provato».

Mandy aveva dato in escandescenze quando la madre l'aveva informata del volo, già prenotato per la fine di giugno. «Appena compio diciott'anni, me ne torno in America», aveva tuonato. Visto che la minaccia era caduta nel vuoto, era ricorsa alle lacrime. «Vi prego», li aveva implorati, piangendo a dirotto. «Non costringetemi a partire».

Davanti a quei singhiozzi, Jay aveva tentennato per l'ennesima volta. Ma, come diceva Frances, quali alternative c'erano? Lui non aveva saputo suggerire nient'altro, salvo la vaga speranza che Mandy si riprendesse da sola.

Quella sera, però, dopo che la figlia si era chiusa a piangere in camera, persino Frances era sembrata scossa.

«Non staremo commettendo un errore?», gli aveva

domandato. «Ti ricordi di quando la costrinsi a giocare con Cindy?».

L'iniziativa era stata talmente catastrofica da entrare nelle leggende della famiglia, un aneddoto narrato puntualmente per esemplificare uno sbaglio da evitare a tutti i costi.

Mandy era stata invitata a giocare a casa di Cindy, la figlia dei vicini, e non voleva andarci. Frances non aveva tempo per i capricci, doveva fare delle telefonate; così, tra la promessa dei nuovi giocattoli di Cindy e il ricordo di quanto in passato si fossero divertite insieme, l'aveva convinta. Meno di dieci minuti dopo, Mandy era tornata a casa con il viso coperto di sangue. Cindy aveva proposto di giocare ai pirati, ma aveva tenuto la spada per sé, e con la punta aveva ferito l'amichetta proprio accanto all'occhio destro, rischiando di accecarla. Frances aveva pianto disperatamente per tutto il tragitto fino al pronto soccorso. E aveva singhiozzato ancora più forte quando Mandy le aveva detto di non essere triste, in fondo non faceva tanto male.

«Spero solo che sia la soluzione giusta». Era diventato il suo ritornello, mentre discutevano della logistica: a quale delle sue sorelle potevano chiedere ospitalità a Bangalore? Forse anche lei poteva iscriversi a un corso di informatica, in caso al ritorno avesse dovuto cambiare lavoro? «Tu stesso non fai che ripetermelo, e una nuova carriera non è facile da iniziare».

I loro colleghi la giudicavano una follia. Citavano statistiche a dimostrazione che i bambini non vanno sballottati da un posto all'altro, soprattutto alla fine del liceo. E comunque, aveva osservato uno di loro, cosa speravano di ottenere in un solo anno?

«Forse dovrei partire da sola, fermarmi per l'estate ad accudire la mamma, e tornare in settembre», aveva vacillato Frances. Ma poi, a maggio, Mandy aveva portato a casa una pagella con due insufficienze gravi.

«Vi prego, datemi un'altra possibilità. Stavolta prometto di non deludervi».

Fino a quel momento, Frances era passata da un'alternativa e all'altra, facendo ammattire Jay, ma quella frase di sua figlia era stata l'ultima goccia. Quante volte le aveva sentito ripetere le stesse parole? *Stavolta studierò per il compito in classe. Stavolta aspetterò che tu venga a prendermi. Prometto che stavolta farò i compiti.*

«*Stavolta* era l'ultima», aveva risposto a Mandy. «Lo avevi già promesso a gennaio. Ti eri impegnata a studiare di più, e a rialzare la tua media. *Stavolta* saremo noi a decidere: andrai in una scuola che non lascerà spazio a scuse. Tu vieni in India con me, fine della discussione».

A quel punto, anche Jay si era rassegnato all'idea che un anno di lontananza, sebbene difficile per tutti, potesse rappresentare la svolta giusta per Mandy. Più ne parlavano, e più la moglie sembrava convinta. «Potrò assistere mia madre, con il vantaggio che Mandy mi troverà sempre a casa quando rientrerà da scuola. Qui non ho modo di starle tanto vicina», aveva detto.

Jay non era sicuro che la sua presenza bastasse ad aiutare la figlia, ma valeva la pena di tentare. Frances aveva già confermato il volo su internet, con tappa a Delhi per fare visita ai suoceri che abitavano a poche ore di distanza dalla città, prima di proseguire per Bangalore.

Non restava che un unico ostacolo da superare: la festa di Nikhil.

Come leggendogli nel pensiero, Frances disse: «Ho già avvertito Lily e Sam che stasera non devono lasciarsi sfuggire niente sul viaggio in India».

I bambini erano abituati alla prassi di tenere rigorosamente per sé le questioni familiari. Quando il profitto scolastico di Mandy era colato a picco, mamma e papà avevano spiegato ai fratelli minori che era maleducazione parlarne in pubblico.

«Come chiedere l'età delle signore?», aveva domandato Sam.

«Esattamente», aveva risposto Frances. «Sono faccende private».

«Ma alla signora Greenberg avevi detto del mio dieci nel compito di matematica», aveva obiettato lui.

«Solo perché me l'aveva chiesto», aveva replicato sua madre. «Vuole iscrivere la figlia alla tua scuola, così le ho parlato dei tuoi voti per farle capire che è di ottimo livello».

«E se qualcuno vuole iscrivere la figlia alla scuola di Mandy?», aveva chiesto Sam, con logica inattaccabile.

«Dirò loro che anche la sua è ottima», aveva risposto lei. «Proprio come la tua. Tu ti trovi bene, giusto?», aveva aggiunto, tentando di sviare la conversazione.

«Ipocrita», aveva bofonchiato Mandy tra i denti, e Frances l'aveva zittita con un'occhiataccia.

«Che cos'è un ipocrita?», si era inserita Lily, sempre incuriosita dalle nuove parole.

«Deriva dal greco, e significa attore», aveva risposto Mandy, prima che Frances riuscisse ad aprire bocca.

«Come lo sai?», le aveva domandato.

La figlia si era stretta nelle spalle.

«Mandy sa tutto», aveva risposto Lily al suo posto. «Ma questa volta si sbaglia. Tu non fai l'attrice, mamma. Rendi felice la gente aiutandola a comprare una bella casa».

Frances versò l'impasto nella terrina, riprendendo la conversazione con il marito: «Ai bambini ho spiegato che la festa è per Nikhil, e sarebbe sgarbato distogliere l'attenzione da lui. Però qualcosa dovremo dirla per forza, sai? Ci chiederanno senz'altro dei ragazzi».

«Basta tenersi sul vago. Spiegheremo che tua madre è malata, e che tu e Mandy andate in India ad accudirla».

«È la verità», disse Frances, facendo saltare i pancake nel tegame.

«Almeno non dobbiamo preoccuparci che Mandy parli troppo».

«Per una volta, le sono davvero grata se si esprime a monosillabi. Probabilmente passerà la serata immusonita in un angolo...». La interruppe lo squillo del cellulare. «Sono i Miller», disse, sorpresa di vederne il numero sul display.

Non si erano più parlati dalla vendita della casa. Cosa potevano volere da lei? Possibile che qualcos'altro fosse andato storto? Fece un respiro profondo e rispose, senza smettere di impilare i pancake sul piatto.

Il marito andò ad apparecchiare in sala da pranzo. Sapeva per esperienza che Frances non voleva essere disturbata durante le telefonate di lavoro.

«Jay», lo chiamò lei, poco dopo. «Non indovinerai mai cos'è successo. I Miller volevano dirmi di avermi raccomandata ad alcuni loro amici che vogliono vendere una casa a Toluca Lake. Sarà un contratto enorme!».

«Non puoi accettare», le rammentò lui. «Tra un mese devi partire per l'India».

«Mi farò affiancare da qualcuno. Susan Hayman mi chiede di lavorare in coppia da secoli. Se ottengo di rappresentarli – e i Miller lo hanno dato per certo – e la casa sarà ancora invenduta tra un mese, Susan potrà prendere il mio posto».

«Sicura di farcela?»

«Ma certo, perché no? Vorresti che mi tirassi indietro, consigliandogli di rivolgersi a qualcun altro? A casa donata non si guarda in bocca».

Sembrava quasi Jay, con i suoi giochi di parole. «È bello vederti così di buon umore», disse lui.

«Ho davvero la sensazione che le cose stiano finalmente girando per il verso giusto, tocchiamo ferro».

«Ecco, puoi toccarmi la testa, se vuoi», scherzò lui. «Acciaio inossidabile».

«I pancake sono pronti», disse Frances, sfiorandogli la nuca prima di prendere il vassoio.

«A tavola!», gridò Jay.

Lily e Sam arrivarono di corsa. Mandy, come al solito, andava snidata di forza dalla stanza.

«Vado a chiamare Greta Garbo», fece lui, ma la trovò già in corridoio.

«Sei giusto in tempo per la colazione. E per festeggiare il nuovo incarico di tua madre».

«Evviva! Stasera pizza!», urlò il figlio.

«Sam, ti serve una visitina al cranio», disse Jay, chinandosi a scrutare tra i ricci scuri del bambino.

«Cosa vedi, papà?», domandò il piccolo, in tono un po' spaventato.

«Volevo assicurarmi che non avessi l'Alzheimer».

«È grave?». Ora la sua voce era davvero preoccupata.

Lily, che conosceva a memoria gli scherzi di suo padre, stava già ridendo.

«Gravissimo, per i bambini. È una malattia da vecchi».

«Ma sul mio cranio non c'è, giusto?», cercò di farsi rassicurare Sam. «Vero?»

«Abbi pazienza, la visita non è ancora finita», rispose Jay.

«Perché credi che ce l'abbia?».

Il padre scoppiò a ridere. «Perché, Sam, ti ripetiamo da giorni che stasera andiamo a una grande festa, e tu invece vorresti restare a casa a mangiare la pizza».

«Papà!», sbottò il bambino, rendendosi conto di esserci cascato.

A quel punto Frances e Lily ridevano apertamente, mentre Mandy continuava imperterrita a versare lo sciroppo sui pancake.

«A proposito di stasera», disse Jay, fregandosi le mani, «siete pronti?»

«Io sì», disse Sam, con la bocca piena. «Ci saranno la Coca-Cola, la 7up e la Sprite?»

«Altroché», rispose suo padre. «E anche un mucchio di ottimi piatti indiani. Pancia mia, fatti capanna», aggiunse, scompigliandogli i capelli.

«Esistono le bibite indiane?», domandò il bambino.

«Certo. C'è il *lassi*, la limonata, e la spremuta di lime», elencò Jay, contandole sulle dita. «Sicuramente lo zio Vic le avrà preparate tutte, oltre a chissà quante bibite americane».

«Io mi metto le scarpe rosse», annunciò Lily, compiaciuta.

«E tu, Mandy, sei pronta a bere bevande gassate e a vedere tua sorella ballare con le scarpette rosse?», disse Jay, sforzandosi di coinvolgerla, ma lei continuò a mangiare con lo sguardo perso nel vuoto. Gli dava i brividi vederle quell'espressione in volto.

«Io detesto ballare», dichiarò infine.

«Non hai voglia di mettere il tuo vestito nuovo?», domandò Frances, con dolcezza. Da quando aveva prenotato il volo, non si era più spazientita con la ragazza. Trovava più facile sopportarne l'atteggiamento scontroso, sapendo che tra breve si sarebbero trovate in un altro Paese, dove tutto sarebbe stato diverso. Negli Stati Uniti, era Mandy la vera americana, e spesso sua madre finiva per dargliela vinta. Ma in India, avrebbe ripreso lei le redini del rapporto.

Non aveva reagito nemmeno quando Mandy aveva rimesso il broncio per la festa. Si era limitata a portarla a fare acquisti.

Quand'era ragazza, Frances non aspettava altro che di fare compere con sua madre. Ma essendo l'ultimogenita, tutti i suoi vestiti erano ereditati dalle sorelle maggiori. Da piccola non le dispiaceva, anzi, le pareva un onore indossare gli abiti che sua madre definiva «smessi». Crescendo, però, aveva cominciato a desiderarne di suoi. La madre insisteva che quelli delle sorelle erano ancora in ottimo stato e che fosse un peccato comprarne altri, mentre a lei sembravano superati. E poi la irritava sentirsi continuamente paragonata alle sorelle, quando indossava la camicetta dell'una o la gonna dell'altra. Così si chiudeva in bagno a piangere, disperando di riuscire mai a superarle in qualcosa. Gloria, la maggiore, primeggiava per bellezza; Ivy per intelligenza; Hazel aveva dei magnifici occhi nocciola; e Alba il corpo più armonico. Era come se Dio, dopo essersi dimenticato di farla nascere maschio, avesse anche trascurato di concederle qualcosa per distinguerla dalle altre. Frances non voleva che la figlia avesse i suoi stessi complessi e, a dispetto delle spese già affrontate per la festa, aveva deciso che dovesse sfoggiare un abito nuovo.

Sicuramente le altre ospiti indiane avrebbero indossato *ghagra cholis* multicolori e decorati di specchietti, comprati in India o online. La madre di Frances non aveva mai permesso alle figlie di vestirsi all'indiana. Quando era giovane, erano in voga *churida* attillati con *kurta* a mezzo polpaccio, mentre adesso l'invasione dei film di Bollywood aveva rilanciato la moda delle gonne *ghagra,* ampie e lunghe fino alle caviglie, accompagnate al *choli* che lasciava scoperta la pancia. Lei non riusciva a figurarsi Mandy in un costume tanto... etnico, così aveva preferito restare sul terreno più familiare della moda occidentale. Le aveva fatto provare un abito lungo, nero e senza spalline e, per quanto Mandy non avesse profferito parola, le si leggeva in faccia quanto le piacesse.

«Quel vestito ti sta un incanto», le disse.

«Non è male», bofonchiò Mandy.

Squillò il telefono. Doveva trattarsi degli amici dei Miller.

«Scusatemi, devo rispondere», fece Frances, alzandosi subito da tavola. Era già diretta in cucina quando si rese conto che lo squillo non proveniva dal suo cellulare. Jay lanciò un'occhiata all'apparecchio. In casa vigeva la regola di ignorare il telefono durante i pasti, ma la moglie l'aveva appena violata, e Lily fissava già il padre con occhi imploranti: alla sua età, rispondere al telefono era ancora un'emozione. Sentendosi un po' come la divinità che era stato per Mandy da piccola, Jay decise di essere magnanimo: «Vai pure, Lily».

«Pronto, casa Bakshi. Con chi desidera parlare?», annunciò la bambina, con un sorriso enorme e la voce ancora incredula per la concessione inattesa.

«Mandy, è per te», disse poi, coprendo il ricevitore con una mano. «È il tuo ragazzo. Cioè, il tuo fidanzato».

Sam si mise a cantilenare: «Mandy è fidanzata, Mandy è fidanzata...».

«Abbassa la voce, Sam», lo rimproverò Jay. «Vuoi farti sentire da Griffin?»

«Siete patetici», commentò Mandy, alzandosi a prendere la chiamata.

Jay si sorprese che non fosse andata a rispondere da un'altra stanza. Dopo quell'incontro casuale con Griffin, aveva dimenticato di invitarlo per un barbecue, come aveva pensato di fare, eppure Mandy e il ragazzo avevano cominciato a studiare insieme. Evidentemente andavano d'accordo, perché Griffin si presentava in casa almeno una volta alla settimana. Mandy non chiedeva mai il permesso di uscire, o di usare la macchina, ma forse preferiva fare le cose a modo suo.

Sprofondata sul divano, la ragazza bisbigliava fitto fitto al telefono. Jay non capiva una parola, e Lily e Sam continuavano a fare i buffoni, così ordinò loro di sparecchiare.

«Non avevamo una regola a proposito delle telefonate durante i pasti?», si lamentò con Frances. Dopotutto, era stata lei a stabilirla.

«Lo so, hai ragione. Ma pensavo fossero gli O'Sullivan».

«O'Sullivan», ripeté lui. «Non sentivo quel cognome dai tempi dell'India».

Frances restò impietrita. Ne era al corrente? Come

poteva saperlo? Lei non gli aveva mai parlato di Rich O'Sullivan. Era accaduto tanto tempo prima: quando i Miller le avevano riferito il cognome dei loro amici, quell'associazione di idee non le era nemmeno passata per la testa.

«Cosa intendi?», si costrinse a chiedergli.

«Enid Blyton», rispose lui, un po' imbarazzato. «So che i romanzi ambientati nel collegio di St Clare non erano destinati ai maschi, ma una volta ne lessi alcuni, per noia. Non li conosci?».

Frances riprese a respirare. No, Jay non sapeva niente. Si riferiva alle avventure delle gemelle O'Sullivan, dopo la fuga dal collegio.

«L'avevo letta anch'io quella serie», disse. Poi, per cambiare argomento, aggiunse: «Vado a preparare dell'altro tè».

Mandy tornò a tavola per finire i pancake, e Jay le domandò, sforzandosi di assumere un tono amichevole e non troppo indiscreto: «Cos'era quella chiamata?»

«Niente».

«Shakespeare avrà anche scritto che "dal niente non nasce niente", ma nella mia esperienza ne viene sempre fuori *qualcosa*».

«Oh, papà, questa battuta te l'avrò sentita fare mille volte», ribatté lei, con una smorfia.

«Riesci a immaginare quante volte ho dovuto sentirla io?», disse Frances, appoggiando la teiera sul tavolo e mettendosi a sedere.

«Papà mi fa sempre ridere», intervenne Lily, schierandosi prontamente in sua difesa.

«Santo cielo, piccola, spero sia perché mi giudichi spiritoso, non ridicolo», fece lui.

«Tutti e due», rispose Lily, convinta di fargli un complimento, e restandoci malissimo quando entrambi i genitori scoppiarono in una risata.

«Se vuoi, da grande potrai essere entrambe le cose», le disse Jay, in tono solenne. «Io mi accontento di essere spiritoso».

«Io voglio diventare proprio come te, papà», si inserì Sam, subito preoccupato di non essere al centro dell'attenzione. «Darò ordini a tutti, e gli altri dovranno obbedirmi».

Jay provò un impeto di affetto per suo figlio, ricordando come lui stesso, da piccolo, avesse aspirato a emulare il padre. Non ci era riuscito nemmeno lontanamente. Il figlio di Vic, al contrario, avrebbe senz'altro ricalcato le sue orme, seguendolo nell'azienda di famiglia. Si agitò sulla sedia, sentendosi a disagio. Non voleva affatto che Sam diventasse come lui.

«Qui siamo in America», gli disse. «Puoi diventare tutto ciò che vuoi».

«Ma tu avevi detto che non posso diventare uno stuntman», gli rammentò il bambino. Qualche tempo prima aveva visto il suo primo film di James Bond, e la notizia che gran parte delle acrobazie fosse interpretata da una controfigura l'aveva galvanizzato.

«Solo perché quello è un mestiere troppo rischioso», intervenne Frances, e aggiunse, rivolta alla figlia maggiore: «Te lo ricordi, alla sua età, cosa volevi diventare?».

Mandy si ostinava a tacere.

«Io lo so», rispose Jay al suo posto. «Mandy ripeteva sempre che sarebbe diventata proprio come la mamma».

A quei tempi, sostenevano tutti che la bambina somigliasse a Frances, ma lei rivedeva chiaramente nei suoi tratti quelli di Jay, e spesso ci scherzava su: «È un'ingiustizia. Io l'ho tenuta nella pancia per nove mesi, e quand'è uscita era una versione in miniatura del padre». La verità era che gli americani non facevano grandi distinzioni: vista la carnagione scura, gli occhi e i capelli neri, per loro madre e figlia erano come due gocce d'acqua. E a Frances piaceva sentirselo dire. La bambina adorava mettersi le sue scarpe, o mettersi il suo profumo, e una volta la madre l'aveva sorpresa a imitarla quando mostrava una casa: «Questo è il salotto, e ha anche un bellissimo caminetto».

«Mandy voleva diventare un'agente immobiliare». Sorrise al ricordo della bambina intenta a vendere una casa immaginaria a clienti inesistenti. Avrebbe voluto registrarla, ma appena l'aveva vista, la piccola si era subito ammutolita. Adesso, quando sua madre diceva di avere conservato tutti i suoi dentini da latte e le sue letterine a Babbo Natale, Mandy sbuffava e alzava gli occhi al cielo.

«Lo dicevo solo perché mi pareva fico leggere il mio nome sui cartelli in tutta la città», commentò la figlia, stringendosi nelle spalle. «Adesso piuttosto che vendere case sarei disposta anch'io a fare lo stuntman».

Una cattiveria detta di proposito. Mandy si vendicava dell'imposizione della festa e del viaggio in India. Frances sentì l'umore sotto i piedi, ma poi si fece coraggio. Non avrebbe permesso all'atteggiamento della figlia di rovinarle la giornata. Aveva preparato tutto, dall'abito della primogenita a quello di Lily, e aveva persino trovato una giacca di seconda mano per Sam. Quanto a lei, avrebbe rimesso un vestito indossato alla festa di Natale dell'anno precedente. Era di maglia, un po' troppo pesante per giugno, ma la casa di Vic dava sull'oceano, e di sera la brezza era umida.

Mancava soltanto la tinta ai capelli.

Da anni portava lo stesso caschetto corto, piegato all'insù sulla nuca. Forse tenendo i capelli più lunghi, la ricrescita grigia sarebbe stata meno evidente, ma quella pettinatura le sembrava troppo chic ed elegante per decidersi a cambiarla. Un tempo se li faceva tingere dal parrucchiere, ma adesso quella spesa era diventata un lusso.

«Posso farlo da sola», aveva detto a Jay. «È semplicissimo, e mi risparmio il fastidio di fissare ogni volta un appuntamento».

Ci voleva solo un po' di tempo, e quel giorno ne aveva più che a sufficienza.

«Vi avverto, voi quattro», disse Frances, alzandosi da tavola. «Adesso devo farmi la messa in piega, quindi per favore lasciate libero il mio bagno».

«Ti metti in testa quella roba puzzolente?», domandò il figlio.

«Sì, Sam, proprio così», rispose lei, arricciando il naso. «Se hai bisogno di qualcosa, chiedi a tuo padre».

In bagno, si spalmò la tinta a partire dalle tempie e dalla scriminatura, dove il grigio era più evidente. Usò un pettine sottile per rendere omogeneo il colore, poi infilò la cuffia di plastica e attese il doppio del tempo indicato sulle istruzioni. La prima volta lo aveva fatto suo malgrado, incastrata al telefono da una cliente agitatissima, e il timore di avere procrastinato troppo il risciacquo l'aveva angosciata. Mentre subiva quella conversazione interminabile, si sentiva quasi bruciare lo scalpo dal prodotto chimico.

Tanta preoccupazione si era rivelata infondata; anzi, la tinta era durata più del solito, e adesso lei usava sempre la stessa tecnica. Almeno uno dei fantasiosi proverbi di Jay – «non esistono errori nella vita» – era azzeccato.

Solo dopo avere sciacquato e asciugato i capelli, si rese conto dell'errore commesso. Aveva deciso di tornare al nero, e per forza dell'abitudine non aveva verificato i tempi sul nuovo flacone. Il colore era venuto troppo scuro e, come spesso accade con il nero, era chiaramente finto. Restò a fissarsi nello specchio. Come aveva potuto essere tanto sbadata? Perché, per una volta, non si era concessa il parrucchiere?

Il parrucchiere! Lanciò un'occhiata all'orologio. Appena le due del pomeriggio. C'era ancora tempo per aggiustare tutto.

Si precipitò a telefonare al salone più vicino. Ci passava davanti tutti i giorni, distava appena cinque minuti in macchina. Dopo sei squilli, una voce dall'accento straniero rispose che il primo appuntamento disponibile era alle quattro. Frances tentò in un altro. Stessa storia.

«Di sabato siamo sempre pieni, signora», le rammentò la receptionist del terzo negozio.

Era spacciata. Avrebbe dovuto tenersi quella tinta orrenda. Poi le tornò in mente il kit per i colpi di sole. Era la soluzione perfetta. Non aveva motivo di disperare, né di ingoiare l'ennesima, amara delusione dell'ultimo minuto. Stavolta avrebbe risolto tutto.

Afferrò la confezione e lesse scrupolosamente le istruzioni. Non intendeva correre altri rischi.

***

Le cifre fluorescenti della sveglia digitale scattarono sulle tre. Lali non passava una notte insonne da quando Aaron era partito per Harvard, l'anno precedente. Suo figlio adesso era a Boston, a preparare le valige. Probabilmente si sarebbe tenuto alla larga il più a lungo possibile. Non avrebbe avuto il coraggio di affrontarla, finché non le fosse sfumata la rabbia.

«Come hai potuto decidere una cosa simile senza nemmeno consultarci?», gli aveva urlato al telefono due settimane prima, quando Aaron le aveva comunicato di essersi preso un anno "sabbatico" dall'università, durante il quale avrebbe valutato se restare a Harvard o tornare in California.

«Perché è una scelta che riguarda me, mamma», aveva risposto lui. «Mi hai sempre detto che i tuoi genitori erano contrari alla tua partenza per gli Stati Uniti, eppure tu hai fatto di testa tua».

«Io avevo una borsa di studio», aveva protestato lei. «E i miei genitori non erano contrari. Volevano solo che partissi dopo il matrimonio».

«Tu però non gli hai dato retta, giusto?»

«Erano molto orgogliosi della mia ammissione alla UCLA», si era difesa Lali, e poi aveva aggiunto: «La tua rinuncia a Harvard sarà un colpo durissimo per loro».

Aveva riepilogato mentalmente quella conversazione all'infinito, cercando di capire dove avesse sbagliato, cosa avrebbe potuto dire per fargli cambiare idea e convincerlo a proseguire gli studi. Ma Aaron era cocciuto quanto Jonathan.

Si girò a guardare il marito che dormiva profondamente. La sera prima avevano litigato di nuovo a causa di Aaron. Solo che questa volta il motivo del contendere non era stato come costringere il figlio a tornare sui suoi passi. Lali aveva implorato il marito di non dire a Frances e agli altri che Aaron aveva lasciato Harvard, e lui si era rifiutato: «Non ho intenzione di mentire».

Lei gli aveva voltato le spalle, infuriata dal suo tono moralistico. Jonathan poteva permettersi di essere sincero. Per lui era normale che gli studenti cambiassero programma, piantassero l'università a metà strada, o addirittura a un esame dalla laurea. Aveva cercato di spiegargli che in India i ragazzi dovevano decidere della propria carriera fin dall'inizio del college.

«È un disonore cambiare indirizzo di laurea, e peggio ancora rinunciare agli studi», gli aveva detto.

«Aaron non ha rinunciato», aveva ribattuto Jonathan. «Si è solo preso un anno di riflessione, e se gli altri non lo capiscono, peggio per loro».

A letto, lui si era addormentato di botto, con le braccia abbandonate sopra la testa, indifferente alla sua agitazione. Lei non era riuscita a prendere sonno, angosciata dal litigio, e dalla prospettiva del weekend che avrebbero passato nella California del sud.

Alle quattro e mezza, si era alzata ed era andata in bagno in punta di piedi. Tra un'ora sarebbe passata la navetta dell'aeroporto. Il volo per Santa Barbara era prenotato per metà mattina. Fuori era ancora buio, troppo presto per il cinguettio degli uccelli, troppo tardi per i richiami degli animali notturni.

Accese i faretti intorno allo specchio e si chinò a scrutare il suo volto riflesso. Qualunque cosa la tormentasse, quel fine settimana voleva apparire al meglio, ma la mancanza di sonno aveva peggiorato le occhiaie scure ereditate da sua madre. Era una caratteristica tipicamente indiana, le aveva spiegato la sua amica Mary. Ci mancava anche questa: una faccia resa più brutta dalla stanchezza.

Era consapevole della propria fissazione per l'aspetto esteriore, ma non voleva presentarsi a Newport Beach con il volto sbattuto e il fisico sformato di una donna di mezza età.

«Non me ne preoccupavo tanto nemmeno prima del matrimonio», aveva confessato a Mary.

«Allora eri più giovane», aveva risposto l'amica. «Il pensiero della cellulite non ti sfiorava nemmeno. Adesso dovrai incontrare degli ex compagni di università che non vedi da più di vent'anni. Lo ammetto, se avessi potuto permettermelo, io mi sarei fatta la plastica prima di presentarmi alla festa per il trentesimo anniversario del diploma!».

Appena spedita la busta rossa di risposta all'invito, Lali si era precipitata a consultare il calendario, a calcolare quanti giorni avesse a disposizione per un restyling completo. Da quel momento si era concessa soltanto insalate, e in porzioni ridotte. Si era iscritta a un corso di pilates, e nei giorni liberi dalla palestra usciva religiosamente per una passeggiata di mezz'ora. Ma, malgrado gli sforzi, non aveva perso nemmeno un etto.

«Lo sai che il pilates serve a tonificare, non a dimagrire, vero?», l'aveva informata Mary.

«Vuoi dire che ho passato tutte quelle ore sul materassino e sulla palla da ginnastica per niente?»

«Non ti senti meglio?»

«Me ne infischio di come mi sento. Mi interessa come mi vedono gli altri».

Ora, allo specchio, si esaminò il collo. Insieme alle mani, era il primo punto a tradire l'età. Per la festa, Lali si era comprata un abito nero, con una scollatura profonda e stondata. La magnifica collana di turchesi che Jonathan le aveva regalato per il quindicesimo anniversario di nozze avrebbe coperto le imperfezioni, ma anche attirato l'attenzione sulla sua gola. No, grazie a Dio, ancora niente rughe.

Drizzò le spalle, trattenendo il fiato per far rientrare la pancia, e in quell'istante Jonathan entrò in bagno.

«Cosa stai facendo?».

Era talmente assorta nell'immagine allo specchio che non aveva sentito la porta.

«Mi vesto». Cambiò subito posizione, chinandosi a prendere lo spazzolino da denti.

«Vado a preparare un caffè», disse Jonathan. «Tu vuoi un tè?». Era un'offerta di riconciliazione, dopo il litigio rimasto in sospeso.

Amma diceva sempre che non bisognava coricarsi arrabbiati. La stessa regola doveva valere anche prima di un viaggio.

«D'accordo», rispose Lali, sforzandosi di non lasciar trapelare il rancore dalla voce. «Ti raggiungo appena sono pronta».

Al pensiero del litigio, si sentiva combattuta tra rabbia e rimorso. La spossava il fatto di discutere con Jonathan. Quanto le sarebbe piaciuto tornare all'intesa di un tempo, quando alle feste, pur mescolandosi agli altri ospiti, lei e suo marito finivano immancabilmente per orbitare l'uno intorno all'altra. «Effetto calamita», lo chiamava Mary. In quelle occasioni lei non si era mai sentita sola: Jonathan la teneva per mano, o cercava il suo sguardo, per condividere il tacito divertimento alla gaffe di un invitato. Era quella l'immagine del suo matrimonio che avrebbe voluto mostrare alla festa.

Ma ora le loro vite erano separate, diverse quanto

le rispettive valige preparate per il volo. Anzi, il loro passato somigliava a un bagaglio andato perso lungo la strada. Lali aveva l'impressione di sapere tutto di Jonathan – come il fatto che avesse preparato la valigia con due giorni di anticipo, così da avere il tempo di fare la doccia e vestirsi con calma – mentre nei primi anni di matrimonio ogni nuovo dettaglio venuto alla luce le dava un brivido di piacere.

Ultimamente, riuscivano ancora a sorprenderla soltanto le loro differenze.

Era questione di età, come sosteneva Mary? A sentire lei, alla svolta dei quaranta ci si irrigidisce nell'indole originaria, tornando puntualmente alle proprie radici. Certo non spiegava il comportamento di Jonathan: i suoi genitori non lo avevano educato all'ebraismo.

Mentre Lali ricadeva sempre più spesso in comportamenti appresi in passato, in India. Ad esempio, la cura impiegata proprio in quel momento nel vestirsi. Prima di sposare Jonathan, ci teneva a essere impeccabile quando ogni mattina prendeva il treno per raggiungere il college a Bangalore. Ma in seguito si era adeguata all'atteggiamento del marito, che trovava ridicolo mettersi in tiro per gli sconosciuti incrociati un'unica volta su un vagone ferroviario.

Quella, però, era una giornata speciale, e ciò che la preoccupava davvero non era l'impressione che avrebbe fatto agli altri passeggeri del volo.

A ossessionarla erano le persone che avrebbe incontrato dopo l'atterraggio.

Pensava a loro, mentre si truccava: il correttore sulle occhiaie, il fondotinta, e infine il mascara per mettere in risalto gli occhi. Ora doveva solo pettinarsi, e indossare gli abiti preparati la sera prima.

Infilandosi i pantaloni, sentì cadere qualcosa sul pavimento.

«Merda», bofonchiò tra i denti. Era saltato un bottone. Si chinò a cercarlo, e stava per inginocchiarsi a guardare sotto il letto quando sentì uno scricchiolìo sotto i piedi. Il bottone si era rotto a metà. Non aveva il tempo di cercarne un altro adatto, e cucirlo.

«All'inferno», imprecò di nuovo, gettando i pantaloni sul letto. Erano i più eleganti che aveva. Adesso avrebbe dovuto accontentarsi dell'unico altro paio "buono", più vecchio, con il nero un po' scolorito dai lavaggi, e troppo stretto.

Come inizio, prometteva malissimo.

«Mancano cinque minuti», disse Jonathan, prendendo le due valige per sistemarle davanti alla porta. «C'è giusto il tempo per un altro caffè. Non lo bevi il tè?».

Le era passata la voglia, ma non era il momento di respingere un'offerta di pace. Forse potevano ancora riparlarne, e provare a riportare Jonathan dalla sua parte. Non voleva certo che si presentassero alla festa con quell'atteggiamento... ostile.

Bevve un sorso di tè, scottandosi la lingua. «Ahia!».

«Tesoro, ti sei fatta male?», domandò lui. «È bollente, avresti dovuto saperlo».

Tutta colpa di suo marito. Era stato il suo congresso a costringerla a partire prima dell'alba, con un paio di pantaloni sdruciti, e la lingua ustionata.

Non ebbe il tempo di rispondere, interrotta dal campanello. La navetta era arrivata.

Malgrado l'orario, l'aeroporto era già affollato. Avanzarono lentamente, accodandosi alla fila del check in, senza scambiarsi una parola.

Lei si sfilò le scarpe, mettendole sul vassoio di plastica insieme alla borsetta. Passando dal metal detector, fece suonare l'allarme.

«Controlla nelle tasche», le consigliò Jonathan, superandola per recuperare il bagaglio a mano.

«Non ho tasche», ribatté lei. Poi notò i bottoncini di metallo dorato della camicetta. Quando l'aveva acquistata, la settimana precedente, aveva pensato soltanto all'effetto estetico, non ai protocolli di sicurezza.

«Credo si tratti di questi», disse al funzionario, indicandoli.

«Esca dalla fila, e attenda là», rispose lui, mostrandole un punto dove non avrebbe intralciato gli altri passeggeri.

«Non lo vede? Sono senz'altro i bottoni», protestò Jonathan, scambiando un'occhiata con sua moglie.

Lei rispose allo sguardo. Bastò la vista familiare di quegli occhi blu a sentirsi spalleggiata. Accomunati dall'esasperazione per il funzionario, Lali e Jonathan erano ritornati complici.

La voce dell'uomo interruppe la loro comunicazione non verbale.

«Si faccia da parte, signore», disse in tono severo. «Qual è il suo bagaglio?», domandò a Lali, e Jonathan si avvicinò per consegnarglielo.

«Questa situazione è ridicola», fece sbattendo la valigia sul bancone all'estremità del nastro trasportatore.

«Un passo indietro, signore», replicò quello, assumendo un'aria minacciosa, e Jonathan obbedì.

Il funzionario si mise a parlare alla ricetrasmittente, a voce talmente alta che Lali la sentì rimbombare in tutto l'aeroporto. Abbassò gli occhi per non incontrare quelli degli altri passeggeri, e non rivolse parola a Jonathan, per non attirare ulteriormente l'attenzione.

Dopo dieci, interminabili minuti, una donna alta, magra e dai modi bruschi le si parò davanti, sventolandole un sensore sotto il naso. Lali aprì braccia e gambe come l'Uomo di Leonardo, sentendosi invadere dalla rabbia e dall'avvilimento.

Come previsto, il sensore indicò i bottoni.

«Contento, adesso?», domandò Jonathan al funzionario, che si strinse nelle spalle, rivolgendo un «può andare» all'indirizzo di Lali.

«Sono le conseguenze dell'11 settembre, tesoro», la consolò Jonathan quando lo ebbe raggiunto. «Ricordi i bei tempi quando potevi presentarti dieci minuti prima del volo, e portare a bordo qualunque cosa?».

Il marito non avrebbe mai compreso fino in fondo l'umiliazione subìta da Lali. Per lui, gli attacchi al World Trade Center e al Pentagono avevano reso i viaggi aerei una scocciatura. Era americano, e nel suo Paese i capelli biondi e gli occhi azzurri lo avrebbero sempre tutelato. Anche lei era cittadina statunitense, ma i suoi tratti corrispondevano al profilo di un attentatore, e bastavano i bottoni di una camicetta per mettere in massima allerta gli addetti alla sicurezza. La stessa camicia indossata da una donna bianca non avrebbe scatenato una reazione simile.

Si sentiva ancora sottosopra quando loro due presero posto nella sala d'attesa.

Aveva appena aperto il suo libro quando Erik Mueller li raggiunse, con la sua andatura da orso.

«Jonathan, Lali», li salutò. «Che coincidenza trovarvi qui. Dove siete diretti?».

Erik era il dentista da cui Aaron faceva ancora i controlli annuali. «Io sono invitato alle nozze di un amico, a Maui», annunciò allegramente, additandosi la camicia con una fantasia di noci di cocco. «È l'ultimo grido in fatto di ricevimenti di nozze, e il turismo alle Hawaii andrà alle stelle».

«Buon divertimento» rispose Jonathan. «La nostra meta è meno esotica. Devo partecipare a un congresso a Santa Barbara».

«E tu, come passerai il tempo mentre tuo marito fa il congressista?», domandò Erik a Lali.

Per il disagio, lei si sentì un nodo alla gola. Aveva fatto del suo meglio per non pensare alle ore in cui Jonathan sarebbe stato impegnato con i colleghi.

Stava ancora raccogliendo le idee quando Jonathan rispose al suo posto: «Oh, Lali ha già visitato Santa Barbara. Viene con me perché questa sera andremo insieme a Los Angeles, a una festa di suoi amici indiani».

«Un ricevimento di Bollywood, a Hollywood?», commentò Erik, scuotendo la testa.

«Staremo a vedere», disse lei, soppesando mentalmente il significato di quella sottolineatura: i *suoi* amici indiani.

«Esigo una foto di Jonathan mentre si scatena nelle danze», fece Erik.

«Non contarci», replicò lui. «Io non ballo. Perché credi che abbia insistito tanto per sposare Lali con una piccola cerimonia in municipio? Temevo di farmi piantare in asso, pestandole i piedi».

«Non sono i piedi che contano, in un matrimonio», ribatté Erik, agitando in aria le mani. «Ma potresti non avere scelta, Jonathan. A quanto dicono, le feste indiane si protraggono fino a tarda notte. Prima o poi qualcuno ti trascinerà in pista».

Lali stava per dire che nessuno si sarebbe mai permesso di costringere a ballare né Jonathan, né qualsiasi altro ospite appena conosciuto, quando l'altoparlante cominciò a sbraitare.

«È l'annuncio per il mio volo. Buon viaggio!», li salutò Erik, affrettandosi al gate.

«Lo spiegherai tu agli altri che non so ballare, vero?». L'espressione di Jonathan era angosciata. Suo marito si stava comportando al pari di Erik, come se partecipare a una festa indiana equivalesse ad atterrare su un altro pianeta.

Lali era perfettamente al corrente della fobia di suo marito, risultato dell'ostinazione della madre a fargli frequentare lezioni di ballo alle medie, cui si era aggiunto un episodio particolarmente imbarazzante accaduto a una festa scolastica. Jonathan non si era mai addentrato nei dettagli, e lei non aveva indagato. In realtà, per Lali era stato un sollievo. Non conosceva i balli occidentali, e almeno in quell'ambito non aveva dovuto sforzarsi di imparare. Dunque la preoccupazione di Jonathan era infondata, e offensiva, ma Lali ripensò alla prontezza con cui si era schierato dalla sua parte contro l'addetto alla sicurezza. «Se vi intestardite anche sui bottoni delle camicie, nessun aereo partirà più in orario», lo aveva sentito protestare mentre la raggiungeva.

«Nessuno ti costringerà a ballare», gli disse, e di colpo provò il desiderio che potessero ridere insieme di quella festa. Nei primi anni del loro matrimonio, lo avrebbe rassicurato, confessandogli che anche lei si sarebbe sentita un pesce fuor d'acqua se la festa si fosse davvero rivelata un baccanale in stile Bollywood. Ma la sintonia del passato era offuscata dai conflitti del presente.

«Mi sono lasciato innervosire dal discorso di Erik», si scusò Jonathan. «Sarà la prima volta che incontro i tuoi amici, e non voglio metterti in imbarazzo facendo tappezzeria mentre gli altri ballano». In quel contesto, sentirgli dire «i tuoi amici» non la urtava più. La sollecitudine di Jonathan la stupì, e la fece vergognare di se stessa.

«È impossibile che tu mi metta in imbarazzo», gli disse, con sincerità. Era orgogliosa di avere sposato un uomo così attraente, e per giunta un cardiologo. Frances e Jay avrebbero senz'altro notato la sua bassa statura, ma non potevano non restare impressionati dalla sua laurea a Harvard. Lali era ben consapevole di quanto fosse superficiale l'ossessione indiana per l'istruzione, l'estrazione sociale e l'aspetto fisico, ma la prospettiva di rivedere i suoi amici aveva fatto riaffiorare in lei gli automatismi del passato.

«Ne sei proprio sicura?».

La domanda era scherzosa.

«Sicurissima». Lasciò una pausa. «Vorrei solo che smettessimo di litigare».

«Io non sto litigando...», fece per contraddirla Jonathan, ma poi vide la sua espressione. «Mi correggo. Lo ripeto, ma continuo a non capire perché ai tuoi amici debba importare se Aaron resta a Harvard oppure no».

«Perché non sei indiano», disse Lali, sforzandosi di esplicitare cose che a lei parevano ovvie. «È difficile da spiegare, ma noi siamo stati educati all'idea che nessuno dica mai la verità fino in fondo. Forse è a causa della competizione feroce, ma resta il fatto che gli indiani sono molto protettivi verso quello che hanno. È un atteggiamento che si manifesta nelle cose più sciocche, come tacere il nome del negozio dove hai comprato un sari, o l'ingrediente di una ricetta. La gente è talmente abituata a sentire delle mezze verità da colmare le lacune per suo conto, e di solito formulando l'ipotesi peggiore. Non appena *Amma* annunciò il nostro fidanzamento, tutti le domandarono se tu fossi già stato sposato. Quando lei rispose di no, vollero vedere una tua foto. Avevano dato per scontato che avessi un difetto fisico. Quindi, se adesso diciamo a Jay e a Frances che Aaron si è preso una pausa da Harvard, penseranno subito che stiamo nascondendo qualcosa, tipo che nostro figlio sia stato bocciato o espulso. Nessuno di loro crederebbe mai che abbia deciso di sua spontanea volontà di rinunciare per un anno a un'università tanto ambita».

«Questo l'avevo capito», disse Jonathan. «Anche tu hai reagito nello stesso modo».

«Cerca di vederla dal mio punto di vista. Harvard è l'unico ateneo noto a chiunque in India». Lali scosse la testa. «Mi sembra di sentirlo, il lavorìo dei loro cervelli, se venissero a sapere che ha gettato al vento un'opportunità simile».

«Almeno da te mi sarei aspettato maggiore comprensione», disse Jonathan. «Invece hai perso le staffe».

La telefonata di Aaron li aveva schierati istantaneamente su fronti opposti. Lali si era messa a urlare nel ricevitore, passando dal piagnisteo alle minacce finché Jonathan glielo aveva strappato di mano, e aveva riagganciato. Da quel momento, Aaron si era rifiutato di parlarle. Jonathan continuava a ripeterle che si trattava della sua vita, e loro avrebbero dovuto appoggiarlo, non aggredirlo.

«Gli serve del tempo», aveva insistito. «Era talmente

concentrato sull'obiettivo di farsi ammettere a Harvard da non essersi mai fermato a riflettere se fosse davvero la scuola giusta per lui».

«Harvard non starà ad aspettare la sua decisione», aveva ribattuto lei, uscendo dalla stanza.

Persino Mary aveva commentato che era un peccato rinunciare a una scuola tanto prestigiosa. E a quelle parole, l'agitazione di Lali si era trasferita dalla preoccupazione per la sventatezza di suo figlio a quella di dover rispondere alle domande di Jay e Frances e degli altri indiani alla festa. Avrebbe voluto annullare il viaggio, ma ormai era troppo tardi per fare marcia indietro.

Poi le era venuta in mente la soluzione perfetta. Aaron era ancora a Boston. Bastava questo per spiegare la sua assenza dalla festa. Che bisogno c'era di puntualizzare che non si era iscritto all'anno successivo? Jonathan era certo che sarebbe tornato sui suoi passi e che prendere le distanze da Harvard per qualche tempo gli avrebbe ridato la prospettiva giusta per apprezzarla. Dunque quella di Lali non sarebbe stata una menzogna vera e propria. Ma quando la sera prima glielo aveva proposto, ne era scaturita un'altra lite. Quella parentesi in aeroporto era la sua ultima occasione per convincerlo a stare su un fronte comune.

«Senti», disse. «Non puoi capire la mentalità degli indiani. Questa festa, per esempio. È vero che è stata organizzata per celebrare il successo di Nikhil, ma servirà anche a tutti gli invitati per mettersi in mostra. Sarà una gara a chi indossa gli abiti più eleganti, guida la macchina più grossa. Un confronto continuo con l'erba del vicino... in senso letterale. Ricordo un ingegnere a una festa nella Silicon Valley, prima di incontrarti: non la finiva più di vantarsi dell'erba del suo prato. Parlava seriamente».

«E allora perché ci andiamo?»

«Al momento di ricevere l'invito, non avevo pensato a questo aspetto. Avevo solo voglia di rivedere i miei amici. Ma adesso le cose sono cambiate, e...».

«Non siamo obbligati», suggerì Jonathan. «Facciamo ancora in tempo a cambiare programma e partecipare alla cena del congresso».

«Non posso tirarmi indietro il giorno stesso», disse Lali, quasi scandalizzata. «Vic ci aspetta, e l'ho promesso anche a Jay e Frances».

«Però, da come li descrivi, non sembrano persone molto simpatiche».

«In realtà, lo sono», insistette lei. «Ma sono anche indiani. Saranno felicissimi di vederci. Solo non voglio che pensino male di Aaron». D'un tratto, le venne un'idea. «Anche i primi immigrati ebrei in America ci tenevano a emergere, giusto? Senz'altro anche loro saranno stati in competizione l'uno con l'altro».

«Immagino di sì».

«Ti sembra così brutto che io sia orgogliosa di avere un marito medico e un figlio a Harvard? In fondo, non è esattamente una bugia. Tecnicamente, Aaron è ancora là».

La telefonata era arrivata proprio il giorno in cui Lali aveva infilato nella borsetta una sua foto con l'emblema dell'università sulla felpa. Non aveva dubbi che Jay, Frances e Vic avrebbero chiesto sue notizie. Il figlio di Vic aveva già conseguito una laurea prestigiosa e, a giudicare dalle e-mail sporadiche di Frances, anche i suoi ragazzi mietevano successi. Così, nel momento in cui le avrebbero domandato di Aaron, lei si era immaginata di mostrarne la foto, lasciando che l'immagine parlasse da sé.

Jonathan si zittì un momento, poi sospirò. «D'accordo, se sei proprio sicura di volerci andare, non fiaterò», promise. «Se mi chiedono di Aaron, risponderò solo che se la cava benissimo».

«E se dico che è a Harvard, non mi contraddirai?», si affrettò ad aggiungere lei.

«Farò finta di non averti sentita».

«Ti ringrazio. E io cercherò di non dirlo in tua presenza».

Lali si concesse un lungo respiro di sollievo, appoggiandosi allo schienale del sedile. Almeno un problema era risolto.

L'altro avrebbe preferito metterlo da parte, ma la sua mente si ostinava a tornarci sopra.

Ci pensava da quella mattina, quando si era scrutata allo specchio, sforzandosi di far sparire le occhiaie scure dal volto.

Aakash.

***

«Questo pomeriggio sarò impegnato fino a tardi», le rammentò Jonathan, sistemandosi la cravatta davanti allo specchio. «Sicura di cavartela, tesoro?»

«Sì», rispose Lali, spazientita. Voleva che uscisse dalla stanza d'albergo. Con lui presente non riusciva a prendere una decisione.

«Era solo una domanda», disse lui, alzando le mani in un gesto difensivo. Poi aggiunse: «Non ti ho ancora detto quanto sei bella oggi».

Lei provò una fitta di rimorso, e si affrettò a giustificare la tenuta elegante: «Non ero sicura di avere il tempo di cambiarmi, e volevo essere in ordine in caso avessimo incontrato un tuo collega».

Jonathan non commentava quasi mai il suo aspetto, perché, come le aveva spiegato subito dopo le nozze, ai suoi occhi lei era sempre bella. Per questo Lali sapeva – ne era certa – che il complimento fosse un tentativo di riconciliazione, come il tè che le aveva offerto quella mattina. Ma non riusciva a tacitare il suo disagio, e ora più che mai desiderava che suo marito andasse al congresso. Aveva bisogno di restare sola per riflettere sul da farsi.

«Ci vediamo dopo, tesoro». La baciò sulle labbra. «Ancora uno». La baciò di nuovo.

Lali aveva inaugurato la tradizione dei tre baci poco dopo il matrimonio, alla prima partenza di Jonathan per un congresso. «È un numero magico», aveva scherzato, e lui l'aveva assecondata. Ora aspettava che lei completasse il rituale.

Si limitò a baciarlo sulla guancia, senza una parola. Lui le lanciò un'occhiata perplessa, poi si strinse nelle spalle. «Allora io vado. A dopo».

Lali controllò l'orologio, poi la sveglia sul comodino tra i due letti. Quasi le undici.

Aveva dato appuntamento ad Aakash alle undici e venti.

«Tipico da parte tua scegliere un numero pari, e un orario tanto strano», aveva commentato lui. «Ci sarò. Il mio segno di riconoscimento saranno il sorriso beato, e una dozzina di rose».

Sedette sul bordo del letto, a guardare i minuti che passavano. Come la notte precedente, trascorsa senza dormire. Ora non sapeva proprio come comportarsi.

Era cominciato tutto in modo così innocente.

«Vic festeggia in grande stile la laurea del figlio al MIT», gli aveva scritto.

«Lasciami indovinare: ha assunto ballerine *ghangra* e farà arrivare dall'India un lungo corteo di brave ragazze *desi* affinché il figlio possa scegliersi una moglie senza la fatica di un viaggio in patria?»

«Ti farò sapere».

«Dunque ci andrai?»

«Non vedo Frances, Jay e Vic da secoli. Posso contare su qualche risata, e su un ottimo *khaana*».

«Anche noi non ci vediamo da secoli».

«Peccato che non abbia invitato anche te!».

«Potrei imbucarmi».

Lali si rendeva perfettamente conto di quanto fosse puerile il tono ammiccante delle loro conversazioni, e sarebbe morta di imbarazzo se qualcuno le avesse lette. E tuttavia continuava imperterrita, con l'avidità di chi non riesce a trattenersi dal mangiare l'ennesimo biscotto.

«Tanta strada solo per una festa?»

«Prima farò tappa a Santa Barbara. Mio marito tiene una conferenza». Di solito evitava di accennare a Jonathan, ma di tanto in tanto infilava qualche dettaglio. Voleva far capire ad Aakash che, malgrado *lui* l'avesse respinta, un altro era stato disposto a offrirle una vita agiata. Santa Barbara era un bel posto, e molti la consideravano una destinazione ideale per una vacanza, per quanto lei l'avesse visitata tante volte da non provare il minimo entusiasmo all'idea di tornarci.

Aakash impiegò un po' a rispondere, e subito lei si pentì di avere fatto riferimento al marito. Nelle loro chat, nessuno dei due accennava alla propria vita privata, proprio come ai tempi della UCLA. Lali sapeva solo che lui non aveva figli, e Aakash era al corrente di Aaron, ma a parte questo si comportavano esattamente come da studenti, nelle caffetterie di Westwood. E adesso lei aveva rovinato tutto. L'aveva fatto arrabbiare?

«Ho controllato. C'è davvero un congresso di medici a Santa Barbara in quel fine settimana. Cosa farai mentre tuo marito è impegnato?».

Lei si preoccupava di avere trasgredito le regole, con un accenno al proprio matrimonio, lui invece aveva verificato il calendario degli eventi in città su Google. Anziché considerarlo invadente, Lali si sentì lusingata.

«Farò un giro nella mia libreria preferita, e poi pranzerò in un magnifico ristorantino thailandese». Una frase così cosmopolita. In India nessuno dei due aveva mai sentito parlare di Santa Barbara, mentre adesso Lali la conosceva come le sue tasche.

«Potrei raggiungerti alla libreria. Sempre che tuo marito non abbia niente in contrario».

Così, una conversazione, cominciata con un sarcasmo a spese di Vic, si era tramutata in un appuntamento galante. Ma con il trascorrere dei giorni, e a mano a mano che quel sabato si avvicinava, Lali si era sentita sempre più combattuta, pur continuando a scrivere ad Aakash come se l'appuntamento fosse una cosa certa.

A sentire lui, non stava nella pelle: «Partirò da San Diego la mattina presto, e verrò direttamente in macchina, quindi al mio arrivo morirò di fame. Un pranzo thailandese mi sembrerà quasi buono quanto il *khaana*».

Quella mattina Lali si era vestita come dando per scontato di scappare fuori dall'albergo appena uscito

Jonathan, per saltare su un taxi e farsi portare senza indugi al Chaucer's Bookstore. Persino la camicetta con i bottoni dorati l'aveva comprata pensando ad Aakash.

Poi, però, la sua corsa verso la libreria si era scontrata con mille ostacoli: il bottone saltato, il tè bollente, il contrattempo in aeroporto. Forse era il destino a volerla intralciare? Era saggio ignorarne i segni?

D'altro canto, dopo quell'umiliazione cocente con gli addetti alla sicurezza, era filato tutto liscio. L'atterraggio a Santa Barbara era stato puntuale, Jonathan aveva accettato di tacere sul conto di Aaron, e se n'era andato poco prima delle undici. Lei si era già scusata con le altre mogli, citando un impegno precedente. Aveva anche una risposta pronta, in caso qualcuno l'avesse vista con Aakash: «Pensa che coincidenza, in una città grande come Santa Barbara, imbattersi proprio in un vecchio amico!».

Le undici e tredici.

Cercò di distrarsi pensando alla festa di quella sera. L'aveva tanto emozionata la prospettiva di rivedere i suoi compagni di università finché Aakash non le aveva proposto il pranzo, e la sua immaginazione aveva preso tutt'altra tangente. Si era domandata che aspetto avesse adesso, e se anche di persona l'avrebbe corteggiata come faceva online. Ora si costrinse a pensare a Frances e Jay. Erano ancora presuntuosi come un tempo? Come avrebbero reagito rivedendola nelle vesti di donna sposata e realizzata? Come lei, e diversamente da Jay e Vic, Frances aveva rinunciato a lavorare nel proprio settore di specializzazione. Gli agenti immobiliari, però, guadagnavano bene, anche nei periodi di crisi. Avrebbe giudicato squalificante il suo impiego di segretaria al college?

Ma non c'era verso, non riusciva a tirare fuori il minimo interesse per la festa.

Guardò l'orologio: le undici e quattordici. Era passato solo un minuto.

Se davvero aveva deciso di non incontrare Aakash, perché si sentiva tanto in colpa?

E di cosa, poi? In fondo era soltanto un pranzo. Non una cenetta romantica, al lume di candela e con calici di vino. Senz'altro anche quel riferimento di Aakash alle rose era una battuta. Il loro sarebbe stato un appuntamento innocente, solo due buoni amici che si ritrovano dopo tanti anni. Niente di diverso dall'incontrare Vic quella sera. Non aveva motivo di non andarci. Si alzò.

Bussarono alla porta.

Jonathan era tornato.

Ecco fatto. Il destino aveva deciso per lei. Non poteva incontrare Aakash con suo marito ancora nei paraggi.

«Vengo», disse, guardandosi già intorno alla ricerca della chiave che lui doveva avere dimenticato.

«Le chiedo scusa», disse la cameriera dell'albergo. «Credevo che la stanza fosse vuota».

«Siamo appena arrivati», disse Lali, sentendo il cuore accelerare i battiti. «Non serve pulire». Lanciò uno sguardo all'orologio.

Le undici e venti, in punto.

Corse all'ascensore e, proprio come un segno del destino, le porte le si spalancarono davanti. Appena uscita dall'albergo, vide accostare un taxi.

I semafori scattavano tutti puntualmente sul verde, ma a mano a mano che l'auto si avvicinava alla libreria, la sicurezza di Lali riprese a vacillare.

«Scendo qui», disse al tassista, a un isolato di distanza dalla destinazione.

«Ma non siamo arrivati», ribatté lui, senza rallentare.

«Qui va benissimo», insistette Lali, allungandogli i soldi.

Immaginò Mary che le consigliava di non andare. All'amica non aveva confidato la sua corrispondenza con Aakash. Non voleva che la giudicasse male.

Pensò al complimento di Jonathan, alla sua sollecitudine nel preoccuparsi che lei non si annoiasse mentre era impegnato. Il loro riavvicinamento l'aveva riempita di affetto e gratitudine, facendole quasi dimenticare che suo marito dedicava ogni minuto libero allo studio e alla sinagoga. In quella situazione ce l'aveva messa lui, con il suo chiodo fisso dell'ebraismo. Quando Jonathan si era rammaricato che Aaron non avesse celebrato il bar mitzvah, aveva anche aggiunto: «Nel suo caso, naturalmente, avrebbe dovuto convertirsi».

«Sempre che tuo marito non abbia niente in contrario», l'aveva punzecchiata Aakash.

Lei non aveva obiettato al tempo che Jonathan passava per conto proprio. Non gli aveva nemmeno mai chiesto se il suo compagno di studi fosse una donna. Per quale motivo lui avrebbe dovuto negarle un pranzo?

Si incamminò verso la libreria, tenendosi sul lato opposto della strada, con lo sguardo fisso alla vetrina.

«Ti aspetto all'interno», le aveva scritto Aakash.

Gli occhiali da sole di Lali avevano lenti graduate, ma lei si era lamentata con l'ottico che a una certa distanza la sua vista restava sfocata. Strizzò gli occhi, ma non riuscì a mettere a fuoco nessun volto dalla carnagione scura.

«Indosserò una camicia madras a scacchi, in onore delle tue origini dell'India meridionale».

Lali abbassò lo sguardo sull'orologio. Le undici e quaranta. Forse, non trovandola, se n'era già andato? La delusione fu così cocente che dovette fermarsi a riprendere fiato. Perché non era arrivata per tempo? Come aveva potuto lasciarsi sfuggire un'occasione simile?

Eppure era strano che lui non l'avesse aspettata. In fondo si era trattato appena di una ventina di minuti.

Ricordò la volta in cui si erano dati appuntamento al cinema. Un incontro con il relatore si era protratto oltre il dovuto, e Lali aveva fatto tutta la strada di corsa, sicura che Aakash sarebbe entrato senza di lei. Invece l'aveva trovato ad aspettarla accanto alla cassa, né arrabbiato, né spazientito. Quando lei si era scusata, era scoppiato a ridere, dicendo di non avere mai dubitato del suo arrivo. Lei aveva provato un sollievo enorme alla sua proposta di entrare e fermarsi per lo spettacolo successivo. «Possiamo vedere il finale, e poi l'inizio», aveva detto.

Impossibile che dopo il viaggio fatto apposta da San Diego avesse rinunciato solo per un piccolo ritardo. Senz'altro capiva anche lui che gli aerei, gli alberghi… e i mariti possono mettersi di traverso.

Forse non era venuto affatto, non ci aveva mai nemmeno pensato. Le avrebbe scritto il sabato successivo, ridendo anche solo all'idea di farsi vedere in giro con una camicia a scacchi… in India era la divisa dei tassisti. E, conoscendolo, era impossibile che fosse uscito tanto in fretta da una libreria. Anzi, si sarebbe perso tra gli scaffali, comprando cataste di volumi. Nel suo appartamento alla UCLA non aveva mai voluto invitarla: diceva che i suoi libri occupavano tutto lo spazio disponibile.

Lali si fermò, mortificata, e realizzò di non aver nient'altro da fare. Tanto valeva entrare nella libreria. In fondo era davvero la sua preferita, almeno su questo non aveva mentito.

Mentre cedeva il passo a un gruppo di persone sulle strisce pedonali notò un uomo in un *khadi kurta* che si affrettava verso il negozio.

Aakash?

Lali non aveva mai provato un batticuore simile in vita sua. Aveva letto da qualche parte che il cuore umano riesce ad accelerare da zero a centocinquanta come una macchina da corsa, ma fino a quel momento non l'aveva mai sperimentato di persona.

L'uomo procedeva sul marciapiede opposto. Cercò di metterlo a fuoco. Non c'era alcun dubbio, era lui. Il *kurta*, i jeans, la borsa di libri a tracolla, una tazza di caffè da asporto nella mano. Con la sola eccezione della bevanda, sembrava lo stesso ragazzo incontrato per la prima volta all'emporio della UCLA tanti anni prima.

Si era tanto preoccupata di quanto Aakash l'avrebbe trovata cambiata da non fermarsi nemmeno un istante a chiedersi se *lui* sarebbe sembrato diverso. Eppure, senza rendersene conto, un'idea se l'era fatta: lo aveva immaginato come una versione più sofisticata del ragazzo che attirava sempre l'attenzione di tutti, perfettamente a suo agio sia in abiti occidentali sia indiani. Quando lui le aveva suggerito un pranzo, lei se l'era automaticamente figurato con un paio di pantaloni eleganti, una polo o una camicia a righe che mettesse in risalto la sua statura, e l'aria rilassata di un uomo appena sceso da un'auto con i sedili in pelle. Aveva dato per scontato che la camicia alla quale aveva fatto riferimento sarebbe stata di marca.

Invece somigliava a uno studente fuori corso, ancora alle prese con la tesi. Un barista che faceva ridere gli avventori con la triste storia del dottorato mai terminato. Non dava affatto l'idea di un dirigente con un grande ufficio d'angolo. Nemmeno di un impiegato, per la verità.

Ripensò ai centocinquanta dollari spesi per la camicetta, ai pantaloni neri, ai chili che si era tanto sforzata di perdere per recuperare il fisico snello e agile della sua giovinezza.

Lui si era buttato addosso i primi stracci a portata di mano. Non si era nemmeno tagliato i capelli o fatto la barba.

Ora era davanti al negozio, stava per entrare. Era in ritardo, eppure era talmente sicuro di trovarla ad aspettarlo da non voltarsi nemmeno a cercarla lungo la strada.

Poi Lali vide la rosa. Un unico fiore, a stelo lungo, con la corolla già un po' avvizzita.

«Il mio segno di riconoscimento sarà una dozzina di rose», le aveva scritto.

Dei fiori non le importava niente, era un gesto occidentale, assurdo per due indiani. Ma quell'unica rosa era offensiva. Aakash non la considerava degna della spesa?

Anni prima, non l'aveva degnata nemmeno di una telefonata, per spiegarsi... «Mi dispiace, Claire è tornata, ci siamo fidanzati».

Si era lasciata incantare già una volta, equivocando il significato di un orsetto di peluche, illudendosi che i loro incontri per un tè o un pranzo fossero il segno di una relazione importante.

Adesso bastava guardarlo per capire che Aakash si

aspettava qualcosa da lei, portando in cambio quell'unica, misera rosa.

«Tuo marito se la prende se ti trattengo tutto il pomeriggio?», le aveva scritto.

Girò sui tacchi, tornando di corsa da dov'era venuta. Il taxi era ancora all'angolo, con il motore acceso.

Quello sì che era un segno del destino.

«Ha dimenticato qualcosa?», le domandò il conducente.

"La mia dignità", avrebbe voluto rispondergli. Invece guardò fuori dal finestrino, e disse: «Ho cambiato idea».

Arrivata all'albergo, si precipitò nell'atrio. Stava per premere il pulsante di chiamata dell'ascensore, quando sentì una voce.

«Lali! Lali!».

Desiderava solo salire a chiudersi in camera. Era sulle spine, ma non poté evitare di voltarsi.

«Ciao, Lisa». Lisa Frost era una cardiologa. Il marito l'aveva lasciata per un'altra. Era dimagrita. Abbracciandola, Lali le sentì spuntare le ossa.

«Vai alla conferenza di Jonathan?»

«Oh, no. Non capirei una parola». Una frase collaudata.

«Non sottovalutarti. Jonathan si vanta sempre della tua intelligenza».

«È lui l'intellettuale in famiglia», obiettò Lali. In circostanze diverse, avrebbe aggiunto un'altra battuta di repertorio: «Non per niente mi ha scelta». Ma ora non aveva tempo per i convenevoli. Voleva salire in camera, chiamare la reception e chiedere di non passare nessuna telefonata. C'era il rischio che Aakash la cercasse in albergo.

«Be', io devo tornare al lavoro», disse Lisa, arricciando il naso. «Peccato non avere l'occasione di vederti a cena».

Arrivò l'ascensore, fortunatamente vuoto. All'interno, Lali restò a fissare con impazienza i numeri che si accendevano sulla pulsantiera, ma la cabina salì senza interruzioni fino all'undicesimo piano.

Jonathan aveva detto a Lisa che sua moglie era intelligente. E si era complimentato con Lali per la sua bellezza.

Grazie a Dio, si era imbattuta in Lisa, non in suo marito. Jonathan le avrebbe letto in faccia che qualcosa non andava, e avrebbe cominciato a tartassarla di domande. Era fatto così. Secondo lui i problemi andavano affrontati subito, non lasciati a macerare.

Come avrebbe reagito se gli avesse raccontato di Aakash?

Di colpo, come un disegno nascosto finalmente decifrato, Lali vide il proprio comportamento con gli occhi di Jonathan.

Nel parlarle delle fidanzate precedenti, lui l'aveva rassicurata: «Furono degli errori. Sei tu l'unica donna giusta per me». Poi, vedendo che l'album di Lali conteneva soltanto scatti di parenti e amici, aveva gettato via tutte le foto delle sue ex. «Così siamo pari», aveva detto.

Lei non gli aveva mai parlato di Aakash. Jonathan non le avrebbe voltato le spalle solo perché non era più vergine, ma lei non voleva che la vedesse in quella veste: una donna piantata in asso dopo un'unica notte. Jonathan aveva un'alta opinione di lei, e Lali non voleva sminuirla.

Anche quel giorno aveva proseguito nella messinscena. E a che scopo? Per incontrare l'uomo che si era preso la sua verginità, e poi le aveva sbattuto la porta in faccia? Che a distanza di sei mesi aveva sposato un'altra, indifferente alla ferita che le aveva inferto?

Si prese la testa tra le mani. Lei stessa non riusciva a spiegarsi perché avesse agito in quel modo.

Aveva incolpato Jonathan del proprio flirt con Aakash, lagnandosi con Mary e con le altre colleghe che suo marito preferiva l'ebraismo alla sua compagnia.

Eppure lui non l'aveva mai intralciata... in niente. Ai primi tempi del matrimonio, malgrado fosse ancora indebitato fino al collo con l'università, non si era opposto al viaggio in India. Aveva persino accondisceso alla sua proposta di battezzare Aaron secondo il rito siriaco, e poi l'aveva consolata quando il sacerdote si era rifiutato di tenere a battesimo il figlio di un ebreo.

E se fosse stata lei a decidere di tornare alla sua chiesa? Come si sarebbe sentita se Jonathan si fosse messo a scrivere a un'altra mentre lei andava a messa? L'avrebbe capito e perdonato, pensando che in fondo si trattava soltanto di e-mail, e di un pranzo?

Si tolse di dosso quella dannata camicetta, i pantaloni, le scarpe lucidate la sera prima, e fece una lunga doccia calda.

Di colpo ricordò un'altra doccia, fatta all'alba, quando Aakash se n'era andato dal suo appartamento. «Sono diventata donna», aveva pensato, strofinandosi energicamente le braccia, le gambe, ogni punto sfiorato da lui.

Al momento non ci aveva trovato niente di strano. La solita doccia prima di coricarsi.

Eppure, dopo la prima volta con Jonathan, era stato tutto diverso. Non era corsa a lavarsi di dosso il suo profumo. Si era addormentata tra le sue braccia, e risvegliata con lui.

La porta di vetro della cabina si era appannata, e Lali chiuse gli occhi. Per tanti anni aveva rimpianto la perdita della verginità, sofferto l'umiliazione dell'abbandono indifferente di Aakash, senza mai fermarsi a riflettere sul perché di quella doccia.

Negli ultimi sei mesi si era divertita a rivivere il passato, ma in realtà aveva cercato soprattutto la conferma di valere qualcosa, la dimostrazione che era stato Aakash a perderci, piantandola in tal modo.

Quel giorno aveva mentito a suo marito, rinunciato a una giornata di shopping e chiacchiere con le altre mogli, e tutto per un uomo che la rispettava così poco da presentarsi in ritardo all'appuntamento.

A un certo punto, camminando sul marciapiede, Aakash era inciampato, e lei gli aveva notato le scarpe. Possibile che avesse riesumato i suoi vecchi *kolhapuri chappal*?

«Portiamo entrambi i *kolhapuri*», le aveva detto al loro primo incontro all'emporio, indicando i tipici sandali a doppia fascia, una al collo del piede e l'altra intorno all'alluce. «Significa che ci accomuna il buon gusto, oppure il fatto di provenire dal nord dell'India».

«Be', il buon gusto posso avercelo», aveva risposto lei. «E a maggior ragione, considerato che in realtà sono nata nell'India meridionale».

Lui aveva riso di gusto, e lei aveva provato un'enorme soddisfazione vedendo che apprezzava la battuta. Tornato serio, lui aveva aggiunto: «Ti sono davvero grato. Parlare con te mi ha riportato in India, e senza la spesa del biglietto».

Pochi mesi dopo il trasloco a San Francisco, Lali aveva buttato via i suoi *kolhapuri*. Faceva troppo freddo per indossarli, e le suole erano consumate.

Lui, invece, non era cambiato nemmeno in quello.

Con Aakash aveva chiuso, e con ogni rimpianto per il passato.

Grazie a Dio non ne aveva parlato con nessuno, nemmeno con Mary. Adesso poteva seppellire quell'episodio, per non dissotterrarlo mai più.

***

Vic era rimasto sveglio quasi tutta la notte a controllare su internet le previsioni del tempo. L'ansia l'aveva attanagliato durante la cena, quando Nandan aveva annunciato una probabilità del cinquanta percento di un temporale.

Al momento, lui l'aveva liquidata senza esitazioni. «Oggi il tempo era bello, c'era il sole», aveva replicato. «E anche domani sarà lo stesso». Ma poi aveva passato la notte a navigare sui siti meteo, alternando ottimismo e sconforto a seconda del responso. I meteorologi erano talmente inaffidabili. A mezzanotte annunciavano una giornata di sole; all'una parlavano di qualche pioggerella mattutina; alle tre, menzionavano temporali sporadici. «Sporadici?». Che razza di previsione era? Quegli idioti non specificavano nemmeno un orario.

Era preoccupato, perché si era incaponito a non ordinare un tendone, malgrado le preghiere di Priya, e il suggerimento prudente del negoziante che gli aveva noleggiato tavoli e sedie. Non era stato per tirchieria, come sosteneva la moglie. Era una questione scientifica. Controllava le previsioni da tre anni, e la settimana dell'11 giugno il tempo era sempre stato soleggiato.

Finalmente, alle quattro del mattino, l'ultima previsione gli aveva risollevato l'umore. I "temporali sporadici" erano spariti dallo schermo, e la probabilità di qualche pioggerella era ridotta al venti percento.

Alle sei, appena aperti gli occhi, Vic corse subito alla finestra. Il cielo era coperto, ma le nubi non erano scure e gonfie. Fiutò l'aria. Stava per fare un sospiro di sollievo, non sentendo odore di pioggia, quando Priya entrò nella stanza, e annunciò: «Sta per diluviare».

«Chi sei tu, per dirlo?», ribattè lui. «La dea della pioggia?»

«Ho appena sentito le previsioni», rispose lei. «Dicono che al cinquanta percento pioverà, quindi faresti meglio a ordinare subito un tendone».

«Significa un cinquanta percento di probabilità che *non* piova. E poi, mica ci azzeccano ogni volta. Guarda fuori. Il cielo è un po' scuro, ma solo perché le nubi coprono ancora il sole».

«E se piove, cosa facciamo?».

Priya vedeva sempre problemi dappertutto, e poi pretendeva che fosse lui a risolverli.

«Te l'ho già detto, non pioverà», urlò Vic.

«Non puoi controllare il tempo, papà», disse Nikhil, affacciandosi alla porta. «Mamma ha ragione. Pioverà, e visto che hai invitato troppa gente per ospitarla in casa, io consiglierei di annullare la festa».

«Quando vorrò il tuo parere, sarò io a chiedertelo», ribatté secco il padre.

«Potrebbe essere troppo tardi», lo mise in guardia Nikhil, e si dileguò senza dargli il tempo di replicare.

«Tu fai in modo che tuo figlio si vesta in modo decente e sia pronto ad accogliere gli ospiti», disse Vic a Priya. «Al resto ci penso io».

Sottintendeva che *lei* non aveva mosso un dito per la festa, e adesso non era il momento di caricarlo di ulteriori preoccupazioni. Aveva organizzato tutto lui, dall'elenco degli invitati alla scelta del biglietto di invito fino al fatto di ordinare una torta che bastasse per centocinquanta persone. Sbrigati tanti dettagli, il resto era tutto in discesa. Non restava che far collimare le varie tessere del mosaico. Il cugino di Priya, Rajesh, si era offerto di arrivare prima, per dare una mano, ma Vic aveva risposto che era come realizzare un pacchetto di software: il difficile era progettare il programma, dopodiché si trattava solo di farlo girare.

Aveva anticipato alle nove l'orario della domestica, Flora, chiedendole anche di portarsi due amiche. Da sola impiegava una giornata intera a rassettare la casa, e Vic voleva che fosse tutto pronto entro le tre. Flora lavorava da loro fin dalla nascita di Nandan, prima in veste di tata e in seguito, quando il bambino aveva cominciato l'asilo, come donna delle pulizie. Conosceva casa e famiglia a menadito, non c'era bisogno di spiegarle niente.

Quando si presentò alla porta, alle nove in punto, Vic le disse soltanto: «Assicurati che sia tutto assolutamente tirato a lucido».

Un'ora dopo un grosso camion varcò il cancello. Erano arrivati tavoli e sedie. Vic si sfregò le mani. "Si aprivano le danze", come dicevano i suoi compagni alla UCLA.

Aveva partecipato alla sua prima festa una settimana dopo l'arrivo a Los Angeles, invitato da uno studente conosciuto da poco. L'appartamento era condiviso da cinque coinquilini, e l'andirivieni di ragazzi e ragazze era proseguito tutta la notte. Vic non aveva mai visto tanto ben di dio, nemmeno all'ITT. C'erano vino, sigarette, cibo, musica, e qualcuno aveva persino portato un fusto di birra. All'epoca lui non beveva alcolici, e quella sera si era limitato a fare da spettatore. Le coppie si baciavano senza ritegno, si imboccavano a vicenda, ballavano allacciate.

In seguito, Jay lo aveva invitato a parecchie altre feste, e Vic trovava divertente che Frances gli rammentasse sempre di portare qualcosa. In una occasione gli aveva persino consigliato un negozio dove trovare vino a buon mercato. Lui sapeva anche da solo che era previsto un contributo, e di solito puntava sulle patatine, le noccioline, vari snack, ma ai promemoria di Frances non aveva mai sollevato obiezioni: preferiva lasciarle l'illusione di essere l'unica esperta di usanze americane.

A quella prima festa, si era domandato se in futuro avrebbe mai avuto occasione di organizzarne una lui stesso, e la possibilità di essere altrettanto generoso nell'offrire cibo e alcolici. Adesso poteva farlo: era abbastanza ricco da invitare chiunque, e dare un autentico banchetto.

Per il momento era andato tutto secondo i piani. Vic si precipitò in cucina per ricordare a Flora che i tavoli e le sedie andavano puliti, una volta scaricati dal camion. Poi corse all'ingresso per indicare agli addetti dove disporli.

«Ehi, ehi, fermi!», gridò agli uomini che stavano già sistemandoli sul prato. «Chi vi ha detto dove metterli?»

«La padrona di casa ci ha dato questo foglio». Un uomo robusto con l'aria di essere il caposquadra allungò a Vic uno schema dettagliato che illustrava la disposizione dei tavoli: quelli rotondi per gli ospiti, quelli lunghi per il buffet.

«Perché questi sono qui?», protestò lui, indicando i tavoli da buffet che presto avrebbero ospitato un trionfo di *pakora*, *samosa*, *biryani*, due tipi di *dal*, quattro contorni di verdure, cetrioli, *papad* e, su insistenza di Priya, pollo *tandoori* e kebab di agnello.

«Noi non mangiamo carne», aveva obiettato lui, sapendo che accennare al prezzo l'avrebbe fatta arrabbiare.

La risposta di Priya lo aveva zittito: «Quando veniamo invitati alle feste altrui, i padroni di casa si accertano sempre di avere piatti vegetariani per noi. Bisogna ricambiare il favore».

L'uomo robusto gli indicò qualcuno alle sue spalle. «Perché non lo chiede a lei?». Voltandosi, Vic vide arrivare sua moglie in un *kurta* al ginocchio, sollevato dalla brezza.

«I tavoli da buffet sono nel posto sbagliato», le disse, incerto se provare irritazione per la sua interferenza o sollievo per il suo aiuto.

«Sono esattamente dove devono stare», ribatté Priya senza scomporsi. «In questo modo due file di invitati si possono servire in contemporanea. Sveltisce la coda e, come dici sempre anche tu per i programmi informatici, più veloce è meglio».

«Sta per piovere», disse l'uomo. «Avete delle cerate per coprire i tavoli?»

«Non pioverà», lo contraddisse Vic, e in quel preciso istante i primi goccioloni cominciarono a schizzare sui tavoli.

«Grazie a Dio sono di plastica», commentò Priya,

mentre tutti correvano a ripararsi in casa. «Vic, devi prendere i tendoni. Sempre che se ne trovino, senza preavviso. Non voglio passare la serata a preoccuparmi di un temporale. E già così gli invitati si troveranno a camminare sull'erba fradicia».

Vic sospirò. Non aveva dubbi che quello fosse uno scroscio passeggero. Le gocce erano troppo gonfie e rade per durare. Maledì in cuor suo l'idiozia dei meteorologi.

«Voi non avete dei tendoni?», domandò al caposquadra.

«Telefono in sede per chiedere. Ma vi costerà un extra».

«Si informi e basta», ribatté Vic, mentre, proprio come aveva previsto, stava smettendo di piovere. L'aria però restava umida, e lui non si sentiva più così sicuro di riuscire a scampare il rischio del cinquanta percento.

Forse avrebbe dovuto dare retta a Priya e organizzare una cena in albergo. Non era stato per tirchieria se non si era rivolto a uno degli hotel della zona. Voleva che la festa per suo figlio fosse davvero speciale, non l'ennesimo bailamme in un grande salone anonimo. Aveva partecipato a tanti ricevimenti, congressi, cene: tutti così simili che si confondevano nella sua memoria. Stessa moquette anonima, stesse stanze impersonali, stesso cibo insapore. Questa volta avrebbe accolto gli amici in casa propria, non in una sala affittata e destinata a ospitare tutt'altra gente il giorno dopo. In futuro, voleva poter guardare dalla finestra e ricordare la disposizione delle sedie, i gruppi di persone che conversavano, i fiori viola dell'albero di iacaranda, il profumo delle rose piantate da Priya quando avevano acquistato la casa.

«Possiamo montare noi il tendone», annunciò infine l'uomo. Un'ora dopo, Vic guardò fuori e vide un enorme telone bianco che sventolava dai sostegni.

Alle tre, gli addetti accesero le stufette a fungo. Era quasi tutto pronto. Nikhil era tornato dalla palestra, e Nandan stava esaminando i vari fusti di bevande gassate allineati da Flora ai bordi del prato.

«Attento a non macchiarti i vestiti», disse Vic al figlio minore.

Nandan era sempre così distratto. Aveva perso dozzine di giacche, dimenticandole a scuola, e una volta, da piccolo, aveva pagato un gelato con una banconota da venti dollari, dichiarando in tono magnanimo al gelataio di tenere il resto. Vic gli aveva fatto paternali per giorni di fila, finché Priya l'aveva implorato di smettere. Secondo lei, Nandan aveva capito il suo errore, e non l'avrebbe ripetuto. Vic voleva offrire ai figli tutti i privilegi di cui lui non aveva mai goduto, ma non che si comportassero come ragià in miniatura. Dovevano imparare il valore del denaro.

«Papà, non sono più un bambino. Non mi tiro le bibite addosso», disse Nandan, bevendo una Sprite. Vic stava per rammentargli la quantità di camicie rovinate irrimediabilmente, ma decise di soprassedere.

La festa era per Nikhil. Era lui il protagonista quel giorno. Il primogenito avrebbe indossato il completo comprato poche settimane prima per la laurea. A quella cerimonia, Vic si era sentito scoppiare d'orgoglio mentre scambiava strette di mano con gli altri genitori, molti dei quali indiani. I padri indiani si gloriavano del voto di laurea dei propri figli, e dei posti di lavoro già assicurati. Vic era rimasto a sentire, in silenzio. A loro non aveva detto di avere procurato a suo figlio non soltanto un lavoro, ma un'azienda intera.

Ispezionò ogni stanza della casa. Era la più grande del quartiere. Priya ne avrebbe preferita una meno imponente, e più vicina all'oceano, ma lui ricordava la residenza immensa del *seth*, l'ammirazione e l'invidia che suscitava nel villaggio. Sapeva che molti americani lo avrebbero accolto a braccia aperte, essendo loro stessi discendenti di immigrati, ma altrettanti lo consideravano un intruso. Per guadagnarsi il loro rispetto, serviva una dimostrazione plateale. In ogni fase della sua esistenza, Vic si era sentito un estraneo, sempre costretto a ricorrere a un espediente per farsi accettare. All'ITT aveva fatto leva sull'intelligenza; in America, dove il lusso contava quanto in India, una grande villa era un segno comprensibile a chiunque, una prova lampante di ricchezza. E, proprio come nel suo Paese natale, essere ricco equivaleva a una posizione sociale rispettata.

La villa aveva cinque bagni e quattro camere da letto. In sala da pranzo potevano sedere comodamente venticinque persone, come anche nel salone, e in entrambi c'era un caminetto rimasto inutilizzato. Priya diceva sempre che la casa era troppo grande per la loro famiglia, e si lagnava della distanza tra la loro camera e quelle dei bambini, ma persino lei aveva dovuto ammettere che il giardino era magnifico. Le piacevano soprattutto gli alberi di mele. Durante la sua infanzia in India, quei frutti avevano un costo proibitivo, ed erano considerati una prelibatezza occidentale. Adesso poteva mangiarne quante ne voleva, e si era anche inventata una ricetta per il *chutney* alle mele, denso e delizioso.

Flora aveva pulito tutto a puntino, i mobili brillavano. Aveva lasciato nuovi rotoli di carta igienica in ogni bagno, e bollito dell'acqua con dentro la cannella per profumare gli ambienti. Poi, insieme a Priya, aveva steso tovaglie colorate e disposto vasi di fiori su ogni tavolo.

Agli occhi di Vic, i fiori erano superflui quanto la carta da regalo. «Alla gente interessa solo l'alcol, il cibo e la compagnia», aveva detto alla moglie, ma lei aveva scosso la testa, accusandolo come sempre di tirchieria.

«Tirchio, io?», aveva protestato lui, sbalordito. «Lo sai quanto mi costa, questa festa?»

«L'idea è stata tua, adesso devi fare le cose come si deve».

L'unica cosa sulla quale non aveva davvero lesinato era l'alcol. I motociclisti francesi gli avevano domandato se era uno di quegli indiani che non ne servivano a casa propria. Lui era scoppiato a ridere, spiegando loro che a tutti gli indiani piace bere, e che i suoi connazionali sarebbero rimasti molto delusi se non avessero trovato un open bar.

«Ci saranno due banconi, con quattro baristi», aveva puntualizzato, e quelli lo avevano ringraziato con un brindisi.

«L'alcol scorrerà a fiumi, e noi saremo pronti a navigarli», avevano promesso, e per un istante lui si era pentito di averli inclusi. Ma avevano posticipato la gita a Las Vegas per permettergli di partecipare, e non facevano che chiedere informazioni sulla festa, tanto che si era sentito in dovere di invitarli, convinto che avrebbero declinato. Invece avevano risposto unanimi: «Verremo senz'altro. E promettiamo di non raccontare a tua moglie niente di imbarazzante sul tuo conto».

I baristi stavano organizzando le loro postazioni, e Vic notò con soddisfazione che avevano seguito le sue istruzioni, portandosi appresso un ampio rifornimento.

Adesso restava da preoccuparsi del catering. Quel pensiero lo aveva tormentato dal momento in cui si era rivolto a Kumar, proprietario di un ristorante indiano della zona. Conoscendo bene la mentalità dei connazionali, e la tradizionale trascuratezza nel rispettare orari e ordinazioni, Vic gli aveva subito parlato chiaro: «Qui non siamo in India, quindi esigo che mi consegni esattamente ciò che ti ho chiesto. E con assoluta puntualità».

Ciò nonostante, la prudenza non era mai troppa, e alle quattro gli telefonò. Tre squilli, quattro... cominciava a temere che Kumar avesse dimenticato la data, quando finalmente il ristoratore rispose.

«Certo, signor Jha, stiamo arrivando. Saremo da lei entro le cinque e mezza».

Per precauzione, Vic aveva fissato la consegna alle cinque, malgrado la festa non dovesse cominciare prima delle sei. Quando sentì Kumar variare l'orario, e annunciare un ritardo di mezz'ora senza uno straccio di scuse, Vic rischiò di perdere le staffe.

«Se non vi vedo alle cinque e mezza in punto, non scucirò nemmeno un paisa».

«Non si preoccupi, signor Jha, ci saremo. E in America non si usano i paisa». Gli era sfuggita una risatina, tra il divertito e il servile.

«E mi raccomando, le pietanze devono essere ustionanti».

«Ma, signor Jha, mi aveva detto lei stesso di non esagerare con le spezie. Aveva specificato che molti ospiti sono stranieri, e persino parecchi dei nostri connazionali vivono qui da tanto tempo da non essere più abituati ai cibi piccanti».

«Mi riferivo alla temperatura, razza di...». Si era morso la lingua appena in tempo, per non coprirlo di insulti. Con la crisi economica, Kumar non poteva permettersi di perdere un cliente, ma nemmeno Vic di mandare all'aria la cena. Poteva solo augurarsi che il ristoratore non avesse riempito ogni portata con la solita valanga di peperoncino. L'equilibrio era delicato. Alcuni americani tolleravano le pietanze piccanti, ma non tutti. E poi bisognava tener conto di gente come Lali, sposata da decenni con uno yankee, e senz'altro ormai abituata ai sapori occidentali. Gli indiani in generale preferivano mangiare secondo le abitudini che avevano appreso, e tuttavia alcuni si sarebbero lagnati di un menu poco caratteristico. D'altra parte, gli americani davano per scontato che la cucina indiana fosse sempre piccante, e proprio per questo immangiabile.

Dopo aver riattaccato, Vic poté finalmente sfogarsi: «Razza di un imbecille!».

«Kumar non arriva?», domandò Priya, subito allarmata.

«Ma certo che arriva. Fa soltanto il prezioso».

«Purché consegni per tempo, e il cibo sia saporito».

«Esco per un ultimo sopralluogo prima di vestirmi».

Il cielo era grigio e, malgrado si sentissero tuoni in lontananza, non aveva più piovuto dopo quelle quattro gocce mattutine. Vic ci aveva azzeccato, dopotutto.

Passeggiò sul prato, che ora appariva più piccolo, pieno di mobili e stufette. Le tovaglie colorate e i fiori si addicevano all'ambiente, aggiungendo un tocco raffinato e nel contempo accogliente. Rientrò di corsa per complimentarsi con Priya della trovata, ma in bagno non la trovò. Di solito lei impiegava un tempo infinito a prepararsi, a pettinarsi i lunghi capelli e impiastricciarsi la faccia con il trucco.

Vic si guardò intorno in cerca dello *sherwani* che aveva deciso di indossare. Sua moglie gli lasciava sempre l'abito prescelto appeso all'anta dell'armadio. Le scarpe *mojari* erano ancora nella scatola.

Aveva riflettuto attentamente non soltanto sulla festa, ma anche sul proprio abbigliamento. Doveva vestirsi all'occidentale? Giacca e cravatta le metteva già tutti i giorni per andare al lavoro, e voleva sottolineare l'annuncio dell'ingresso di suo figlio in azienda con qualcosa di speciale. Per tutta la vita, suo padre non aveva indossato altro che *dhoti* di cotone, salvo uno di seta per le proprie nozze, preso in prestito. Vic aveva regalato tutti i suoi al fratello minore prima di partire per l'ITT, e non intendeva certo tornare indietro adesso: mai e poi mai si sarebbe presentato fasciato in quella specie di pannolino. Gandhi poteva permettersi la figuraccia, lui no.

Poi gli era tornato in mente il braccio destro di Gandhi, Nehru, il primo ministro che era l'idolo di sua madre, nonché colui che aveva lanciato in occidente la moda delle giacche all'indiana, e aveva deciso di emularne lo stile. Ma una ricerca online gli aveva rivelato che quelle casacche andavano cucite su misura. Lo *sherwani* – un *kurta* lungo fino alle ginocchia e sontuosamente ricamato, da portare sopra pantaloni larghi – non richiedeva l'intervento di un sarto. E se ne trovavano di ogni foggia. Ne scelse uno con il colletto alla Nehru. In fondo alla pagina del sito, notò che molte persone lo accompagnavano con le scarpe *mojari*. Erano anni che Vic non indossava quelle calzature a punta, simili alle babbucce di Aladino. Persino in India erano riservate alle occasioni speciali, e in passato erano appannaggio delle teste coronate. Lui non ne aveva mai possedute: il suo villaggio distava anni luce dal Rajasthan. Il sito web ne offriva un intero assortimento, e a lui piaceva l'idea che fossero fatte a mano. Sarebbero state alla perfezione con il completo, ed erano adatte anche alla stagione estiva. Ne aveva ordinato un paio bianche, in tinta con i pantaloni, e un altro blu, per fare da pendant allo *sherwani*.

Le aveva appena infilate quando Priya entrò nella stanza.

«Non sei ancora pronta?»

«Stavo parlando con Nikhil».

«Deve sbrigarsi. Tra mezz'ora cominceranno ad arrivare gli ospiti per congratularsi con lui».

«No, arriveranno perché tu li hai invitati».

Vic restò basito. Di solito i commenti di sua moglie non erano tanto stupidi e ovvi. Anzi, fin da principio la sua intelligenza lo aveva piacevolmente sorpreso. Tornando in patria per le nozze, non sapeva cosa aspettarsi, o sperare, da una ragazza scelta dai suoi genitori. A quel tempo lei frequentava il secondo anno di college, con un indirizzo in sociologia. Aveva insistito lui stesso perché trovassero una ragazza istruita, contando con questo di prolungare le loro ricerche. Ma poi i suoi gli avevano scritto di Priya e, dato che corrispondeva ai criteri concordati, Vic non aveva potuto sottrarsi.

Al loro primo incontro, lei non aveva mai alzato la testa. Comunque Vic l'aveva già vista in foto, e sapeva che la sua pelle non era butterata o sfigurata dalle imperfezioni. Anzi, sua madre l'aveva definita «passabile», che nel suo codice significava bella. La prima notte gli si era concessa con la dovuta titubanza e docilità, e al mattino, senza farsi notare, lui aveva sbirciato le lenzuola, per accertarsi che fossero macchiate di sangue. Poi era tornato in America, a lavorare come un forsennato. Di tanto in tanto le mandava un biglietto, mentre lei gli scriveva puntualmente, ogni settimana. Il suo inglese era ancora incerto, ma in fondo corretto, e le missive erano piene di racconti sui suoi studi. Stava cominciando il terzo anno quando era arrivato il visto, e Vic le aveva spedito un biglietto aereo. A Priya era dispiaciuto interrompere gli studi: evidentemente non era di quelle ragazze che consideravano il college un parcheggio in attesa di trovare marito. Lei ci teneva sul serio.

Non aveva temuto di viaggiare da sola, e lui aveva risparmiato volentieri il denaro di un secondo biglietto aereo, per non parlare del tempo che avrebbe sprecato andandola a prendere. Al suo arrivo si era dimostrata taciturna, ma dopotutto era naturale che impiegasse un po' per abituarsi a vivere lontano dai genitori, in un posto visto solo nei film hindi girati all'estero. Le piaceva guardare la televisione, e trascorreva ore nel reparto ortofrutta del supermercato. Poi era rimasta incinta, e Vic aveva avuto l'impressione che con la maternità avesse di colpo ritrovato la parola. E in inglese, per giunta. Aveva preso la patente, e faceva un mucchio di domande alle altre madri. Si era informata del nido, un'istituzione della quale lui era perfettamente all'oscuro, e al terzo compleanno di Nikhil gli aveva organizzato una festa con tanto di sorpresine per ogni bambino invitato. Aveva anche cominciato a fare la spesa al mercato. Appena scoperto dove trovare verdure davvero fresche, i suoi pasti si erano tramutati in banchetti.

La sua capacità di adattamento lo aveva sollevato dall'incombenza di accorrere in suo aiuto per ogni inezia. Molte mogli indiane non si azzardavano a guidare sulle autostrade californiane, e i mariti si vedevano costretti al doppio lavoro: uno per mantenerle, l'altro per fargli da chauffeur.

Adesso, però, l'autonomia di Priya gli stava dando sui nervi. Aveva accondisceso alla festa di malagrazia, mentre lui si aspettava, anzi esigeva, che lei sorridesse e gli offrisse un sostegno.

«Infatti, li ho invitati io. Quindi preparati, prima che arrivino».

«Ho informato Nikhil dei tuoi progetti per lui. Non vuole lavorare per la tua società».

Provò l'impulso di zittirla con uno schiaffo, come faceva Pitaji quanto Mataji si ribellava alla sua autorità. Ma da bambino il comportamento del padre l'aveva stomacato, e aveva giurato a se stesso di non seguirne le orme. Senza contare che in America rischiavi la galera.

«Come hai osato rovinarmi la sorpresa?». Gli tremava la voce per la rabbia.

«Hai sentito quello che ho detto? A Nikhil non interessa lavorare nell'informatica».

«Sarà assunto dalla VikRAM Computers, e questo è quanto».

«No. Nikhil dice che vuole studiare da chef. Se non gli dai il permesso, né lui, né io parteciperemo alla festa».

«Nikhil!», ruggì Vic.

«*Aree*, perché urli il giorno della festa?». Rajesh era comparso sulla porta, reggendo un grosso pacco regalo. «Dov'è il neo-laureato? Non riesco a trovarlo».

«Aspettalo al piano di sotto», gli ordinò Vic, tornando a chiamare il figlio a gran voce.

La testa di Nikhil fece capolino dalla porta della sua stanza.

«Ah, eccoti qui», lo accolse Rajesh. «Guarda cosa ti ho portato».

«Zio Rajesh, non avresti dovuto disturbarti».

«Lo so, ma ci tenevo lo stesso. Non è né grande, né piccolo. Non sei curioso di vedere cos'è?»

«I regali si aprono dopo», dichiarò Vic, categorico. «Rajesh, adesso abbiamo da fare».

«Ma sono appena le cinque e mezza, e si sa che noi indiani non siamo mai puntuali. Prima c'era troppo trambusto, ma adesso senz'altro Nikhil ha cinque minuti a disposizione per aprire il regalo che gli ha portato suo zio».

Nikhil scartò la confezione, e poi esclamò: «Un wok! Grazie zio».

«Ti piace? Sono andato apposta fino a Chinatown per trovarlo. Ho detto al negoziante che mio nipote è un bravissimo cuoco...».

Era troppo. «Rajesh, esci subito da questa stanza», sbraitò Vic. «Nikhil, vieni qui. Io e tua madre dobbiamo parlarti».

«Vai, vai, *beta*», disse Rajesh al ragazzo. «Sono sicuro che tuo padre ha una bellissima sorpresa per te. Molto più bella del mio insignificante wok...».

Vic gli chiuse la porta in faccia, e si girò ad affrontare moglie e figlio. «Tua madre dice di averti spiegato il motivo della festa».

«Papà, l'avevo indovinato anche da solo, mamma me ne ha dato solo conferma. Te lo ripeto da sempre: i computer non mi interessano».

«Vuoi passare la vita a fare il servo cucinando per gli altri?»

«Uno chef non si limita a cucinare, inventa nuove ricette».

«Inventare, cucinare». Vic pronunciò le parole come se sputasse del veleno. «Si tratta comunque di stare in cucina, come una donna».

«E cosa c'è di male a essere una donna?», si inalberò Priya. «Non dimenticare che ne hai sposata una, e sei al mondo perché un'altra ti ha partorito».

A una scemenza simile, Vic non si degnò nemmeno di rispondere. Continuò a rivolgersi a Nikhil. «Se non lavori per la società, a che serviva la tua laurea?»

«Ad accontentare te. Ma ti avevo avvisato che volevo vivere la mia vita, non quella che hai pianificato tu per me».

A quella frase, Vic si insospettì: «Pensi di tornare in India?»

«Forse. Non ne sono sicuro. Per prima cosa voglio studiare cucina in Francia e in Italia».

«E tutto questo l'avresti deciso senza nemmeno consultarmi?»

«Papà, l'hai sempre saputo. È ciò che voglio fin dalle medie».

«Se ti ostini, e te ne vai a seguire degli stupidi corsi di cucina, io non scucirò nemmeno un paisa. Dovrai cavartela da solo».

«I soldi non mi preoccupano», rispose Nikhil. «Speravo solo di avere la tua comprensione».

«Comprensione? E cosa c'è da capire? Con una laurea al MIT, mio figlio sogna di sbucciare patate».

«Vic, tu hai seguito le tue aspirazioni», disse Priya. «Devi dare anche a lui la stessa opportunità».

«Le mie erano sensate!», strillò lui. «Ti sei lasciata influenzare dalla televisione e dalle tue amiche di qui. Questa è una casa indiana, non una stupida famiglia americana dove i genitori non hanno voce in capitolo e i figli fanno come vogliono loro».

«Nikhil ti ha obbedito in tutto», gli rammentò Priya, con voce salda. «Ha studiato informatica per quattro anni, e si è laureato con il massimo dei voti, malgrado non gli piacesse affatto. Adesso sta a te decidere: puoi permettergli di realizzare finalmente il suo sogno, oppure accogliere gli ospiti da solo».

«Quindi anche Nandan si è schierato dalla tua parte?»

«Qui non ci sono schieramenti», dichiarò Priya. «E adesso calmati, o ti farai venire un infarto».

«Meglio così. Se muoio, sarete tutti più contenti».

«Vic, io vado a prepararmi», tagliò corto lei. «Ma mi serve una risposta, prima di scendere».

«Vale anche per me, papà», disse Nikhil, tornando in camera sua.

Vic si sedette sul bordo del letto, abbassando lo sguardo sulle scarpe acquistate con tanta trepidazione. Erano strette e gli facevano male. Aveva preparato ogni dettaglio in modo così meticoloso e stava andando tutto a catafascio.

Era furibondo con Priya. Non soltanto gli si era messa contro, ma aveva avuto la sfrontatezza di ricattarlo.

«È tutto risolto?», domandò Rajesh, comparendo alla porta.

Era al corrente? Per questo aveva regalato a Nikhil quel ridicolo tegame? Pensò alla chiave dell'ufficio, riposta in una scatolina da gioielliere. In India era tradizione regalare un oggetto d'oro nelle ricorrenze importanti. Per le nozze di suo fratello, Vic aveva comprato un collier alla cognata, e appena un anno prima aveva fatto lo stesso per le due nipoti, pur non potendo partecipare al ricevimento.

Nikhil avrebbe dato per scontato che la scatola contenesse una catenina o un anello.

L'aveva tenuta pronta, in una tasca dello *sherwani*. Aveva sognato il momento in cui avrebbe chiesto il silenzio dei presenti. Dopodiché – invece di annoiare tutti come i suoi amici indiani che al diploma dei figli si imbarcavano in un riepilogo interminabile della loro vita, dalla culla al college – lui si sarebbe limitato ad aprire la scatolina, consegnando la chiave a Nikhil. Era quella dell'ufficio accanto al suo. Sul tavolo laterale aveva già messo una statua di Ganesh, e stampato i biglietti da visita con il nome di suo figlio. Ne aveva infilato uno proprio sotto la chiave.

I motociclisti gli avevano chiesto cosa avesse comprato al ragazzo.

«Il mio regalo l'ha già ricevuto», aveva risposto Vic, non volendo rivelare il suo piano per timore che alla festa alzassero il gomito e gli rovinassero la sorpresa parlando a sproposito. «Gli ho dato un'istruzione. Quasi tutti i suoi compagni di studi hanno dovuto indebitarsi per pagare la retta». In questo, Nikhil era come lui. Anche Vic era uscito dalla UCLA senza debiti.

Adesso non aveva niente da regalare a suo figlio.

Sentiva in tasca la sagoma della scatolina. Stava per lasciarla in camera quando gli venne in mente la soluzione perfetta. Avrebbe lasciato credere a Priya di avere ceduto al ricatto. Alla festa, però, avrebbe agito esattamente secondo i piani e consegnato la chiave a Nikhil. Né la moglie, né il figlio avrebbero osato contraddirlo davanti agli invitati. Sarebbe stato uno scandalo, un disonore. Ma non voleva mentirle apertamente. Sua madre gli aveva sempre detto che le bugie si pagano, e non era il caso di sfidare la sorte proprio quel giorno.

Si tenne sul vago: «Ti aspetto di sotto».

«Vic, significa che non costringerai Nikhil a lavorare per la VikRAM Computers?».

Lo conosceva troppo bene. «Ti ho detto che...». Lo interruppe il rombo delle moto.

«Sono arrivati i biker», disse.

«Hai invitato anche loro?», domandò Priya. «Perché?»

«Perché no?», ribatté lui. In cuor suo se n'era pentito, ma ora che l'avevano salvato *in extremis* era disposto a perdonare qualsiasi beffa sulla sua vita di ammogliato. «Meglio che vada, prima che Rajesh faccia qualche stupidaggine. Sbrigati a scendere», disse a Priya, e poi aggiunse, sentendosi improvvisamente magnanimo: «Aspettano di conoscerti da molto tempo. Per questo li ho invitati. Ho detto loro che sei la moglie migliore del mondo. Nikhil», chiamò il figlio. «Sono arrivati gli ospiti».

LA FESTA

«Non sono i tuoi amici motociclisti», disse Priya, guardando dalla finestra. «È uno degli aiutanti di Kumar. Avevano dimenticato di consegnare il *chutney* alla menta, e ho detto loro che non avremmo pagato un centesimo se non lo avessi visto sul tavolo prima dell'inizio della festa».

«Dal rumore pensavo fosse più di una moto», fece Vic, precipitandosi alla finestra per controllare di persona. «Hai ragione tu».

«Quando imparerai che ho sempre ragione?»

«Il giorno in cui ti vestirai per tempo», borbottò lui. «Cioè mai».

«Oh, quanto sei cocciuto. E visto che non devi scendere ad accogliere i tuoi amati motociclisti, puoi aiutarmi con la chiusura della collana». Gli mostrò la grossa catena d'oro che si era regalata per il loro ultimo viaggio in India. Le piaceva comprare un gioiello prima di ogni ritorno in patria, e alle lamentele di Vic rispondeva che agli occhi di amici e parenti indiani i gioielli della moglie dimostravano il successo del marito. «Sono la prova che ti ho portato fortuna». A Vic era tornato in mente suo padre quando accusava la moglie della propria miseria: lui sosteneva di aver fatto la sua parte, sgobbando nei campi, e che lei invece non aveva tenuto fede all'impegno perché non gli aveva portato fortuna.

A Vic aveva sempre dato fastidio armeggiare con i gioielli di Priya – possibile che avesse bisogno di aiuto persino per vestirsi? – e quella sera l'irritazione per l'ennesima richiesta era acuita dalla pretesa, ancora più irragionevole, di far diventare suo figlio un cuoco.

Sentì la pendola in anticamera battere le sei.

«Avanti, sbrigati», la sollecitò, senza nascondere l'esasperazione.

«Perché mi metti fretta?», domandò lei. «Sei tu che la tiri in lungo con la collana. Chiudi il fermaglio e facciamola finita».

«Questi fermagli indiani sono sempre difettosi», protestò lui, scrutando il gancio a S. Bisognava infilarne una punta in un anellino minuscolo, e poi stringere. Era già capitato che Priya ne perdesse una perché non era chiusa come si deve. «Quante volte ti ho detto di fidarti solo dei gioiellieri americani?»

«Ho chiesto di cambiare il fermaglio in due negozi diversi», rispose Priya. «Ma pretendevano di usare oro a diciotto carati».

«E che importanza ha se la collana è di ventidue? Tanto il fermaglio non lo guarda nessuno. Ecco fatto».

«Finalmente», sospirò Priya, e in quell'istante suonò il campanello. «Saranno i motociclisti, o forse i tuoi dipendenti americani».

«Come lo sai?», domandò Vic, guardandosi intorno. Dov'era finito il suo orologio? Lo aveva sfilato poco prima, per evitare che il cinturino si impigliasse tra i capelli di Priya. Il timore che fosse Rajesh ad accogliere i suoi ospiti lo faceva stare sulle spine.

«Perché gli indiani hanno un concetto più flessibile del tempo», rispose Nikhil dalla porta, al posto di sua madre. «Arrivano un'ora dopo, e si credono puntuali».

«Perché non hai messo il completo nuovo?», ribatté Vic, subito distratto dalla vista di suo figlio.

«Come no?», disse lui, indicando i pantaloni, e ignorando sfacciatamente il riferimento di suo padre al *kurta* bianco.

«Tu lo sapevi?», si rivolse Vic a Priya, in tono d'accusa.

«Per me può vestirsi come gli pare», rispose lei. «E poi sta benissimo».

«Vai ad aprire», ordinò lui al figlio. Non c'era tempo di rimediare, e la cosa lo faceva imbestialire. Aveva chiesto a Nikhil di indossare la giacca e la cravatta comprate senza badare a spese per la cerimonia di laurea, e invece del completo elegante e su misura suo figlio si era messo un *kurta* dozzinale, con le maniche talmente lunghe da doverle rimboccare. Aveva sperato di presentare agli ospiti un giovane dirigente, non un indiano in costume tradizionale.

«Devo ancora pettinarmi», rispose Nikhil, mentre il campanello suonava di nuovo. «Mandaci Nandan. È in camera sua a guardare la TV».

«Nandan», urlò Vic. «Scendi ad accogliere gli ospiti».

«Perché io?», rispose Nandan, dalla stanza. «Non è la mia festa. Dillo a Nikhil».

«Stiamo facendo una figuraccia con gli ospiti», borbottò il padre, scrutando dal vetro. «Oh, è solo uno dei baristi. Ehi, tu!», urlò, aprendo la finestra. «Perché perdi tempo a suonare? Entra e basta».

«È chiuso a chiave».

«Dev'essere stato quel cretino di Rajesh. È fissato con i ladri. Che idiota. Rajesh, vai ad aprire la porta! Dov'è finito il mio orologio?»

«Eccolo», disse Priya, consegnandogli il Rolex che il

marito portava al polso dal giorno delle nozze. Lei ne aveva un modello da donna, in platino, mentre il resto dei suoi gioielli era esclusivamente d'oro. Una volta gli aveva chiesto di comprargliene uno d'oro, ma Vic le aveva riposto che quello vecchio funzionava benissimo, e lui non avrebbe buttato denaro al vento solo perché il colore del metallo stonava.

«Scendo prima che quell'idiota di tuo cugino ne combini un'altra delle sue», disse Vic, allacciandosi l'orologio.

«Non dire cattiverie», lo rimproverò Priya. «Rajesh non ti ha mai fatto niente di male».

«Tranne pretendere un impiego per il quale non era minimamente qualificato».

Priya sospirò. «Ancora con quella storia? Se n'è andato dalla VikRAM Computers più di un anno fa, e si è trovato da solo un impiego da assicuratore».

«Rajesh! Hai aperto o no?», barrì di nuovo Vic.

«Sì», disse lui, comparendo sulla porta. «Posso rendermi utile?»

«Per favore, accogli gli ospiti e falli accomodare mentre noi finiamo di prepararci», gli disse Priya.

«Ricevuto!», rispose quello, e scomparve.

«Perché hai incaricato quell'*ullu ke pathay*?», disse Vic, scrollando la testa.

«Credi di insultarlo, definendolo "figlio di un gufo"», replicò Priya, senza scomporsi. «Ma in America il gufo è simbolo di saggezza, quindi sei tu a farci una figura da ignorante».

«Sciocchezze», rispose Vic, con noncuranza.

«Domandalo ai tuoi figli. Lo sanno persino loro, fin dalle elementari. Tu eri troppo impegnato con la tua società per aiutarli con i compiti».

A Vic non piaceva che gli rammentassero i tempi in cui era ossessionato dalla sorte della sua azienda. Dedicava ogni minuto a scervellarsi sulle strategie, in cerca di nuove strade per allargarsi, per battere la concorrenza delle aziende rivali che spuntavano come i funghi. A Priya rispondeva sempre in malo modo quando lei pretendeva che annullasse una riunione per assistere al saggio di fine anno di Nandan, o a una gara di nuoto di Nikhil. Solo ultimamente si era reso conto di quanto avesse perso.

Dalla scuola indiana lui non aveva ricavato altro che botte e libri datati. Aveva sempre creduto di avere dato il massimo ai suoi figli, offrendo loro tante straordinarie opportunità. Appena due estati prima Nandan aveva frequentato un corso di robotica al campeggio estivo, solo perché gli era venuto il pallino dei robot... e perché suo padre poteva pagargli l'iscrizione. Vic la sua parte l'aveva fatta, e non si era sentito in dovere di perdere tempo ad ammirare i lavoretti costruiti dal ragazzo.

La cerimonia di laurea al MIT era stato l'unico appuntamento a prevalere sulla sua fittissima agenda di lavoro. A quella del diploma non aveva potuto partecipare a causa di un viaggio imprevisto. Era stato durante gli anni di università di Nikhil, sentendo altri genitori parlare delle tappe miliari dei propri figli, che Vic si era accorto di non poter contribuire alla conversazione: non per l'abitudine di tacere, ma perché quasi non aveva ricordi della vita da studente di Nikhil. Il poco di cui era al corrente veniva dai racconti di Priya, che la sera gli riferiva di pagelle impeccabili mentre lui scivolava nel dormiveglia, o gli strappava un consenso distratto a qualche campeggio estivo.

Da Boston, Vic aveva fatto ritorno con la misura esatta del divario apertosi tra lui e il figlio fin dal momento della sua nascita. Era uno dei motivi per cui lo voleva al suo fianco in azienda. Aveva visto la confidenza degli altri padri nel rivolgersi ai propri ragazzi, il rapporto di amicizia che li legava. Voleva essere come loro. Non voleva diventare come suo padre. Quando tornava in India, la conversazione con Pitaji si arenava dopo una domanda sulla sua salute, e una sul raccolto.

Era proprio il colmo che Priya gli rinfacciasse quanto si era perso sudando sette camicie per la famiglia, mentre lei si godeva tutti i privilegi, restandosene comodamente a casa e approfittando dei lussi pagati dal lavoro di Vic. Ma non appena Nikhil si sarebbe installato nell'ufficio accanto al suo, lui contava già di proporgli un pranzo fisso una volta alla settimana. E ogni giorno sarebbero usciti di casa insieme per andare in azienda. Era uno dei molti vantaggi di avere suo figlio in squadra.

«Tuo cugino è un inetto, e non cercare di convincermi del contrario», ribatté, tornando sul punto dolente di Rajesh. «Porterà tutti al bancone del bar e, per ogni aperitivo ordinato dagli invitati, lui se ne scolerà due, finché sarà talmente sbronzo da non ricordarsi nemmeno come si chiama».

«Da che pulpito. E quello cos'è?», replicò Priya, indicando il bicchiere vuoto sul comodino.

«Colpa tua e di tuo figlio», disse Vic, puntandole il dito addosso. «Mi preparavo ad accogliere gli ospiti, e all'ultimo minuto siete piombati qui ad accampare pretese assurde. Come pensavi che avrei reagito, facendo buon viso a cattivo gioco?»

«Quale cattivo gioco? Sei titolare di un'azienda di

successo, e te ne vai in giro con i tuoi amici motociclisti, nemmeno fossi un ragazzino», disse Priya. «Io ti chiedo solo di permettere anche a tuo figlio di essere felice».

Vic aprì la bocca per ribattere, ma Priya lo zittì, alzando le mani. «Basta che stasera non bevi troppo. Non voglio che ricapiti...».

«Lo so, lo so», borbottò lui. Non avrebbe mai smesso di tormentarlo con quella multa. Si era fatto in quattro per lei, coprendola di gioielli e sari di seta, e lei non riusciva a perdonargli nemmeno un minuscolo passo falso.

La multa per ubriachezza l'aveva tramutata in un'arpia. Vic aveva sperato che se ne scordasse nel giro di qualche settimana, ma lei aveva continuato a stargli con il fiato sul collo, a torchiarlo. Era stata lei a costringerlo alla reticenza e ai sotterfugi, riducendolo a versarsi la vodka nel bicchiere dell'acqua. Ne aveva sempre tenuto qualche bottiglia nella credenza in sala da pranzo, ma adesso si accertava di averne almeno quattro, così poteva nascondere quella già aperta dietro le altre. A colpo d'occhio, sembravano tutte sigillate, e Priya non avrebbe mai scoperto che lui non aveva affatto smesso di bere.

Non che provasse rimorso. Colpa di sua moglie, che ne aveva fatto un dramma. Le aveva ripetuto mille volte che la multa era stata un caso isolato. Poi era nato l'equivoco. Lui si era impegnato a non ricadere nello stesso errore, salvo per un bicchierino ogni tanto a casa, oppure con i clienti che potevano giudicarlo male se non si univa a un brindisi. Lei aveva interpretato quelle parole come una promessa a smettere di bere, e aveva reagito con un tale sollievo che lui non si era sentito di deluderla. In realtà, l'"errore" al quale si riferiva Vic era la birra ordinata il giorno della multa, invece del solito whisky. I francesi snobbavano la birra americana, ma d'estate non ne disdegnavano una ghiacciata. Quel pomeriggio era caldissimo, e sotto il casco gli era sembrato di soffocare. Così, arrivati a sera, aveva seguito il loro esempio, e aveva ordinato tre medie, una dopo l'altra. Si sentiva perfettamente sobrio. Era stato l'etilometro a fregarlo. Gli era venuto persino il sospetto che si fosse trattato di una punizione del destino per avere contravvenuto alla sua natura.

Priya era andata a prenderlo alla stazione di polizia, e gli aveva fatto una filippica per tutto il tragitto fino a casa. Suo padre si era bevuto il patrimonio di famiglia, e lei non sarebbe rimasta a guardare il marito scendere la stessa china.

«Quando i miei genitori mi cercarono un marito, dissi a mia madre che non m'importava il suo aspetto, o il suo lavoro. Chiesi soltanto che fosse astemio».

Vic ricordava quando l'aveva riportata a casa dall'aeroporto. Lei si era aggirata per l'appartamento in affitto, sfiorando il televisore, la lavastoviglie: cose che fino ad allora aveva visto solo al cinema. L'unica domanda che gli aveva fatto riguardava le bottiglie di liquore nell'armadietto. In America tutti ne tenevano in casa, aveva risposto lui, bevitori e non.

«È come il prato», si era giustificato, indicando dalla finestra il fazzoletto di verde davanti all'ingresso. «Ogni casa ne ha uno, ma non ho mai visto un americano sedersi sull'erba. Vale lo stesso con le bottiglie».

La loro prima lite era stata scatenata dalla bottiglia di Chivas Regal, aperta e già semivuota. Priya si era rifiutata di credere che fosse sempre stata così.

«Non negare l'evidenza», si era inalberata. «Spolvero tutti i giorni, e l'avevo vista con i miei occhi».

In seguito, lui non aveva più nascosto la consuetudine di bere un goccio di whisky ogni sera. Le aveva spiegato che serviva a rilassarsi, e comunque non se ne concedeva mai più di un dito. Ma lentamente il bicchiere erano diventati due, e ultimamente addirittura tre. Nel corso degli anni, lei aveva insistito perché smettesse, ma lui le aveva riso in faccia.

«In questa casa, comando io», aveva decretato. «E se voglio bere, nessuno può impedirmelo».

La multa aveva offerto nuove armi all'arsenale di Priya. Sapendo bene che Vic se ne infischiava del giudizio e dei desideri della moglie, aveva menzionato i suoi dipendenti: come avrebbero reagito, venendolo a sapere? Potevano rifiutarsi di salire in macchina con lui.

«Io non metterei mai la mia vita nelle mani di un ubriaco», aveva sentenziato.

Per non parlare poi della comunità indiana. Vic era membro di molti comitati e associazioni. Con un arresto per ubriachezza, nessuno gli avrebbe più permesso di rappresentarlo. Lei stessa non avrebbe tollerato di venire guardata come la moglie di un alcolista. Aveva preteso che le bottiglie sparissero da casa.

Vic l'aveva lasciata parlare, fino a quella richiesta assurda. A quel punto, le aveva promesso di non prendere mai più una multa.

«È un'esperienza che non intendo ripetere», aveva detto, ed era sincero.

Lei aveva dovuto contraccambiare l'impegno permettendogli di tenere le bottiglie in casa. Sbarazzarsene era come buttare i soldi dalla finestra. Lui avrebbe continuato a bere solo nelle grandi occasioni. Se mai le avesse telefonato un'altra volta dalla stazione di polizia, la autorizzava a farle sparire.

Poco dopo, si era convertito alla vodka. Sentiva la mancanza del Chivas Regal, ma ultimamente aveva cominciato a convincersi che i russi non avessero torto. La vodka aveva i suoi vantaggi, e non soltanto perché poteva passare per acqua. Quando, una sera, ne aveva parlato con i francesi, Pierre l'aveva definita «*eau de vie*»[1], e Vic doveva ammettere che non esisteva niente di meglio per darti la carica.

Restò a guardare il bicchiere vuoto. Lo aveva portato di sopra con sé, quand'era salito a vestirsi.

«Ti preoccupi per niente», disse a Priya, uscendo dalla stanza. «Stasera devo restare lucido, per sovrintendere alla festa. Ho organizzato tutto io, quindi smettila di comportarti come se fosse opera tua».

***

Lali era talmente colma di gratitudine e d'amore per Jonathan da non irritarsi nemmeno quando lui la chiamò fuori dal bagno. Per finire di prepararsi le serviva ancora qualche minuto, ma in quel momento riusciva solo a pensare come suo marito non l'avesse mai sminuita, mai fatta sentire in difetto, così rispose subito: «Arrivo!», richiudendo di scatto il beautycase.

Fino a quel pomeriggio, aveva accettato come dovuta la partecipazione di Jonathan alla festa, senza mettere in conto che lui avesse sacrificato una serata con i colleghi. Poi, di colpo, aveva provato una fitta di rimorso. Gli interventi erano durati più del previsto, costrin-

[1] "Acquavite" (*n.d.t.*).

gendolo a lasciare in anticipo una conferenza alla quale teneva molto. E ciò nonostante, non aveva protestato, limitandosi a cambiarsi d'abito e a comportarsi come se la festa significasse moltissimo anche per lui, tanto da preoccuparsi della puntualità.

«Sei uno splendore, anche stasera», le disse, mentre raggiungevano l'auto. «Vista l'occasione, credevo avresti indossato un sari».

Un tempo adorava vederla in abito tradizionale, ma lei non ne metteva uno da anni. Le bluse le stavano troppo strette, era difficile trovare una sarta capace di riadattarle, e anche il drappeggio era una scocciatura. Così lei li aveva chiusi nella valigia del suo primo viaggio transoceanico, quello del suo arrivo a Los Angeles.

«La signora Feinstein ha deciso di mettersi un vestito». Lali sorrise all'uomo che era riuscito a cambiare il suo cognome, e la sua vita. Ma in quella serata l'unico legame con le sue origini sarebbe stata una pashmina, anche se poteva essere stata realizzata ovunque, visto che non aveva nemmeno un ricamo.

«In passato mi avevi accennato ai tuoi amici», disse Jonathan. «Ma sinceramente non ricordo granché. Visto che stiamo per incontrarli, ti va di rinfrescarmi la memoria?»

«Ora sai come mi sentii io, alla festa per il ventesimo anniversario del tuo diploma», scherzò bonariamente lei, prima di riepilogare i dati salienti sulla "banda dei quattro". «Vic era un membro occasionale», disse. «Le vere star erano Frances e Jay, perché facevano coppia fissa, in quegli anni un comportamento molto audace per degli indiani».

«Quindi io e la moglie di Vic saremo i due intrusi».

«Tecnicamente, sei tu il vero estraneo», rispose Lali, con franchezza. «Sei l'unico americano».

«Oh, andiamo», protestò Jonathan. «I tuoi amici abitano qui da una vita. Ormai sono americani anche loro».

«Non a una festa indiana», cominciò a spiegare Lali, interrompendosi subito. Si era già dilungata abbastanza sull'aspetto meschino dei suoi connazionali nelle occasioni sociali. Se voleva dare a Jonathan la possibilità di divertirsi, doveva metterne in luce i lati positivi. «Il vantaggio è che ti accoglieranno a braccia aperte per il solo fatto di avermi sposata. E ti avverto, vorranno sapere tutto di te. Ti tempesteranno di domande».

Malgrado i timori di Jonathan sul rischio di tardare e di restare imbottigliati nel traffico, arrivarono a casa di Vic alle sei e un quarto. Come previsto da Lali, gli unici ospiti in giardino erano tutti occidentali.

La sola eccezione era un tale che si presentò come Rajesh, e cominciò subito a fare leva sulla sua parentela con la famiglia per vendere polizze assicurative.

Lali cercò di tagliare corto, ma Jonathan, privo di un adeguato filtro indiano, si lasciò attirare in una conversazione. Rajesh aveva appena cominciato a magnificare «la migliore assicurazione possibile sulla vita» quando, grazie a Dio, Vic fece la sua comparsa, e ordinò al tizio di non importunare i suoi ospiti.

«È cugino di mia moglie», concluse, come se bastasse questo a squalificarlo senz'appello. Vic sembrava felicissimo di vederli, e non la finiva di ringraziarli per essersi sobbarcati il lungo viaggio. Lali non ebbe il cuore di dirgli del congresso a Santa Barbara e, con suo sollievo, nemmeno Jonathan lo disilluse.

«Frances è già arrivata?», domandò lei.

«Non ancora», rispose Vic. «Alla festa per il diploma di Nikhil non si fecero vivi, ma questa volta hanno promesso di venire, e spero non si rimangino la parola».

«Ti sono davvero grata di questo invito», disse Lali. «È la prima occasione per rivederci tutti, dai tempi della UCLA».

«Figurati, è stato un piacere. Ma sarete affamati, dopo tanta strada. Vi prego, venite a mangiare qualcosa», disse lui. «Ho avvertito il catering di non esagerare con le spezie, quindi mi auguro che il cibo sia di tuo gradimento», aggiunse rivolto a Jonathan.

«Sei elegantissimo», si complimentò Lali. Era rimasta piacevolmente sorpresa di non vederlo con uno dei *kurta* trasandati che erano stati la sua uniforme da studente. «Hai persino le scarpe giuste». Portava ancora lenti spesse, ma la montatura gli si addiceva molto più di quella che Lali ricordava dall'università.

«Ho ordinato tutto su internet», disse Vic, schermendosi con un gesto della mano. «Tu sì che stai benissimo. Da ragazza eri troppo magra per i miei gusti, ma adesso ti trovo in gran forma».

Lali rise per nascondere l'imbarazzo. Vic aveva il dono di tramutare in insulto un complimento, senza nemmeno rendersene conto.

«Non sei cambiato affatto, salvo per i capelli bianchi», fece lei.

«In India si dice che dipendano dalla materia grigia, ma qui negli Stati Uniti si attribuiscono alle troppe preoccupazioni».

«Vic, avevi promesso di non parlare di questioni di lavoro, almeno per una sera», disse una donna, unendosi a loro. «Sono Priya, la moglie di Vic. Tu devi essere una dei suoi vecchi amici».

«Non una vecchia amica», la corresse Lali. «Diciamo un'amica dei vecchi tempi».

«In realtà, sei davvero una delle mie più vecchie amiche», insistette Vic. «Anche se, naturalmente, i *tuoi* capelli...».

«Vic, credo che il responsabile del catering ti stia cercando», lo interruppe la moglie.

«È davvero un piacere incontrarti, Priya». Lali era curiosissima di conoscerla, finalmente. Del matrimonio di Vic era stata informata solo dopo il trasferimento a San Francisco da una lettera di Frances. Lui non aveva avvertito nessuno. A cose fatte, aveva invitato a casa Vic e Frances, per presentare la moglie appena arrivata negli Stati Uniti. Lali aveva accolto la notizia con un moto d'invidia. Jay e Frances erano sposati da un pezzo, e adesso anche Vic aveva trovato moglie, evitando le trappole delle relazioni americane. Intanto, a San Francisco, lei era rimasta sola.

Aveva rimpianto spesso di non poter ricorrere alla comoda scappatoia della tradizione. Agli occhi dei suoi colleghi americani, i matrimoni combinati erano un segno di arretratezza, nonché l'esempio più lampante di un'educazione dispotica.

«Che ne sa una madre di quale uomo renderà davvero felice sua figlia?», l'aveva contestata uno di loro. Lei si era stretta nelle spalle. Inutile stare a discutere, la domanda era evidentemente retorica. Ma in India le ragazze non dovevano preoccuparsi di conquistare gli uomini. Erano i genitori a occuparsi di tutto, e le donne single erano una rarità. Quanto a Lali, era ben consapevole che se non avesse commesso quell'imprudenza con Aakash, la sua famiglia le avrebbe trovato per marito un medico o un avvocato, assicurandole un futuro. A Vic avevano trovato una moglie attraente e, a quanto pareva, anche capace di tenere testa a lui e all'America.

«Quindi sei tu la donna che ha sopportato Vic in tutti questi anni», disse Lali, pentendosi subito della propria sfacciataggine. Forse Priya non aveva fatto l'abitudine all'umorismo americano.

«Meriterei una medaglia, glielo dico sempre», scoppiò a ridere lei. «Forse i gioielli che mi regala sono un riconoscimento al valore», aggiunse, scuotendo il polso e facendo tintinnare una dozzina di bracciali.

«Sono magnifici», disse Lali, felice di non avere offeso la padrona di casa, e chinandosi a guardarli meglio. «Non ne avevo mai visti di così originali».

«È una lavorazione tipica del mio villaggio».

«Nella mia regione, il Kerala, nessuno si sognerebbe di fare simili lavorazioni dell'oro, con il risultato che i bracciali sono tutti identici, invariabilmente gialli. Questi inserti neri ai due lati della fascia sono una meraviglia».

«Grazie. Oh, Vic sta cercando di attirare la mia attenzione. Il responsabile del catering deve avere combinato un guaio». Si scusò, affrettandosi a raggiungere il marito.

Lali e Jonathan non conoscevano nessun altro, e l'estraneità degli altri ospiti li fece sentire ancora più uniti. Si avvicinarono ai lunghi tavoli del buffet e, pur riconoscendo facilmente *pakora* e *samora*, Jonathan dichiarò di non avere mai visto un tale assortimento di *chutney*. Lali gli spiegò che quelli verdi erano a base di menta e coriandolo, quelli marroncini al tamarindo, e quelli rossi al pomodoro. Riempirono i piatti, mentre un cameriere versava loro da bere. Quando finalmente sedettero a un tavolo libero, si presero per mano, e Lali si sentì invadere dal calore del vino e della rinnovata intimità con suo marito. Della lite della sera prima, e del silenzio in macchina andando in aeroporto, non le restava quasi nemmeno il ricordo. Persino l'appuntamento con Aakash sembrava lontanissimo.

Si mise in bocca un *pakori* fritto. Adesso poteva infischiarsene della dieta.

«Quando hai detto che Vic avrebbe invitato il mondo intero, parlavi sul serio», commentò Jonathan, scorrendo lo sguardo sulla calca di gente.

«Ti avevo avvertito», gli bisbigliò lei, in tono complice. Alzando gli occhi a cercare Frances, vide arrivare altre macchine che scaricavano i passeggeri per poi allontanarsi a parcheggiare altrove. Gli uomini indossavano completi eleganti, con i gemelli d'oro ai polsini, e molti portavano il Rolex. L'aria era piena di dopobarba. Lali non aveva mai capito l'ossessione indiana per il profumo, ed era felice che l'odore di Jonathan fosse quello della sua pelle, non venisse da un flacone.

Erano secoli che non vedeva tanti sari. Il prato sembrava un arcobaleno, un tripudio di gialli, arancioni e rosa, sfolgorante per via dei riflessi dorati dei ricami degli abiti, dei pendenti, dei grossi bracciali, delle collane appariscenti. Con quel sottofondo di musica hindi e alla brezza tiepida, pareva proprio di stare in India.

Lali si divertiva a notare le reazioni delle invitate, vedendola al fianco di Jonathan. Lei stessa provava curiosità per le poche altre indiane accompagnate da un occidentale. Erano matrimoni di convenienza o d'amore, come nel suo caso? Alcune, dopo averla scrutata da capo a piedi, si fermavano a chiacchierare con lei.

Le domande erano sempre le stesse: «Di quale parte dell'India sei originaria? Da quanto tempo vivi negli Stati Uniti? Hai dei figli?». Nessuno le chiedeva come avesse conosciuto Vic. Evidentemente lo consideravano un dettaglio irrilevante.

Un tale Thomas, più anziano, si fermò a parlare con loro, e quando Lali si presentò, restò un momento a riflettere sul suo nome, guardandola in viso. Poi dichiarò: «Lei viene dal Kerala».

«Sono cresciuta a Cochin», confermò.

«E porta una croce a bracci obliqui, quindi appartiene alla chiesa ortodossa siriaca».

«Me la regalò mio padre per il mio sedicesimo compleanno», spiegò Lali. Non ci aveva mai fatto troppo caso, ma negli Stati Uniti l'oro a ventidue carati suscitava molta ammirazione. Qualcuno le domandava della croce, ma era stato soprattutto Jonathan a trovare curioso ciò che lui stesso aveva definito «il ciondolo a x». La moglie gli aveva spiegato che non si trattava di una lettera dell'alfabeto, ma di un simbolo della fermezza con cui i suoi confratelli si attenevano al proprio credo, anche nelle circostanze più avverse.

Dandole il regalo, suo padre le aveva raccontato una storia. Secoli prima, i gesuiti portoghesi avevano cercato di convertire gli ortodossi siriaci al cattolicesimo. Loro si erano rifiutati, e in venticinquemila si erano legati con una fune a un'antica croce assira, facendo voto di non cedere mai alle pressioni dell'arcivescovo di Goa. La fune aveva piegato l'asse orizzontale della croce, e da allora tutti gli ortodossi del Kerala ne indossavano una simile come simbolo della propria fede. Lei non se la toglieva mai, e si sorprese che la grossa collana di turchesi non l'avesse nascosta.

«E qual è il suo cognome da nubile?», domandò Thomas.

«Chacko».

«Ha detto che la sua famiglia è originaria di Cochin?»

«Da generazioni».

La *tharavad*, o casa ancestrale, risaliva ad appena ottant'anni prima, ma la famiglia Chacko risiedeva nella zona da secoli. Lali aveva tantissimi parenti, cugini di terzo o quarto grado, ai quali da bambina era molto affezionata. Ma da quando era immigrata negli Stati Uniti, quella famiglia sterminata era diventata un costo insostenibile. A ogni ritorno in patria, suo padre pretendeva che portasse un regalo a ciascuno dei parenti, e poi che passasse l'intera vacanza in visita da zii, prozie, e figli dei cugini. Durante una sola estate le erano toccati quattro ricevimenti di nozze consecutivi.

«Un tempo Cochin ospitava una fiorente comunità ebraica. Una delle sinagoghe è visibile ancora oggi. E la radice del cognome "Chacko" è "Giacobbe", a sua volta un nome giudaico. Forse la sua famiglia era ebrea, prima di convertirsi?»

«No». Lali non aveva mai sentito parlare di un possibile collegamento tra ebrei e ortodossi. Suo padre era molto fiero della propria religione, e ne sosteneva la superiorità su tutte le altre in Kerala. E quando, più per nostalgia che per fede, Lali aveva chiesto di battezzare Aaron, il prete si era rifiutato perché Jonathan non apparteneva alla chiesa. Nella sua comunità, la trasmissione era patriarcale, l'opposto di quella matrilineare degli ebrei.

«La sua cucina è kosher», intervenne Jonathan.

Lali scoppiò a ridere. «Tesoro, ti ho già spiegato che

quasi tutti gli indiani cucinano carne e verdura separatamente».

«Delle tradizioni kosher non so molto», disse Thomas, con aria meditabonda. «Ma a Cochin c'era un mercante ebreo, si chiamava Sam Kodar – Kodar, non Kasher – e aveva il negozio di mobili più grande della città. Forse la sua famiglia lo conosce?», domandò a Lali.

«Nessuno nella mia famiglia conosce... conosceva ebrei in città. Probabilmente alla mia nascita erano già emigrati tutti in Israele. Come sa tante cose della storia di Cochin?»

«Io vengo da Kottayam, ma ho lavorato a Cochin per parecchi anni, prima di trasferirmi negli Stati Uniti».

«Crede davvero che la famiglia di Lali possa avere origini ebraiche?», domandò Jonathan.

«Gli ebrei hanno vissuto a Cochin per duemila anni. E so che alcuni si convertirono al cristianesimo. La mia famiglia è cristiana da sempre, ma un cognome come "Chacko" dà da pensare, non crede?»

«Tesoro», esclamò Jonathan, emozionatissimo, «dovremmo indagare. Forse sei ebrea anche tu!». Poi si rivolse a Thomas. «Sa dove mia moglie potrebbe fare delle ricerche?»

«Un modo si trova sempre ma, quanto alla strada da seguire, sinceramente non saprei». Dopo quell'ammissione, Thomas sembrò a corto di argomenti, e poco dopo si alzò per raggiungere un altro gruppo di ospiti.

«Non sperarci troppo», disse Lali a Jonathan.

Thomas sembrava un esperto, ma lei sapeva per esperienza che molti indiani si fingono competenti anche in ambiti che ignorano totalmente. Una volta le era capitato di discutere con un collega *guajarati* di Jonathan, sulle regioni dalle quali si può assistere all'alba boreale. Il medico l'aveva contestata punto su punto, salvo ammettere infine di non sapere granché di quelle parti del mondo.

«Però sarebbe una bella coincidenza», ribatté lui, euforico. «Voglio dire, a me non importa che tu sia cristiana, ma certo non avrei da ridire se scoprissimo che in realtà sei ebrea».

L'entusiasmo di Jonathan era contagioso, e Lali provò un brivido di emozione. Aveva sempre dato per scontato che i suoi antenati si fossero convertiti dall'induismo. Ma chissà, forse Thomas aveva ragione, e il suo primo progenitore, secoli addietro, poteva essere un ebreo che aveva cambiato fede e cognome. Avrebbe telefonato ad *Amma*, per domandarlo a lei. Vista l'età di sua madre, non c'era il rischio di scandalizzarla. Appena un mese prima, lei stessa aveva dichiarato: «Ho vissuto tanto a lungo, e visto cose talmente bizzarre, che non mi sorprendo più di niente». Senz'altro poteva chiederle di indagare a nome suo, per scoprire se la famiglia aveva origini ebraiche. Ormai le figlie erano tutte sposate, e se temeva le ricadute di una notizia simile per i nipoti, poteva semplicemente tenersela per sé.

E quanto a Lali, avere un'origine in comune con suo marito avrebbe ulteriormente rinsaldato il loro matrimonio. Lui ne sarebbe stato felicissimo, Aaron non avrebbe più dovuto convertirsi, e anche lei non si sarebbe più sentita un'estranea in sinagoga. L'avrebbero accolta come un membro del loro popolo, e Lali avrebbe potuto parlare del quartiere ebraico di Cochin, che aveva visitato più volte, in cerca di pezzi di antiquariato. Le sarebbe sembrato di rivivere il primo anno da studentessa alla UCLA, quando si trovava sempre al centro dell'attenzione perché gran parte degli altri ragazzi non aveva mai incontrato un'indiana, e tutti erano affascinati dal suo inglese, dai capelli lunghi, dagli anelli ai piedi.

***

Durante il viaggio in macchina verso Newport Beach, Frances non riusciva a smettere di toccarsi i capelli, e di lanciare occhiate piene d'ansia allo specchietto retrovisore. Il kit dei colpi di sole, che avrebbe dovuto risolvere il problema della tinta, si era rivelato un disastro. Da principio lei si era attenuta rigorosamente alle istruzioni, limitandosi a ciocche molto sottili. Ma mezz'ora dopo era ancora solo a un quarto del procedimento, e il tempo stringeva. Così aveva cercato di accelerare, spalmando il prodotto in modo più uniforme. Sperava di ottenere un effetto luminoso come quello dell'henné che usava in India. Era stato un errore madornale. Una volta asciugati, i capelli sembravano paglia, e i due colori stridevano, il chiaro segnale di una sciattissima tinta fai-da-te.

A quel punto erano già le quattro, troppo tardi per rimediare. Avrebbe voluto nascondere la catastrofe con un cappello, ma a una cena sarebbe stato ancora più ridicolo. Non aveva scelta, doveva presentarsi conciata com'era.

Jay non aveva commentato, ma Sam le aveva subito chiesto: «Cos'è capitato ai tuoi capelli, mamma?».

Lily, sempre leale, aveva dichiarato: «A me piacciono. Li hai schiariti, giusto?».

Frances aveva annuito, sorridendo a denti stretti. La

serena certezza che la sua vita avesse imboccato la svolta giusta si era infranta, lasciandole lo stesso senso di inadeguatezza provato all'arrivo dell'invito.

Le pareva di avanzare nelle sabbie mobili, e ovunque guardasse, a partire dal suo riflesso allo specchio, non vedeva altro che desideri irrealizzati. Pensare a quanto aveva sperato di presentarsi agli amici a testa alta, con la stessa sicurezza provata da ragazza.

La sua vita non somigliava nemmeno lontanamente a quella sognata ai tempi dell'università, e lei non riusciva a scrollarsi il rimpianto del passato, dei giorni in cui, frequentando Vic e Lali, non nutriva alcun dubbio di essere destinata a un futuro più fulgido del loro.

Appena sentito l'accento malayalam di Lali, a quella festa per matricole, aveva indovinato subito che, malgrado gli studi a Bangalore, quella ragazza non aveva le carte in regola per fare strada in America. Era Frances ad avere un nome occidentale, e a maneggiare senza impaccio le posate. L'altra le aveva confidato il suo smarrimento all'atterraggio nella struttura ultramoderna dell'aeroporto di Los Angeles. Frances, al contrario, si era subito sentita a suo agio. Era stato un piacere cogliere parti di conversazioni in inglese, invece della babele di idiomi che risuonava nella lurida stazione ferroviaria di Goa.

Diversamente dalla maggioranza degli indiani, tipicamente poliglotti, Frances aveva ammesso di non essersi mai «presa la briga di imparare il konkani o il marathi», e aveva aggiunto: «In hindi conosco solo le parolacce. Da ragazza davo dell'*harani* a tutti, e il bello era che a Goa nessuno sapeva che significa "bastardo". Credevano parlassi portoghese!».

Quando entrambe si erano rese conto che gli americani non apprezzavano l'uso disinvolto delle parolacce inglesi da parte degli indiani, anche Lali aveva preso l'abitudine di ricorrere alla stessa interiezione dell'amica. Nelle conversazioni tra lei e Frances, erano *harani* il professore che aveva dato loro un brutto voto, l'automobilista che non si era fermato alle strisce pedonali, il commesso della copisteria che le aveva prese in giro perché non sapevano usare la fotocopiatrice. Jay si era adeguato, pur trovando curioso che di tutto il vasto vocabolario hindi, le due ragazze avessero fatto tesoro soltanto di quell'insulto. Vic era stato l'unico a non farsi contagiare.

Poi c'era stata la questione dei vestiti. La povera Lali era atterrata a Los Angeles con una valigia stipata di *salwar kameeze*, sempre spiegazzati per quanto li stirasse, e di sari che richiedevano la tintoria a secco. Frances l'aveva incoraggiata a rinunciare a quelle palandrane lunghe fino alle caviglie, e le aveva rivoluzionato il guardaroba.

Lali indossava un sari alla festa delle matricole, e malgrado molti americani si fossero complimentati con lei per il tessuto e il colore, era stata Frances, in pantaloni e camicetta, ad attirare l'attenzione di Jay.

L'esordio era stato profetico. Lali era arrivata zitella alla laurea, mentre Frances era stata avvantaggiata dalle sue origini portoghesi, l'abitudine di vestirsi all'occidentale e la disinvoltura con la quale si intratteneva con i ragazzi: proprio gli aspetti per cui in India veniva discriminata. Quel sovvertimento di valori le aveva infuso una incrollabile fiducia nel futuro.

Il successo di Jay le era parso ancora più scontato. Fin da piccolo aveva goduto di tutti i privilegi di un indiano di alto lignaggio, cosa che ai suoi occhi lo rendeva un uomo capace di prosperare ovunque, in oriente come in occidente.

Eppure, a dispetto di tutto ciò, lei e Jay non avevano mai avuto abbastanza soldi per organizzare una festa in grande stile, e adesso si sarebbero presentati a un ricevimento altrui a bordo di una Lexus scalcagnata, con la carrozzeria ancora ammaccata dall'incidente nel parcheggio del supermercato. Avevano rinunciato a riverniciarla da un pezzo. Come diceva Jay: «La vernice non fa l'automobile. Conta il motore, e secondo il meccanico, questo resisterà per anni e anni».

Rimpianse il fatto che Jay si fosse tenuto in contatto con Vic. E che lui avesse invitato anche Lali. Frances si era sorpresa di ricevere l'e-mail della sua vecchia amica, e ancora di più della sua entusiastica adesione alla festa. Era curiosa di conoscerne il marito cardiologo, ma persino quell'interesse era avvelenato dalla gelosia. Non le pareva giusto che Lali avesse una vita tanto invidiabile in confronto alla sua.

L'angoscia di quell'incontro si moltiplicava per ciascuno degli invitati. Oltre a fare i conti con i successi dei suoi amici, Frances avrebbe dovuto affrontare chissà quanti altri ospiti, una schiera di medici, avvocati, ingegneri, tutti intenti a rivaleggiare nella competizione tipica degli immigrati.

Jay la definiva una variante del cricket. Anni prima, dopo avere subìto le vanterie di un tizio sulla sua casa enorme, i sedili in pelle della sua auto, e la scuola privata dei figli, il marito ci aveva scherzato su: «Ti lanciano la palla della conversazione. Tu sollevi la mazza, e cerchi di colpirla con tutta la forza che hai in corpo, superando l'avversario in spacconate. Se la tua casa è più grande, la tua auto più potente, allora puoi correre alla base successiva, e aggiudicarti il punto». Lei aveva riso fino alle lacrime. A quei tempi non aveva alcun dubbio che suo marito avrebbe segnato un fuoricampo.

Invece Jay non aveva nulla di cui gloriarsi. I suoi trionfi – le scuole private, il St Stephen's College – appartenevano al passato. Non lavorava per un'azienda di punta e, se gli invitati alla festa avessero scavato più a fondo, avrebbe dovuto confessare di essere stato assunto appena cinque mesi prima. Vista la crisi economica, cambiare impiego con la frequenza di Jay era un chiaro indizio di un dissesto finanziario.

Nemmeno lei aveva niente di invidiabile. Parlare del contratto con gli O'Sullivan, che solo quella mattina l'aveva resa tanto ottimista, avrebbe rammentato a tutti che non aveva terminato il dottorato. In India avrebbe potuto vantarsi della sua professione di agente immobiliare, ma in America sapevano tutti che si trattava di un lavoro subalterno, alla portata di chiunque.

Si voltò a guardare la folta chioma di Jay, la mascella virile che l'aveva conquistata al primo sguardo. Grazie a Dio era ancora bello e, diversamente da tanti uomini indiani, non appariva impacciato in giacca e cravatta. Gli abiti occidentali gli donavano. Era superficiale fermarsi al suo aspetto, Frances ne era ben consapevole. Ma sua madre aveva insegnato a lei e alle sorelle che, a dispetto delle origini modeste, sarebbe bastata qualche attenzione all'acconciatura e all'abbigliamento per farle spiccare in mezzo alla folla. Quell'abitudine inculcata fin dall'infanzia le aveva dato un vantaggio anche sul lavoro. Sapeva quanto contava la prima impressione, nel presentare se stessa quanto una casa. Se i proprietari si rifiutavano di darle carta bianca, lei compensava disponendo vasi di fiori, spostando qualche mobile, suggerendo piccoli aggiustamenti che puntualmente facevano una differenza enorme, e le facevano aggiudicare la vendita. Aveva persuaso i Miller a liberare le stanze dall'arredamento ingombrante, per rendere più ariosi e luminosi gli ambienti e, appena riposti tavolini, cassettiere e credenze in garage, come d'incanto era arrivata la prima offerta. Forse era per questo che l'avevano raccomandata agli O'Sullivan.

Quella sera si trattava di mettere in buona luce la sua famiglia.

Si girò a guardare i tre figli, sul sedile posteriore della Lexus. Lily sembrava una bambola nel suo vestitino bianco, con il nastro di satin rosso tra i capelli, in tinta con le sue scarpette preferite. Frances le aveva mostrato come sedersi, per non sgualcire la gonna, e l'aveva avvertita di non macchiarsi a tavola. Lily era molto orgogliosa del proprio aspetto, si vedeva chiaramente dall'attenzione alla postura, e dal sorriso che le aleggiava sulle labbra dal momento in cui aveva indossato l'abito.

Quanto a Sam, pareva proprio un ometto con la giacca nuova.

«Vai a farti vedere da tuo padre», gli aveva detto Frances, e Jay aveva commentato: «Accidenti, ti manca la ventiquattrore, e sei pronto per andare in ufficio».

Da principio il bambino ci era rimasto male, e non aveva più voluto saperne di quella «pagliacciata» finché Frances non lo aveva convinto che suo padre lo intendeva come un complimento: il completo lo faceva somigliare a un adolescente, e tutti gli adolescenti hanno un lavoro. L'idea di apparire più grande lo aveva riempito d'orgoglio, e persuaso ad accettare la giacca e persino le scarpe di cuoio nero, invece delle solite Nike. Si era addirittura pettinato, scostando la frangia che da anni gli nascondeva mezza faccia. Erano soprattutto i capelli a farlo sembrare più adulto, ma comunque nel complesso stava benissimo.

Frances non aveva dubbi che i due bambini avrebbero incantato chiunque. Se solo Mandy le avesse dato ascolto. Ma la sua primogenita era stata sorda a ogni appello, proprio come adesso, con le orecchie tappate dagli auricolari, le spalle curve, lo sguardo perso fuori dal finestrino, e l'abito storto. Aveva aspettato a vestirsi fino all'ultimo minuto, e poi si era rifiutata di mettere i collant. La strategia di dilazione aveva funzionato, perché a quel punto Frances era già angosciata che il loro ritardo passasse dall'essere chic alla villania. Il rifiuto secco di sua figlia alle calze di nylon l'aveva fatta imbestialire, e stava per mettersi a urlare quando si era resa conto che comunque si trattava di una cena. Dopo il tramonto, nessuno avrebbe notato le gambe nude della ragazza.

Contava sul buio anche per nascondere il suo fiasco con la tinta.

Ormai mancava poco a Newport Beach, e il nervosismo le mozzava il fiato. Jay era così diverso da lei. Per lui si trattava semplicemente di una festa, un'occasione per divertirsi. Era nato ricco, e il senso di superiorità non lo aveva mai abbandonato del tutto, motivo per cui la loro situazione finanziaria non lo preoccupava quanto lei. Per quanto stentassero ad arrivare a fine mese, al ristorante lui non aveva mai remore a ordinare le pietanze più costose e a lasciare mance generose.

Ora stava insegnando a Lily la sua versione della canzone dei Magi *We Three Kings of Orient Are*. Appena salito in macchina, si era messo subito a far festa, e per quanto la irritasse, Frances gli invidiava tanta spensieratezza, anche se le dava sui nervi.

Jay sapeva che la moglie non aveva più voglia di andare alla festa, sapeva che era agitata da come teneva rigido il collo, eppure non c'era niente che potesse dire capace di farla sentire meglio. Era sempre nervosa prima di un party.

Quel giorno il disastro della tinta aveva acuito la sua ansia. Conoscendola bene, Jay aveva evitato di proposito l'argomento del suo "grattacapo". Allo stesso tempo, però, non voleva che l'angoscia della madre mettesse di malumore i figli. Non capitava spesso di uscire tutti insieme. Tanto valeva approfittarne. Stava per inaugurare il tradizionale gioco di famiglia nei viaggi in macchina – prima avrebbe annunciato: «Vado a una cena, e mi porto un'alce», poi sarebbe toccato a Lily inventarsi qualcosa con la B, e così via – quando aveva notato l'adesivo sul paraurti della macchina di fronte: *All You Need is Love*.

Come tutti i suoi connazionali, anche lui da ragazzo era stato un fan dei Fab Four. Li aveva scoperti a dieci anni, e quell'estate si era impegnato a impararne a memoria tutte le canzoni. Ma i dischi non si trovavano da nessuna parte, nemmeno a Nuova Delhi o a Bombay. Aveva dovuto affidarsi all'unica stazione radio in inglese. Trasmetteva dallo Sri Lanka, l'antica Ceylon, e il DJ sprecava metà del tempo a elencare i nomi delle persone che avevano richiesto il pezzo: «Manisha Dasgupta dedica *Strawberry Fields* a nonni, mamma e papà, a suo fratello Satish, alla sorella Usha, e alla sua amica del cuore, Madhuri Chatterjee». Quando finalmente arrivava la canzone, le interferenze distorcevano i testi.

Decifrare le parole di *Michelle* era stato un vero incubo. Ogni volta Jay alzava il volume al massimo, e ascoltava con la massima concentrazione. Ma il ritornello gli restava incomprensibile. Al ritorno a scuola aveva chiesto chiarimenti al suo compagno di dormitorio, i cui genitori vivevano a Washington. Ma a lui i Beatles non piacevano.

«In America vanno tutti matti per Simon e Garfunkel», aveva risposto.

Finalmente, un altro compagno, Vinod, la cui famiglia abitava a Parigi, lo aveva illuminato sulle parole in francese inserite nella canzone, e aveva tradotto per lui il verso misterioso: «*Sont des mots qui vont très bien ensemble*»[2].

Vinod teneva appeso in camera un poster di John e Yoko durante il loro *bed-in* ad Amsterdam, ed era un esperto indiscusso dei Beatles. Conosceva ogni canzone a menadito, e aveva spiegato a Jay che John e Paul avevano composto *Let It Be* per il figlio del primo, dopo il divorzio. Era stato lui a insegnargli la versione riveduta e corretta di *We Three Kings*, divenuta in seguito la sua preferita. Per qualche tempo, i Beatles avevano riecheggiato in tutti i corridoi del dormitorio.

Così adesso aveva domandato ai bambini: «Vi va di imparare una nuova canzone?». Poi l'aveva intonata, sorprendendosi lui stesso di ricordare ancora le parole:

We four Beatles from Liverpool are,
John on a scooter and George on a car,
Paul on a bicycle eating an icicle
Following Ringo Starr.[3]

Lily e Sam erano scoppiati a ridere, chiedendo il bis.

Jay conosceva soltanto quella strofa, e la ripeté, cantando a squarciagola.

[2] "Sono parole che insieme stanno molto bene" (*n.d.t.*).

[3] "Noi siamo i quattro Beatles di Liverpool, / John su uno scooter e George su una macchina, / Paul sulla bicicletta sta mangiando un ghiacciolo / mentre segue Ringo Starr" (*n.d.t.*).

Frances avrebbe voluto aderire all'allegria del momento, ma nella sua mente si formò un'immagine della villa di Vic, e l'umore le sprofondò sotto le scarpe.

«Che senso ha una canzone natalizia in piena estate?», domandò. Jay aveva cominciato a festeggiare il Natale solo dopo le nozze, e per quanto ne sapeva lei, non aveva mai cantato una carola in vita sua.

«Voglio che i bambini siano pronti per l'anno prossimo», rispose lui, gioviale.

«Ne conosci altre come questa, papà?», domandò Lily. «La tua è molto più divertente dell'originale».

«Ne so un'altra, ma non credo che vostra madre apprezzerebbe...»

«Su, coraggio», insistette Lily. «Vero che non ti arrabbi, mamma?».

Era difficile opporsi a quegli occhioni imploranti, alla voce che, finora, non aveva ancora urlato «ti odio» alle labbra che ogni sera le davano il bacio della buonanotte.

Frances taceva, e Jay decise di prenderlo come un assenso. Era contento che i bambini non si lasciassero contagiare dal malumore della madre.

«D'accordo, allora», disse. «Siete pronti?»

«Sì, sì!», risposero in coro Lily e Sam.

Siam mercanti di Samarcanda,
vendiamo plastica per la mutanda,
L'elastico è fantastico,
Non vuoi comprarne un paio?

Alla fine ridevano tutti e tre. La canzoncina aveva strappato un sorriso persino a Mandy.

L'irritazione di Frances si placò quanto bastava a domandare, senza polemica: «Dove l'hai imparata?»

«Oh, dai compagni di scuola», rispose Jay, distrattamente. «Venivano dall'Inghilterra, dagli Stati Uniti, dall'Europa. I genitori di un ragazzo abitavano addirittura a Tokyo. Una volta lui tornò dalle vacanze con una confezione di alghe e, da come storcemmo il naso con smorfie di disgusto, si sarebbe pensato che fossero veleno. Adesso sono sicuro che quegli stessi compagni vanno matti per alghe e sushi. Il padre del mio compagno di stanza lavorava alla World Bank di Washington, e lui tornava dagli Stati Uniti sempre carico di prelibatezze. Io facevo man bassa: cioccolatini, i succhi di frutta Tang – una novità, per me – e i miei preferiti di sempre, i bastoncini di zucchero».

Jay parlava di rado dei tempi della scuola e Frances dava per scontato che anche i suoi compagni fossero come lui: figli di papà da ogni angolo dell'India. Ma evidentemente anche gli indiani facoltosi emigrati in America mandavano i loro eredi a scuola in patria. Doveva rammentarsene, se qualcuno alla festa le avesse chiesto perché trasferire Mandy a un liceo indiano. L'argomento dava al suo progetto un prestigio insperato.

«Anzi», proseguì Jay, seguendo il filo dei ricordi, «superò persino Vinod, che mi aveva insegnato quella canzone dei Beatles, cantandocene una ancora più divertente su Nixon».

«Vogliamo sentirla anche noi!», si entusiasmò Lily.

«Ma lo sapete chi era, Nixon?», domandò Jay.

«Il presidente coinvolto nell'*impeachment*», disse Mandy, lasciando di stucco entrambi i genitori. Poi alzò due dita in segno di vittoria, il gesto caratteristico di Nixon.

«Visto che Mandy lo conosce, sarà l'unica a capire la battuta: "Jingle Bells, Watergate, Nixon se ne va..."».

***

Frances sentiva la bocca asciutta e il cuore in gola. Conosceva quella canzoncina. Rich O'Sullivan l'aveva cantata nell'unico Natale trascorso a casa sua.

Era la seconda volta che quel tipo le tornava in mente. Quella mattina aveva temuto che suo marito sapesse di lui, e si era tranquillizzata solo quando Jay aveva chiarito di essersi riferito ai personaggi di Enid Blyton. Ora, però, sentendo quella strofa, rivide distintamente Rich nel salotto della casa di Goa, mentre insegnava quelle strofe alla sua famiglia.

Mamma adorava Richard, e sosteneva che anche il suo diminutivo, Rich, gli si addicesse. Perché gli americani erano esattamente così: ricchi. Rich era arrivato in India come volontario dei corpi di pace, e poi aveva proseguito il viaggio, spostandosi verso nord. Frances ci era «inciampata», come diceva lui, mentre era sdraiato sulla spiaggia.

Erano le vacanze di Natale del suo ultimo anno di college, e una mattina presto lei era uscita a fare una passeggiata. Le prime ore del mattino erano quelle che preferiva, perché l'aria era ancora fresca e non doveva contendere la spiaggia a orde di famigliole con bambini, venute a passare una giornata al mare.

Camminando, contemplava il frangersi delle onde, senza badare a dove metteva i piedi. I capelli biondi e la carnagione chiara dello sconosciuto si erano mimetizzati con la sabbia, e lei si era fermata solo al suo avvertimento: «Ehi, attenta!». Lui si era subito comportato in modo galante: se proprio Frances ci teneva a scusarsi, aveva detto, poteva consigliargli un chiosco sulla spiaggia e accompagnarlo a fare colazione. Lei aveva esitato. Le sue sorelle uscivano spesso con i ragazzi, ma solo con il permesso dei genitori.

Rich, però, sembrava diverso dagli altri stranieri conosciuti fino ad allora. Quel tratto di costa non rientrava negli itinerari turistici, ed era raro trovarci degli occidentali. Coloro che ci capitavano non si trattenevano mai più di una giornata. Avevano un comportamento da vacanzieri, cercavano solo avventure occasionali, e per quel genere di intrattenimento cercavano altri bianchi. Un giovane tedesco glielo aveva detto in faccia: «Le ragazze indiane sono una barba. Non bevono, non fumano, non fanno sesso. Non sanno godersi la vita». A fermarsi più a lungo erano soltanto le coppie, o talvolta qualche famiglia di passaggio. In larga parte, i turisti erano americani, di solito studenti a corto di quattrini, vestiti e sapone, e molti di loro si fiutavano a distanza. Indossavano T-shirt sbrindellate, avevano i capelli unti, e davano per scontato che Frances non parlasse inglese. Invece lei aveva imparato la lezione dall'incontro con un tizio dai capelli rossi. Dopo una conversazione piacevolissima, lui le aveva chiesto qualche soldo e si era risentito di fronte al suo rifiuto.

Al contrario, Rich era istruito, e interessato all'India come cultura, non come un paradiso fatto di droghe e sesso. Nella sua domanda per arruolarsi volontario nei corpi di pace, l'aveva indicata come prima destinazione. E doveva avere anche del denaro da spendere, visto che aveva preso una stanza in uno dei migliori alberghi della zona, invece che accamparsi sulla spiaggia. Così l'aveva convinta a fare quella colazione, e in seguito a un tè pomeridiano.

«So che gli indiani fanno regolarmente una pausa alle quattro, quindi non cercare di svicolare».

Secondo i piani, il ragazzo avrebbe dovuto proseguire per Pondicherry, a esplorare il quartiere francese, ma continuava a posticipare la partenza. La madre di Frances era emozionatissima. Le figlie maggiori erano già tutte sposate o fidanzate, e lei temeva che l'ultimogenita restasse zitella.

«Hai incontrato qualcuno?», le domandava puntualmente ogni volta che tornava per le vacanze dal collegio femminile a Hyderabad.

Secondo la sua mentalità, gli anni di studio servivano a trovare marito. Anche la chiesa era un luogo ideale per conoscere ragazzi cattolici, e lei ci spediva Frances ogni domenica, con l'abito della festa e un sorriso stampato sulla faccia. Ma a messa non si vedeva altro che coppie più anziane, i cui figli erano fidanzati gli uni con gli altri. La trattavano tutti in modo gentile, ma nessun ragazzo aveva manifestato il minimo interesse nei suoi confronti. Quelli del villaggio erano già promessi, e Frances cominciava a disperare.

Poi era comparso Rich, con il suo irresistibile accento americano, i folti capelli biondi e, a detta della madre di Frances, innamorato cotto di lei. Altrimenti perché sarebbe rimasto a Goa? Veniva da una famiglia numerosa, dunque senz'altro anche lui voleva sposarsi e avere dei figli. Mamma aveva profetizzato che la dichiarazione era solo questione di giorni.

Lei ci aveva creduto. Sua madre sapeva come funzionano certe cose. Dopotutto, era stata lei a consigliare ad Alba di mettere il suo abito migliore la sera in cui il suo ragazzo l'aveva invitata a passeggiare sulla spiaggia. «Vedrai, ti chiederà in moglie», aveva promesso alla figlia mentre le infilava una spilla. E puntualmente, Alba era tornata di corsa ad annunciare la bella notizia.

Così, Frances e Rich si erano visti ogni giorno, facendo lunghe passeggiate nel boschetto di cocchi che cresceva accanto alla spiaggia. Lui aveva cominciato a presentarsi a casa per cena e, con enorme sollievo di Frances, non si era minimamente scandalizzato per la latrina in cortile.

«È un po' come stare in campeggio», le aveva detto, mostrandole le foto dei suoi fratelli al parco nazionale di Yellowstone. «Me le mandano per tenermi aggiornato sulle novità di famiglia».

Rich aveva fatto domanda in parecchie università, e sperava di venire accettato a Berkeley. Lei non ne aveva mai sentito parlare, salvo per il verso di *Cloudy*, la canzone di Simon e Garfunkel – «*Down from Berkeley to Carmel…*». L'aveva colpita che lui avesse le idee tanto chiare sul proprio futuro. Si era posto degli obiettivi ben precisi, mentre lei era ancora in attesa del principe azzurro.

Le era sembrato perfettamente naturale invitarlo a passare la giornata di Natale in casa loro. Lui aveva già partecipato alla decorazione dell'albero e alla preparazione del presepe, e si era incuriosito della grossa stella che il padre costruiva ogni anno.

«Sembra un aquilone», aveva osservato, guardandolo piegare le canne di bambù e rivestirle con la carta velina rossa.

«Sì, ma poi non la facciamo volare», aveva risposto l'uomo. «In questo foro, alla base, infiliamo una lampadina. Di notte la accendiamo, così diventa la cometa seguita dai re magi».

Rich aveva declinato solo l'invito alla messa mattutina, celebrata troppo presto per i suoi gusti. Ai genitori di Frances era talmente simpatico che non si erano nemmeno offesi. Comunque era cattolico, sebbene non troppo osservante. Al ritorno dalla chiesa, lo avevano trovato ad aspettarli davanti a casa. Era stata una giornata di festa. Dopo un pranzo speciale, con uova e salsiccia, si erano sfidati a giochi di società, avevano ricevuto le visite dei vicini, e cantato carole accompagnati da mamma al pianoforte.

A un certo punto, Rich aveva intonato la canzoncina su Nixon e il Watergate, sull'aria di *Jingle Bells*.

L'intera famiglia l'aveva imparata a memoria, non per lo slogan di protesta, ma perché era originale, e sembrava aprire un punto di vista privilegiato su un Paese favoloso, la meta sognata di tutti. Come diceva la mamma, malgrado gli antenati portoghesi, a Goa chiunque ambiva a trasferirsi negli Stati Uniti.

Più tardi, quella sera, mentre gli altri riposavano, Rich era uscito ed era tornato carico di regali.

«So che in India non è tradizione», si era giustificato. «Ma in casa mia lo facciamo sempre».

Aveva chiesto consiglio a Frances su cosa comprare ai suoi genitori, e lei gli aveva spiegato che per loro il Natale era un giorno dedicato alla preghiera, ai pasti condivisi, alle carole, e agli auguri degli amici. Non aveva nulla a che fare con i doni. Lui non si era lasciato scoraggiare, e aveva cominciato a distribuirli: ne aveva uno per suo padre, per sua madre e per ciascuna delle sorelle, e Frances aveva temuto di essere l'unica a restarne priva, malgrado l'imbarazzo di non avere nulla per ricambiare.

«Ecco, questo è per te». Era il pacchetto più piccolo, confezionato con la carta dorata. Quelli degli altri erano più voluminosi, e lei si era domandata se fosse un modo per dimostrarle che contava di meno… finché non aveva visto l'anello.

Sua mamma si era messa a strillare di gioia, e il papà le aveva fatto segno di stare zitta, indicando Rich con un cenno eloquente. Lui era in ginocchio e, guardando Frances, aveva domandato a suo padre: «Signor Dias, vuole concedermi la mano di sua figlia?».

Le sue sorelle l'avevano presa in giro. «Diventerai la signora O'Sullivan», avevano detto, «proprio come le gemelle dei libri di Enid Blyton».

«Frances O'Sullivan sembra davvero un nome irlandese», aveva concordato Rich. «Immaginate le loro facce quando, invece di una ragazza dai capelli rossi, mi vedranno arrivare con Fran».

La madre aveva suggerito che si sposassero subito, ma Rich voleva una cerimonia con tutti i crismi. Si sarebbe attenuto al piano originario, tornando negli Stati Uniti dopo Capodanno. Là avrebbe lavorato e risparmiato, non soltanto per gli studi ma anche affinché Frances potesse raggiungerlo, l'estate successiva. A quel punto lei avrebbe già terminato il college, e avrebbe potuto iscriversi all'università... idealmente a Berkeley, aveva aggiunto, incrociando le dita. Ma comunque, aveva dichiarato, sotto lo sguardo estatico della sua famiglia, «qualunque posto per me va bene, purché abbia Fran al mio fianco».

Aveva onorato l'impegno solo in parte. Era tornato in America.

Lei aveva dimenticato completamente quella canzoncina, ed erano passati secoli dall'ultima volta che la vista di un bianco l'aveva fatta trasalire per via della somiglianza con Rich.

«Ancora, papà, non smettere!», insistette Lily.

«Mi dispiace, il resto non lo ricordo», disse Jay. «Chiedete alla mamma di cantarvi l'originale».

Frances non ne aveva nessuna voglia. Ciò che avrebbe desiderato veramente era chiedere a Jay di fare inversione, senza discutere, e una volta a casa lasciarli tutti davanti al televisore, e andarsene di filato a letto.

Invece rispose, secca: «Non è la stagione adatta alle canzoni natalizie», tornando con il pensiero a Goa. Si rivide al cancello di casa, in attesa del postino, risentì le domande insistenti di vicini e amici: «Quando partirai per raggiungere il tuo fidanzato in America?». Infine era stata sua madre a toglierle ogni speranza, a dirle chiaro che Rich se n'era andato per sempre, e non sarebbe più tornato. Un anno dopo, le confessò di avere ricevuto una sua lettera. Era arrivata sei mesi dopo la partenza, un biglietto telegrafico, nel quale Rich spiegava di essere molto indaffarato con lo studio, e dispiaciuto che la sua famiglia si fosse opposta al matrimonio. Sperava nella loro comprensione, e nel loro perdono. Sua madre non gliela mostrò mai, dicendo di averla strappata immediatamente. Frances si era domandata a lungo se fosse arrivata davvero, o se sua madre l'avesse inventata per dissuaderla da quell'inutile attesa.

Adesso come allora, si costrinse a relegare Rich in un angolo della memoria. Aveva già abbastanza preoccupazioni senza aggiungerci quel primo, traumatico fallimento.

«Siamo quasi arrivati», disse Jay, battendo una mano sul volante. «Secondo te Vic ha scucito il necessario anche per i parcheggiatori?», domandò a Frances.

«Ci crederò quando l'inferno si ghiaccerà», replicò lei. Prendersi gioco dell'avarizia di Vic la riportava su un terreno familiare.

«L'inferno si può ghiacciare?», domandò Lily.

«Non dire scemenze», replicò Mandy. «Quello di mamma era un paradosso».

«Non essere volgare», la rimproverò automaticamente Frances, e Jay aggiunse: «Se usi parole del genere, tua madre ti laverà la bocca con il sapone».

«A me non lo fa mai», si vantò Lily.

«Perché tu sei la sua cocca», ribatté Mandy.

«Finitela, adesso, e salutate l'autostrada», le interruppe Jay, imboccando l'uscita. «Avvertitemi appena sentite l'odore del cibo indiano. Troveremo a naso la casa dello zio Vic».

Lily si mise a ridere, mentre Jay imboccava ampi viali fiancheggiati da giardini enormi, e ville di dimensioni colossali.

«Wow! Quante famiglie ci abitano?», domandò la piccola, indicando lungo la via una costruzione principesca, tinteggiata di giallo chiaro.

«Solo una», rispose seccamente Frances. Aveva controllato i prezzi degli immobili a Newport Beach. Quella di Vic non affacciava sulla spiaggia, ma da poco una villa a due piani nello stesso isolato era stata venduta per sei milioni di dollari. Avendola acquistata anni prima, probabilmente non l'aveva pagata più di mezzo milione. Un investimento di tutto rispetto.

Lei e Jay avevano chiesto una rivalutazione della casa, ma avevano scarse speranze. Come aveva detto il perito, la crisi del mercato annullava di gran lunga ogni apprezzamento sul valore originario.

«L'ultimo numero civico era il 10335», disse Frances. «Dovrebbero mancare tre isolati».

«Comincio a fiutare l'odore dei piatti indiani», annunciò Jay. «Siete emozionati?»

«Io sento della musica», disse Frances, e poi aggiunse, trafelata: «Qui, parcheggia qui», indicando un posto sulla destra.

«Ce ne sono altri più vicini», rispose lui.

«Là è più affollato, non voglio restare imbottigliata al ritorno», mentì lei. La verità era che la imbarazzava vedere la loro auto fianco a fianco con tutte quelle BMW e Mercedes, le marche predilette degli indiani facoltosi. In quell'ambiente non avrebbe potuto cavarsela raccontando di avere boicottato le marche tedesche perché le aziende in Germania non avevano mai risarcito gli ebrei dopo la seconda guerra mondiale. Gli americani ci cascavano, restando ammirati da tanta sensibilità. Gli indiani avrebbero indovinato subito che in realtà non potevano permettersele.

«Come preferisci», la assecondò Jay, fermandosi davanti all'alto muro che circondava la casa.

«Un gatto!», esclamò Lily, indicando un felino dal pelo grigio accucciato nell'unico punto ancora assolato, in cima al muro di cinta. «Vieni, micio...».

Il gatto non si mosse, non volse nemmeno le orecchie, indifferente al richiamo.

«Quello sì che è un gatto *billy-ante*», scoppiò a ridere Jay. «Sa godersi il sole fino all'ultimo. Proprio *billy-ante*. L'hai capita?», domandò a Frances, che fece cenno di no con la testa.

«Oh, coraggio, è una bellissima battuta. In hindi, gatto si dice *billy*, quindi: *billy-ante*. Lily lo avrebbe pronunciato così, quando non riusciva a dire le R», le spiegò.

«Adesso sono capace: brillante», protestò la bambina.

«Lo so», rispose Jay. «Ricordi, avevo inventato anche una fiaba: "Quando Lily trovò le R". Scommetto che ci riesce anche il gatto. Te l'ho detto, è una bestia *billy-ante*».

I bambini risero, e il gatto, infastidito dal rumore, si alzò con aria sdegnosa, voltò loro le spalle, e saltò dal muro in giardino.

«Torna indietro, signor Billy-ante», lo implorò Lily.

«Il gatto non parla hindi», la informò Sam. «Io ho sete, andiamo a cercare qualcosa da bere».

«Tu pensi solo a bere e a mangiare», disse la piccola. «Voglio rivedere il signor Billy-ante».

«I gatti non sono come i cani, Lily», fece il padre. «Se anche parlasse hindi e capisse il richiamo, dubito che verrà a farsi accarezzare. Lo cercheremo al ritorno, d'accordo?».

Al cancello si fermarono a guardare il prato, su cui si innalzava un tendone. A giudicare dalla musica hindi e dagli aromi preannunciati da Jay, dovevano essere nel posto giusto.

«Wow», commentò Lily. «La casa è gigantesca».

Frances la scrutò con sguardo professionale. Vic si era aggiudicato la più grande del quartiere, probabilmente aveva uno di quei saloni sconfinati, adatti soltanto a intrattenere gli ospiti. Si ergeva su due piani, terminando in un tetto di ardesia dal quale spuntavano le finestre degli abbaini. Non c'era staccionata, ma la privacy era garantita dagli alberi di iacaranda che separavano il giardino dalla strada e dal vialetto in cemento. Erano a fine fioritura, e il vasto prato era costellato di petali, insieme alle aiuole di lobelie blu acceso e alisso bianco.

Vic aveva fatto le cose in grande, con una distesa di tavoli e sedie. Le tovaglie erano eleganti, e i vasi di fiori a centrotavola in tinta con le aiuole del giardino. Il tendone bianco rendeva più accogliente e intima la disposizione all'aperto, e il rischio di pioggia al quale Jay aveva accennato quella mattina sembrava scongiurato.

Vic aveva rimediato persino all'umidità dall'oceano, facendo installare le stufette, con la resistenza già rossa incandescente. Erano le sette, e il prato era affollato di persone radunate a chiacchierare o sedute a tavola a mangiare e bere.

«Allo zio Vic serve una casa grande, per le feste. Gli altri ci abitano e basta», scherzò Jay. Non la ricordava tanto imponente. Forse ne aveva comprata una nuova? Oppure lui non ci aveva fatto caso quella volta in cui lo aveva riaccompagnato dopo pranzo.

«Niente posteggiatori», osservò Frances, lanciando un'occhiata al marciapiede, lungo il quale era allineata una schiera di BMW, Mercedes, Jaguar, Porsche, con le carrozzerie nuove e senza un graffio. Era stata una buona idea parcheggiare più indietro.

«Vedo qualcuno che accoglie gli invitati», mormorò Jay, mentre imboccavano il vialetto.

***

«Buonasera, buonasera», gridò Rajesh per sovrastare il volume della musica. «Benvenuti. Prego, accomodatevi».

«Grazie», disse Jay. «Dove sono Vic e Priya? E Nikhil?». Aveva alzato la voce, ma proprio in quell'istante qualcuno abbassò la musica. «Oh, così va meglio. Ora si riesce a parlare. Dov'è Vic?», ripeté.

«La famiglia si è sparpagliata tra il giardino e la casa. Io faccio da comitato di accoglienza».

«Sei il fratello di Vic?». A Jay sembrava di ricordare un fratello minore.

«Ah ah, no, nessun legame di sangue con Vic. Sono un parente acquisito, il cugino di Priya da parte di padre. Io e lei siamo cresciuti insieme e adesso viviamo nello stesso Paese».

«Abiti qui?», domandò Frances. La notizia le aveva acceso la speranza che Vic avesse invitato solo parenti e amici, invece della comunità indiana al gran completo, come aveva previsto e temuto.

«No, no, io sto da un'altra parte. Vendo polizze. Voi siete assicurati?».

Appena una settimana prima Frances ne aveva discusso con Jay, e per l'ennesima volta avevano deciso di procrastinare in attesa che le loro finanze si ristabilissero.

A volte Jay parlava senza riflettere e, per evitare che si lasciasse sfuggire la verità, Frances lo anticipò: «Grazie, abbiamo già una polizza».

«Ah, ma siete sicuri che sia quella giusta? È sempre saggio avere una copertura più ampia. Io posso offrirvi la migliore su piazza. E poi di me potete fidarvi. Siamo tutti indiani, quindi tra noi non abbiamo nulla da temere, giusto?».

Frances lanciò un'occhiata a Jay. Quel tizio non si sarebbe lasciato scoraggiare da lei. Ma se il capofamiglia si fosse pronunciato, sarebbe stato costretto a fare un passo indietro.

«Magari più tardi», rispose affabile il marito. «Adesso dovremmo entrare a salutare Vic, e congratularci con Nikhil». I bambini erano impazienti, e Sam aveva sete. C'erano interi fusti di bibite gassate, e un bar poco oltre. A Jay non sarebbe dispiaciuto inaugurare la serata con uno scotch… sempre che quel tirchio di Vic si fosse rassegnato a offrire anche gli alcolici.

«Per me va bene. In caso non dovessimo più incrociarci, vi lascio il mio biglietto da visita», disse Rajesh, sfilandosi di tasca il portafogli. «Dove abitate?»

«Sherman Oaks». Jay sperava che il quartiere esulasse dal territorio di quello scocciatore, ma non sapeva se gli assicuratori lavorassero per distretto.

«Sarò dalle vostre parti giusto la settimana prossima. Se mi date l'indirizzo e un numero di telefono, potremmo fissare un appuntamento e discuterne con calma».

Jay si stava domandando come cavarsi d'impaccio senza risultare villano quando sentì una voce alle spalle dell'uomo.

«Zio Rajesh, non starai di nuovo cercando di vendere polizze?». Un giovane alto spuntò al suo fianco.

«Nikhil?», azzardò Jay. L'ultima volta che l'aveva visto, era un adolescente sfigurato dall'acne, mentre l'uomo sorridente davanti a lui vantava denti e carnagione impeccabili. Il suo inglese non rivelava traccia di accento. Se si trattava di un altro parente di Vic, doveva essere nato in America.

«Indovinato. Sono Nick». Tese la mano. «E tu sei lo zio Jay, giusto? Grazie di essere venuto. So che il viaggio è lungo da casa vostra».

Frances ne osservò il *kurta* e l'ampio scialle rosso mattone avvolto intorno alle spalle. Non avrebbe stonato minimamente in un qualsiasi villaggio indiano. Doveva essere un ragazzo intelligente, ma non era griffato Armani da testa a piedi. Lei si rilassò un po'. Finora non pareva che gli ospiti volessero ostentare il proprio successo economico e sociale. E le luci erano abbastanza fioche da non far risaltare troppo la tinta sbagliata.

«Non abbiamo potuto partecipare alla tua festa di diploma, come saprai, ma a questa non potevamo mancare. Congratulazioni», gli disse, consegnandogli il biglietto di auguri.

«Grazie, zia Frances», rispose lui, infilando la busta

in tasca. «Mio padre adora le feste, ed era impaziente di rivedervi. E voi dovete essere Mandy, Lily e Sam, giusto?», disse poi, indicandoli analogamente a un direttore d'orchestra con gli strumentisti.

«Come fai a saperlo?», gli domandò Lily.

«Ti conosco da quand'eri alta così», fece lui, abbassandosi una mano all'altezza delle ginocchia. «Ora sei cresciuta, ma il tuo viso non è cambiato».

«Sei simpatico», commentò lei.

«E ha anche un'ottima memoria», aggiunse Frances. «Altrimenti non l'avrebbero accettato al MIT». Voleva accennare subito alla laurea, per togliersi il pensiero ed evitare che un traguardo ormai irraggiungibile per Mandy la tormentasse tutta la sera. Era come quando ti multano per divieto di sosta. Jay diceva sempre che era meglio pagarla subito e non pensarci più.

«Non bisogna credere a tutto ciò che si sente dire sul MIT», minimizzò lui. «Fanno entrare chiunque. Gira voce che qualche anno fa abbiano dato la laurea a un cane».

«Questa alla UCLA non l'avevo mai sentita», scoppiò a ridere Jay, sorpreso di tanta modestia. Pur nella sua scarsa esperienza, i ragazzi indiani nati in America erano invariabilmente presuntuosi, abituati a venire portati in palmo di mano dai genitori. Ricordava la stanza di un bambino di dieci anni, zeppa di trofei di calcio. Solo quando Mandy era entrata nella squadra di basket del quartiere aveva scoperto che negli Stati Uniti una coppa non si negava a nessuno. Non era come in India, dove certi onori erano riservati ai veri campioni. Qui ti premiavano per ogni sciocchezza, dallo spirito di squadra alla simpatia. Quella rivelazione lo aveva reso diffidente – e sprezzante – delle vanterie altrui.

«Perché voi eravate dei lavativi», rispose Nick, con aria maliziosa.

Mandy scoppiò a ridere, e il ragazzo si unì a lei.

«Temo di non avere capito», disse Jay, perplesso.

«UCLA sta per "unione californiana lavativi americani"», gli spiegò la figlia maggiore.

«Divertente», disse Jay, apprezzando una spiritosaggine che a lui non era mai venuta in mente. «E tu come lo sai?», le domandò.

Mandy si strinse nelle spalle. «Boh».

«Non posso vantarne la paternità», disse Nikhil. «Ma la raccontai a papà, al tempo in cui stavo facendo domanda presso le varie università, e lui si offese moltissimo». Poi si rivolse a Mandy: «Mi diverto a prenderlo in giro, ma in realtà la UCLA è un'ottima università, casomai tu avessi in programma di iscriverti».

«Non mi accetterebbero mai», rispose lei, con voce monocorde.

Frances desiderò con tutte le sue forze che sua figlia potesse rimangiarsi quelle parole. Nikhil stava solo facendo conversazione. Che bisogno c'era di dirgli la verità? E invece no, lei doveva subito mettere in piazza le proprie mancanze, dicendogli chiaro e tondo che i suoi voti la escludevano dagli atenei più prestigiosi.

Davanti a quella dichiarazione, Jay reagì con un misto di imbarazzo e impotenza, insieme a una punta di tristezza. Dunque Mandy era consapevole delle conseguenze del suo comportamento.

«Macché, vedrai che ti prenderanno», disse Nikhil, liquidando la frase con noncuranza. «Sei di origini indiane, quindi scommetto che hai seguito tutti i corsi facoltativi del liceo e hai il massimo della media. Passerai gli esami di ammissione a pieni voti».

«Non dobbiamo parlare dei voti di Mandy», sentenziò Lily, nel silenzio assoluto.

Per tutto il tempo, Frances aveva temuto che fosse Mandy a fare una gaffe, per distrazione o di proposito, per darle sui nervi. Nemmeno per un istante aveva temuto un passo falso di Lily. Come la figlia maggiore le rinfacciava sempre, la piccola era la sua cocca, quella su cui poteva contare. Le dava ascolto, sedeva composta per non sgualcirsi gli abiti, e ogni giorno si pettinava con cento colpi di spazzola per rendere i capelli più lucidi, proprio come diceva la mamma.

E ora, improvvisamente, se ne usciva con cose fuori luogo. Non era da lei.

Frances tentò di rimediare, azzardando un fiacco: «Comunque...», e un sorriso svagato. Dovette farsi forza per non radunare la famiglia e tagliare la corda.

«Hai ragione», la interruppe Nikhil, rivolgendosi a Lily. «Vantarsi è da maleducati, giusto?».

Frances riprese a respirare.

Jay aprì la bocca, e stava per tirare fuori un commento vuoto quanto il "comunque" di sua moglie, quando intervenne Sam: «Mandy non può vantarsi. A scuola va malissimo».

Frances si sentì mancare la terra sotto i piedi. Adesso ci si era messo pure il maschio e, per assurdo, doveva averlo fatto certo di seguire esattamente le sue istruzioni. Aveva annuito con piena convinzione quando sua madre gli aveva spiegato che dei voti di Mandy non bisognava parlare, ma fin da piccolissimo prendeva ogni cosa nel senso più letterale.

Jay lo aveva capito quando il bambino aveva due anni. Gli stava insegnando a giocare a baseball, e il piccolo si era spazientito perché non riusciva a colpire la palla. Suo padre gli aveva detto che doveva esercitarsi a tenerla sott'occhio, e puntualmente il bambino se l'appoggiava allo zigomo.

Quell'inclinazione era fonte di molti aneddoti spiritosi, salvo in momenti simili. Sam non intendeva affatto disobbedire a sua madre. Non aveva rivelato a Nikhil le insufficienze di Mandy, si era limitato a spiegare che non poteva vantarsene e, dal suo punto di vista, si trattava di due cose ben distinte.

Doveva pur esserci un modo di cambiare argomento, un espediente qualsiasi per deviare la conversazione. Frances rivolse uno sguardo disperato a Jay, ma anche lui era rimasto senza parole.

Si stavano ancora scervellando quando Nikhil si strinse nelle spalle, dicendo a Mandy: «Ti capisco. Non vuoi lasciarti incasellare nello stereotipo dell'indiano iperambizioso e secchione. Ci ho provato anch'io, in prima superiore, ma poi mi sono reso conto che era meglio battere gli americani nel loro stesso gioco. All'inizio mi prendevano in giro, ma alla fine hanno dovuto darmi l'alloro, in un certo senso». Gli si smorzò la voce.

Frances provò un'immensa gratitudine per Nikhil. Si vestiva come un tipico indiano, ma si comportava in tutt'altro modo. Si era aspettata che si fingesse preoccupato per i voti di Mandy, ricorrendo alle solite manfrine – «Oh, mi dispiace tanto» – solo per ficcanasare più a fondo, e scovare la prova inconfutabile che il rendimento scolastico di Mandy era davvero scarso. Per tutta la sua vita in India aveva visto all'opera tattiche simili. Sua madre ne aveva fatto un'arte. Se aveva sentore di un rovescio qualsiasi – una bocciatura, un fidanzamento andato a monte – si precipitava a casa del malcapitato a commiserarlo. Ma in realtà il suo scopo era cavargli informazioni dettagliate da spifferare ai quattro venti. Crescendo, Frances si era accorta che sua madre usava quella tecnica anche per consolarsi delle proprie delusioni. Alla sparizione di Rich, aveva sostenuto che Frances ne era comunque uscita meglio di Denise, piantata dal fidanzato per la sua migliore amica.

A Jay il discorso di Nick fece l'effetto di una folgorazione. Ecco perché Mandy si rifiutava di studiare! Nick aveva vissuto un'esperienza analoga, e aveva interpretato al volo il comportamento della ragazza, mentre lui brancolava ancora nel buio. Era cresciuto in tutt'altro ambiente. La sua estrazione ricca e altolocata lo aveva fatto primeggiare senza sforzo. Mandy e Nikhil, al contrario, vivevano in un Paese dove il fatto stesso di non essere bianchi li esponeva alle discriminazioni. L'America aveva fatto passi da gigante dai suoi tempi alla UCLA, ma sua figlia restava comunque l'unica indiana della sua classe. A sette, otto, nove anni la cosa non sembrava importante. Lei non si lamentava, e lui aveva dato per scontato che tutto filasse liscio. Ma forse al liceo la situazione era cambiata, e i compagni la prendevano in giro, dandole della secchiona. Come spiegare altrimenti quel tracollo improvviso nei suoi voti, ottimi il semestre prima, insufficienti quello dopo? La spiegazione non era, come aveva temuto lui, che Mandy fosse demotivata. Se Nikhil ci aveva azzeccato, lei aveva smesso di studiare di proposito, per non farsi tormentare dai compagni. Si ripromise di parlarle con calma l'indomani, per verificare l'esattezza della sua tesi, e ragionare sul da farsi.

Forse non era necessario che Mandy partisse per l'India. Se fosse riuscito a farle aprire gli occhi, com'era capitato a Nick, si poteva ancora rimediare. Al pensiero che sua figlia gli restasse accanto, Jay si sentì finalmente leggero, liberato del peso opprimente che lo aveva soffocato da quando aveva acconsentito al piano di Frances.

«Quale alloro?», domandò Lily a Nikhil.

«Quello di fare da oratore alla cerimonia dei diplomi». La risposta fu sovrastata dal ritornello di una canzone di Bollywood sparata dagli amplificatori. Poi, come se ci avessero ripensato, la musica si smorzò di nuovo.

«Oratore», ripeté il ragazzo. «Un parolone per indicare lo studente che fa un discorso brevissimo. Io fui talmente conciso da finirlo appena cominciato».

«È questo il tuo alloro? Fare l'urlatore?», domandò Lily.

Jay scoppiò a ridere, accarezzandole i capelli.

La piccola si scansò, aspettando una risposta dal ragazzo.

Frances sapeva che, alla sua età, ogni nuova parola era una scoperta. Ma non aveva idea che la faccenda del discorso fosse un terreno minato. Si aspettava che Nikhil ridesse, invece guardava serissimo Lily, forse alla ricerca di una risposta adatta, o di una definizione comprensibile.

«Allora ti piacciono le piante», disse Sam, per non restare escluso.

«Infatti», disse Nikhil. «Ma l'alloro lo uso soprattutto in cucina. Voglio diventare uno chef».

«Io adoro la trasmissione *Master Chef*!», esclamò Lily. «Anche tu andrai in televisione?»

«Non credo proprio», rise Nikhil. «Questa è Newport Beach, non Hollywood. Lo sapevi che tutti i cuochi sono cattivi?», domandò alla bambina.

«Davvero? Mia mamma cucina, eppure non è cattiva», rispose lei, aggrottando la fronte.

«Tua mamma forse no», disse Nikhil. «Ma io sbatto le uova, e le strapazzo».

«Bella battuta», rise Jay.

«Vecchia pure questa», si schermì il ragazzo.

«Scherzavi anche prima, o vuoi davvero diventare uno chef?», gli domandò Jay. Si era chiesto come il ragazzo avrebbe messo a frutto la laurea al MIT, e se l'era immaginato a New York, con un impiego ben remunerato e un appartamento in un grattacielo di Manhattan. Oppure nella società di Vic.

«Per ora, mi accontenterò di studiare da cuoco», chiarì lui. «E forse in futuro potrò arrivare a definirmi uno chef».

Fino a quel momento, Frances non si era resa conto di quanto avesse temuto la prospettiva di trovarsi al cospetto di quell'ineguagliato campione di ogni ambizione indiana. Aveva messo in ghingheri tutta la famiglia, e lei stessa si era vestita con l'abito della festa come se indossasse un'armatura per affrontare il racconto del suo successo. I laureati del MIT avevano la strada spianata anche con la crisi, e lei si era aspettata di sentirlo mentre si vantava di un primo impiego da mezzo milione di dollari l'anno, una cifra alla quale lei e Jay non potevano aspirare nemmeno mettendo insieme due stipendi. Invece il ragazzo voleva diventare uno *chef*? In fondo era solo un modo elegante per dire "cuoco": una persona al servizio di altri, proprio come gli agenti immobiliari.

«Ma è magnifico!», esclamò entusiasmata dalla scoperta che non tutti i laureati del MIT fossero destinati a una carriera folgorante. «Se mi dici in quale ristorante lavori, verremo senz'altro a trovarti».

«Prima dovrò diplomarmi», spiegò Nikhil. «Mi sono iscritto al Cordon Bleu di Parigi, e in seguito ho in programma di studiare a Perugia».

«Come Julia Child», intervenne Mandy, aggiungendo: «Ho visto il film *Julia e Julia*».

«Era divertente», rispose Nikhil, sorridendo. «Ma Julia Child voleva perfezionarsi solo nella cucina francese, per poi insegnarla agli americani. Io voglio imparare sia quella francese sia quella indiana, per dedicarmi alle ricette fusion: aggiungere ingredienti occidentali a piatti indiani, e viceversa».

«*Troppo* strano», commentò lei.

«Mandy», la rimproverò automaticamente Frances, ma Nikhil non sembrava offeso.

«Già, lo so. Fidati, la cucina fusion è l'ultimo grido. Gli chef si ispirano soprattutto alla tradizione giapponese, mentre io voglio svecchiare quella indiana. Prima contaminandola con la gastronomia francese e italiana, per poi passare a quella spagnola. Ma non temere, non si tratterà di pizza *tandoori*. Pensavo a qualcosa di più sofisticato. Almeno in teoria».

Di colpo, Frances comprese perché sua madre si precipitasse sempre a informarsi dell'ultima disgrazia, ansiosa di tirare fuori ogni dettaglio. Adesso anche lei voleva sapere tutto, scoprire se Nikhil avrebbe davvero fatto di testa sua, e come aveva reagito suo padre. Almeno avrebbe potuto guardare negli occhi Vic provando meno vergogna per la propria vita.

«Quindi l'estate prossima andrai in Francia?»

«Parto questa settimana».

«Tuo padre sarà felice che tu abbia le idee tanto chiare sul tuo futuro». Quella frase sembrava uscita dalla bocca di sua madre, e Frances si affrettò ad aggiungere: «Quando lo conobbi, aveva la tua stessa età. E anche lui aveva progetti molto precisi».

«Papà ha una mentalità antiquata», disse Nikhil, stringendosi nelle spalle. «Secondo lui, cucinare è un'attività frivola. È ancora così indiano da giudicarla una faccenda da donne».

«Buffo che tu dica così», rise Frances. «Giusto l'altro giorno stavamo commentando che *Master Chef* è un programma sessista. Di solito i concorrenti sono quasi sempre uomini».

«Sono felice di sapere che papà è in minoranza», rispose Nikhil. «Comunque conto di fargli cambiare idea».

«Se vuoi potremmo parlargli noi», propose Jay. «Siamo vecchi amici».

«Grazie, ma spero di riuscire a cavarmela. Ora, se volete scusarmi, c'è una persona laggiù che vorrei salutare», disse Nikhil, scrutando la folla e alzando la mano in un saluto. «Troverete mamma e papà da qualche parte di fronte all'ingresso».

***

Vic aveva visto arrivare Jay con la famiglia, ma era rimasto bloccato dai motociclisti. Il rombo delle loro Harley aveva invaso il giardino un quarto d'ora prima, e lui li aveva avvistati dalla finestra. Questa volta erano davvero loro, un manipolo di facce bianche confuso tra la folla di ospiti indiani.

Li aveva invitati solo per via della loro insistenza, ma

poi erano scoccate le sei, e da quel momento ogni minuto in più aveva rinsaldato la sua certezza che il loro entusiasmo fosse stato solo una messinscena, e che non si sarebbero fatti vivi. Gli altri occidentali c'erano già tutti, e alle sei e quarantacinque lui aveva cominciato a rilassarsi. In realtà, non gli piaceva affatto l'idea di mischiare quelle frequentazioni discutibili con la sua vita familiare.

E invece eccoli, tutti e sei.

«Pierre!», disse, sorprendendosi di non vederli con i soliti giubbotti di pelle, ma in giacca e cravatta. «Grazie di essere venuto».

«Accidenti, che villa», disse il francese, inarcando le sopracciglia.

«L'hai noleggiata per l'occasione?», scoppiò a ridere Antoine.

«Solo le sedie, i tavoli e le stufe», specificò Vic, serissimo, aggiungendo poi: «E il telone. Anche se a mia moglie l'avevo detto che non sarebbe piovuto».

«Wow! E tutto questo solo per tuo figlio?», domandò Pierre.

«Naturale. Lui dev'essere qui da qualche parte, anche se non lo vedo. Intanto posso presentarvi il mio secondogenito, ha quattordici anni. Nandan!», lo chiamò. «Vieni a conoscere i miei amici. Arrivano dalla Francia». Per quanto si fosse augurato di non vederli, voleva comunque accoglierli come si deve. Una rapida presentazione ai suoi figli sarebbe bastata. Erano uomini adulti, per il resto della serata poteva lasciarli a cavarsela da soli, senza timore di averli offesi.

«*Bonsoir et bienvenue*», disse Nandan.

«*Parlez vous français?*», domandò Pierre.

«*Un peu*», rispose Nandan, tenendo indice e pollice a

distanza di un centimetro. «*J'ai étudié le français quand j'étais à l'école. Mais pas très longtemps*».[4]

«Non male, per averlo studiato solo a scuola», si complimentò Pierre.

«Nandan è molto portato per le lingue straniere», disse Vic. «Se l'è cavata benissimo quando siamo stati a Parigi. Al ristorante, nei taxi... parlava sempre lui».

«Non ci avevi mai detto di un viaggio a Parigi», lo rimproverò Pierre. «Avremmo potuto facilitarti le cose».

«Come avete fatto al bar quando lo ha fermato la polizia?», domandò Priya, sbucando alle loro spalle.

Scrutando la folla alla ricerca di Nikhil, Vic aveva anche controllato dove si trovasse la moglie. Malgrado ciò che le aveva detto poco prima, in camera da letto, non intendeva affatto presentarla ai francesi. Con i suoi figli era diverso: su Nandan e Nikhil i motociclisti non avrebbero trovato niente da ridire. Ma il loro atteggiamento con le donne era irrispettoso, e Vic non voleva rischiare commenti offensivi sul conto di sua moglie.

Lo preoccupava anche che lei offrisse loro altri spunti per prenderlo in giro. E immancabilmente, invece di salutarli come chiunque altro, Priya si era presentata proprio con il tipo di osservazione per la quale i motociclisti consideravano tutte le donne «una scocciatura».

La musica rimbombava da ogni angolo, e Vic colse la scusa al volo.

«Nandan, il volume è troppo alto. Vai ad abbassarlo», disse, sforzandosi di architettare un modo per aggirare le presentazioni. Forse poteva mandare Priya a con-

[4] "Buonasera e benvenuti" [...] "Parli francese?" [...] "Un po' [...] l'ho studiato a scuola. Ma non abbastanza a lungo" (*n.d.t.*).

trollare il catering? Ne aveva pieno diritto, soprattutto dopo che lei li aveva sorpresi alle spalle, battendo subito sul tasto dell'unico errore mai commesso da suo marito.

Nandan era rimasto impalato. «Fermato dalla polizia?». Il tono era desideroso di dettagli.

Vic aveva dimenticato che, al momento del fatto, Nandan era in gita scolastica e non ne sapeva niente. Lui e Priya avevano deciso di tenerlo all'oscuro. Come aveva detto sua moglie, non è bene per un figlio venire a conoscenza delle debolezze del padre.

«Nandan, ti ho detto di abbassare la musica. Con questo fracasso, i vicini finiranno per chiamare la polizia». Appena pronunciata la frase, Vic si rese conto dell'errore commesso.

«Appunto. Cosa dicevate a proposito della polizia?», insistette Nandan.

Vic aveva fatto innumerevoli prediche ai suoi figli, dichiarando che sotto il suo tetto non avrebbe tollerato né droghe, né violazioni della legge. Di tanto in tanto, li aveva anche avvertiti di non mettersi nei guai con la polizia, portando il proprio esempio: un figlio obbediente in gioventù, e un adulto dalla fedina immacolata, nemmeno un multa per divieto di sosta. Era naturale che Nandan volesse vederci più chiaro sul misterioso confronto tra suo padre e le temutissime forze dell'ordine.

Tutto l'orgoglio provato nel sentirlo parlare francese svanì, e Vic sentì l'impulso di assestargli un manrovescio, proprio come faceva istantaneamente suo padre appena lui o il fratello lo scontentavano in qualcosa. Nandan gli stava disobbedendo di proposito, e sfacciatamente, per giunta. Alla sua età, Vic tremava al cospetto del padre, e invece suo figlio non aveva fatto una piega. Tutta colpa di Priya, come al solito. Se ne stava lì tranquilla, con aria innocente, come se non fosse stata lei a sbandierare ciò che si erano ripromessi di non rivelare mai ai ragazzi.

«Quella multa per ubriachezza è stata solo sfortuna», intervenne Pierre. «I poliziotti americani sono delle carogne. Quella sera si erano appostati di proposito. Io me n'ero andato un po' prima, altrimenti sarebbe toccata a me».

«Ti hanno beccato ubriaco? Perché non ne sapevo niente?», domandò Nandan. «Sapevo che uscivi in moto con gli amici, ma mamma non mi aveva mai detto che vi fermavate ai bar».

Vic si portò alle labbra il bicchiere di whisky, e lo scolò tutto d'un fiato. Non voleva che i francesi lo vedessero sottomesso alla moglie *e* ai figli.

«Nandan, ti ho detto di abbassare la musica. Chi ha alzato il volume? Non si riesce nemmeno a parlare. Chi è stato?». Vic non aveva dubbi sul responsabile.

«Dài, papà. Che festa è, senza la musica?»

«Quando ne organizzeremo una per te, potrai alzarla quanto ti pare. Ma non stasera. Fila».

«E va bene, ci vado. Tanto lo so che vuoi solo sbarazzarti di me, papà».

«È un ragazzo in gamba», disse Pierre, quando Nandan si fu allontanato.

Come sfortuna volle, proprio in quel momento la canzone finì, e scese il silenzio.

«Vic...». Priya era rimasta immobile, ammiccando verso i motociclisti. Lui avrebbe voluto dirle di andarsene in hindi, ma la menzogna pronunciata in camera lo inchiodava alle presentazioni.

«Mia moglie, Priya». Le parole gli uscirono a fatica. «Priya, gli amici francesi del mio club di motociclismo».

«Siete tutti di Parigi?», domandò lei.

«No, no, solo io», rispose Pierre. «Gli altri vengono dal sud».

«Erano invitate anche le vostre mogli, Vic non ve l'aveva detto?».

Lui sospirò. Senz'altro avrebbero trovato strano che Priya non fosse al corrente nemmeno di un'informazione tanto superficiale. Se solo avesse potuto levarsela dai piedi. Se solo non li avesse invitati.

«Purtroppo nessuno di noi è sposato», disse Pierre, scuotendo mestamente la testa.

«Peccato», rispose Priya.

«Ci prendiamo sempre gioco di Vic perché è ammogliato, ma in realtà se la passa molto meglio di noi. Ha una bella casa, due bravi ragazzi, e lei... È un uomo molto fortunato».

Nelle sue parole non c'era traccia del sarcasmo tipico di ogni riferimento alla famiglia di Vic. «Corri, scappa a casa, vai pure a ripararti dalla mogliettina», lo avevano punzecchiato una sera, quando aveva deciso di andarsene perché il meteo prevedeva pioggia.

Vic stava ancora soppesando il tono della sua voce, quando Priya disse: «Per quanto mi riguarda, credo sia fortunato ad avere voi come amici. Desiderava da sempre una moto, ma girare da soli è triste. Avevo pensato di prenderne una anch'io, per fargli compagnia, ma poi ha incontrato voi, quindi vi sono debitrice».

«Può unirsi a noi ogni volta che lo desidera», rispose Pierre, con fare galante, mentre Vic stentava a riprendersi dalla confessione di sua moglie. Aveva pensato di andare in moto con lui? Poi gli tornò in mente che lei gli aveva parlato di una fiera del motociclo, e aveva persino controllato i prezzi di qualche veicolo su internet. Sua moglie, in sella a una moto?

«Non è roba da donne», dichiarò, severo.

«Per alcune sì», puntualizzò lei, facendo una pausa prima di proseguire. «Ma non per me. Vi ringrazio dell'invito, ma ammetto di preferire la comodità dell'automobile».

«La BMW di suo marito è comodissima», disse Pierre. «Non sarà bella quanto le Harley, ma credo che si troverebbe a suo agio».

«Ehi, voi due, finitela di parlare come se non fossi nemmeno presente», protestò lui.

«Vic, come dimenticarti?», disse Priya. «Non temere, non intendo toccare la tua preziosa motocicletta. Ora devo andare a controllare il catering. Godetevi la festa, e per qualunque cosa, siamo a vostra disposizione». Sorrise, e girò sui tacchi.

«Non ci avevi detto di avere una moglie tanto bella», fece Pierre.

«Non ha una sorella?», domandò Antoine.

«Le sorelle sono tutte sposate a dei dottori», rispose Vic, affrettandosi a cambiare argomento. «Venite, vi accompagno al buffet e al bar».

«Ma i tuoi figli non erano due?», gli chiese Pierre.

«Sì, certo. L'altro è il festeggiato. Ah, eccolo là. Nikhil!». Vide il ragazzo scambiare in fretta qualche parola con Jeff, il suo migliore amico fin dai tempi dell'asilo, e poi voltarsi a raggiungerli.

«Questi sono gli amici con cui vado in moto», disse suo padre. «E questo è il mio primogenito, Nikhil, fresco di laurea al MIT».

«Congratulazioni. Tuo padre è molto fiero di te. Dice che sei un esperto di computer».

«È lui il vero maestro nel settore. Io sono soltanto il suo *sous-chef*».

«Ah, anche tu parli francese?»

«A scuola studiavo italiano, ma ho imparato qualche frase perché adoro la vostra cucina».

«Basta parlare di cibo», lo interruppe Vic. «Andiamo a bere qualcosa».

«Papà, hai avvertito i baristi di portare un po' di buon vino francese?», disse Nikhil. «Napa avrà anche vinto qualche premio, ma credo che i tuoi amici preferiscano il loro».

«Ho ordinato tutto il necessario», rispose Vic. «Sono certo che troveranno qualcosa di loro gradimento».

«Allora grazie di essere venuti. Vi auguro una buona serata», disse Nikhil.

***

Lali vide Frances, Jay e i bambini avviarsi verso la porta d'ingresso. Era un piacere, dopo quel bagno di folla tra estranei, avvistare finalmente delle facce conosciute.

Appena Thomas si era allontanato, subito un altro gli aveva dato il cambio. La conversazione precedente era stata interessante e utile, così Lali aveva accolto il nuovo venuto con un sorriso cordiale. Ma era stato un errore. Il tizio si era rivelato un classico trombone indiano, fissato con i dettagli. Appena scoperto che Jonathan si era laureato a Harvard, aveva cominciato a descrivere l'appartamento in affitto dove aveva abitato per un anno quando lavorava a Boston. Non si era accontentato di indicare genericamente la città: aveva specificato la via, il numero civico, la linea degli autobus, e il tempo cronometrato al minuto secondo del tragitto tra l'abitazione e il suo negozio di alimentari. Stava per mettersi a parlare del suo orto quando Lali aveva notato Frances e Jay.

Non aveva previsto di emozionarsi tanto. Le erano venute le lacrime agli occhi. Erano passati decenni dal loro ultimo incontro, e quasi altrettanti dall'ultima telefonata. Eppure, non appena i loro volti un tempo così familiari erano sbucati dal buio, si era sentita sopraffare dalla felicità. Aveva scelto come vestirsi proprio in vista di quel momento, immaginando Frances che la squadrava dalla testa ai piedi. Voleva apparire al meglio, per dissipare dalla mente dell'amica ogni ricordo della "povera Lali".

Ora si sentì ritornare ai loro primi tempi da immigrate, due giovani straniere così inesperte dell'America. Ma pronte ad aiutarsi a vicenda. Nel suo college di Hyderabad Frances non aveva mai scritto una tesina perché in India gli esami erano solo orali. Aveva bussato in lacrime alla porta di Lali, dichiarandosi troppo in imbarazzo per chiedere un consiglio ai professori. Lali le aveva spiegato come districarsi tra note a piè di pagina e bibliografia e come impostare il frontespizio. Il problema di Lali era diverso. I sandali portati dall'India avevano le suole troppo sottili, e camminare sul cemento le aveva piagato i piedi. In patria sarebbe bastato rivolgersi a un calzolaio per aggiungere una suola di gomma, e lei aveva domandato alle compagne se ne conoscessero uno. Loro avevano risposto che in America solo i ricchi compravano scarpe su misura. I comuni mortali si accontentavano di acquistarle già pronte nei negozi. Non c'erano ciabattini a ogni angolo di strada.

Quando Lali le aveva mostrato i suoi piedi piagati e doloranti, Frances aveva reagito in modo fantastico. Le aveva subito prestato un paio di scarpe, e poi l'aveva accompagnata in un negozio a comprarne di nuove. Insieme a un'amica era stato molto più facile rispondere alle domande del commesso, e calcolare l'equivalenza tra la misura indiana e quella americana. Era stato il suo primo acquisto negli Stati Uniti. Ragionava ancora in rupie, e le era sembrato che quaranta dollari per un buon paio di scarpe resistenti fosse un affare. Quanto avevano riso, passando un anno dopo davanti allo stesso negozio. Adesso erano entrambe consumatrici più oculate, abituate a cercare svendite, sconti, saldi fuori stagione. Non avrebbero mai speso una cifra simile per un paio di scarpe.

Frances le aveva consigliato di sbarazzarsi dei sandali, e Lali li aveva buttati via tutti, tranne i *kolhapuri*. Persino in India si indossavano solo nelle occasioni speciali, e a lei piaceva ancora metterli di tanto in tanto.

Spesso lei e l'amica preparavano una cena casalinga, e poiché nessuna delle due aveva imparato a cucinare dalla madre («Nel nostro passato, è l'unica cosa che ci accomuna», sosteneva Frances), si limitavano ad aggiungere un cucchiaino di curry a ogni pietanza, spacciandole per ricette tipiche.

Solo Jay e Vic sapevano della loro inettitudine ai fornelli. Ma tutti e quattro provavano una profonda nostalgia per i sapori di casa e, non potendosi permettere i ristoranti, i due ragazzi (incapaci persino di bollire un uovo) avevano dovuto rassegnarsi. Jay, però, non aveva rinunciato a lamentarsi del fatto che il cibo americano non sapesse di niente, e quello preparato da loro due di un'unica cosa: curry. Frances, che si sarebbe volentieri accontentata di un sandwich, e si industriava a cucinare quei piatti solo per far piacere a lui, aveva deciso di dargli una lezione.

Jay si era sempre stupito che la sua ragazza, nata e cresciuta in India, non tollerasse il peperoncino, salvo nel *vindaloo* di maiale, una specialità di Goa. «In fatto di cibi piccanti, hai il gusto dei bianchi», la canzonava.

Lei aveva confidato il suo piano a Lali, e insieme avevano preparato a Jay un piatto speciale... con dieci peperoncini sminuzzati. Dopo il primo assaggio di riso e carne lui era rimasto a boccheggiare come un pesce, senza fiato per l'ustione. Era stato in quell'occasione che Frances aveva insegnato a Lali un altro trucco. Invece del bicchiere d'acqua subito allungato dall'amica, per contrastare il piccante aveva dato a Jay un pizzico di zucchero.

I ricordi le esplodevano nella mente come fuochi d'artificio. Quell'indiano invadente proseguiva imperterrito l'elenco delle verdure che coltivava nel suo orto, mentre lei moriva dalla voglia di raggiungere Frances e Jay, e i loro figli che ancora non conosceva.

«Chiedo scusa, ho appena visto i miei amici», disse al tizio, interrompendolo a metà frase, poi afferrò la mano di Jonathan e corse a raggiungerli.

«Frances! Jay! Finalmente ce l'avete fatta!». Attraversò il prato, prestando attenzione a non infilarsi con i tacchi nel terriccio.

«Lali Manali», la salutò Jay, stampandole due baci sulle guance. «Tu, piuttosto, sei finalmente tornata nella California del sud!».

«Non ho avuto scelta, visto che voi vi rifiutate di venire

al nord», ribatté pronta lei. «Frances, quanto tempo!», disse poi, abbracciando l'amica. Era ancora sottosopra per via della sventata confessione di Mandy, e non si era preparata all'incontro con Lali. Aveva osservato la folla fin dal primo momento, ma aveva cercato una donna in sari. Ai tempi dell'università, Lali aveva seguito il suo consiglio di abbandonare i *salwar kameeze* in favore dei jeans, ma nelle occasioni speciali indossava sempre il sari. Ne aveva persino messo uno blu alla cerimonia di laurea, ma si era fermata tanta di quella gente a farle i complimenti che in seguito le aveva confessato di essersene pentita: avrebbe dovuto mettere il tailleur che aveva comprato per i colloqui di lavoro.

Adesso invece sfoggiava un abito nero di taglio impeccabile, e un paio di sandali alla moda, con i tacchi. Ripensandoci, Frances si rese conto di averla già notata tra la ressa, ma di averla scambiata per un'occidentale.

Niente quella sera stava andando come previsto.

Colta alla sprovvista dall'abbraccio di quella signora elegante, Frances rispose con un vago: «Non sei cambiata affatto». Una banalità, e una totale bugia. Lali si vestiva meglio, ma le occhiaie erano più scure che in passato. Anche il taglio di capelli non le si addiceva. Una volta aveva ammesso lei stessa di non avere i lineamenti adatti alle acconciature occidentali. Avrebbe fatto meglio a tener fede a quella convinzione. Stava molto meglio con la treccia che un tempo le arrivava fino al sedere.

«So che non è vero», disse Lali, indicandosi il girovita, «ma ti ringrazio comunque della gentilezza». Era sempre stata la più robusta delle due, e quella perennemente a dieta. «Tu sì che sei rimasta uguale. Non hai preso un etto nemmeno dopo tre gravidanze».

«Avresti dovuto vederla quand'era incinta», rise Jay. «Dopo, non so come, i chili di troppo li ha passati a me». Si accarezzò la pancia che premeva sulla cintura. «Tutta colpa del fatto che ci inculcavano di non lasciare avanzi nel piatto».

Lali rise, e replicò con la menzogna di rito: «A me sembri in gran forma». Vedendoli comparire, si era sentita euforica, presa dai ricordi della giovinezza, ma la conversazione si era subito impantanata nelle banalità, uno scambio di luoghi comuni tra estranei.

«Magari anche Frances la vedesse così», si lamentò Jay. «Perché si è sempre più caritatevoli fuori casa?»

«Non si dice che la carità comincia a casa propria?», si inserì Jonathan.

«Tesoro, quando lo conoscerai meglio, scoprirai che a Jay piace stravolgere i modi di dire», gli spiegò Lali. Quella frase ruppe il ghiaccio, ricreando la confidenza di un tempo.

«Ciò che vorrei sapere è perché non ci siamo conosciuti prima», disse Jay a Jonathan. «È successo tutto così in fretta. Un momento prima Lali era a Los Angeles, e un attimo dopo si sposava a San Francisco. Non ci ha nemmeno invitato alle nozze», concluse, fingendosi risentito.

«Mi dispiace, ma non invitammo proprio nessuno. Eravamo noi due soli», replicò Jonathan.

Lali si accorse della perplessità di Jay a quella risposta. Il marito non aveva capito che il rammarico del vecchio amico era uno scherzo, e aveva risposto con grande serietà. Allo stesso tempo, però, era bello avere qualcuno che parlasse in sua vece. Quando frequentava Frances e Jay, malgrado la loro delicatezza nel non farla mai sentire di troppo, le era sempre toccato il ruolo del *kebab me haddi*, "l'osso nel kebab". Adesso anche lei aveva un compagno. Erano finalmente alla pari. Era felice di averlo al suo fianco, e lo prese per mano.

Seguì un breve silenzio, ma con la consueta spensieratezza Jay superò l'imbarazzo: «Ah, ma noi non siamo dei "nessuno" qualsiasi. Lali era presente quando noi ci siamo incontrati e messi la catena al collo. Mi sarebbe piaciuto vederla nello stesso frangente: cotta e fritta a puntino, con l'aggiunta di un po' di curry. Ma, ahimè, quell'invito non è mai arrivato».

"Dunque sarebbe questo il famoso marito cardiologo", pensava intanto Frances, squadrandolo dalla testa ai piedi. Lui sorrideva, e teneva Lali per mano. Le loro spalle erano quasi alla stessa altezza. Sapendo che era americano, si era immaginata una pertica. Invece Jonathan era basso, con i capelli corti e un viso glabro che lo faceva apparire più giovane. Era un bell'uomo, ma la statura lo rendeva meno invidiabile del fidanzato precedente di Lali, che attirava sempre sguardi ammirati quando passeggiava per Westwood Boulevard. Avrebbe voluto saperne di più sul suo conto, ma invece di cogliere l'occasione per fare qualche domanda, Jay continuava a insistere su quella faccenda dell'invito. Anche lei ci era rimasta male, ma a suo tempo Lali le aveva spiegato che si era trattato di una cerimonia modesta, con gli sposi e basta.

«Oh, Jay, finiscila. È stato secoli fa», disse. «È un piacere conoscerti», aggiunse poi, rivolta a Jonathan.

«Vale anche per me. Ma ho una confessione da farti. A suo tempo, quando Lali mi parlava dei suoi amici Frances e Jay, mi ero convinto che foste... be', una coppia gay».

«Davvero?». Frances lanciò un'occhiata eloquente in direzione della loro prole.

Lali notò il suo disagio, e si affrettò a intervenire: «Jay si lamenta di non essere stato invitato alle nozze, ma lui non mi ha mai presentato i suoi figli. Tre bambini! Quanto sei fortunata, Frances».

«Avevi cominciato prima tu», le rammentò lei. «Ero sicura che avremmo fatto a gara».

Lali a ogni parola si sentiva sempre più triste. Essendosi sposata più tardi, in effetti si era stupita di avere battuto Frances al traguardo della maternità. Ma dopo quella prima gravidanza da manuale, erano seguiti tre aborti. L'ultimo era stato terribile. Aveva dovuto svegliare Jonathan nel cuore della notte, ed era svenuta per l'emorragia. Non ci voleva un esperto per capire che dovevano rassegnarsi. Aaron sarebbe rimasto figlio unico. Almeno avevano un erede cui affidare il nome dei Feinstein.

«Frances è cattolica e, a dare retta a lei, ne avremmo fatti una dozzina», spiegò Jay. «Io le rammentai che Gesù non ebbe figli, e certo avrebbe capito se ci fossimo fermati a tre. Senza contare che il tre è un numero mistico per l'induismo. Anche se, in ossequio alla fede di Frances, dovrei fare riferimento alla trinità».

Lei sospirò. «Capite cos'ho dovuto sopportare in tutti questi anni?»

«Allora, non ci presentate il vostro trio?». Lali strinse più forte la mano di Jonathan, e lui ricambiò la stretta. Nei primi anni di matrimonio, avevano sperato in una prole numerosa quanto una squadra di basket.

Jay nominò i ragazzi uno per uno, mettendosi alle loro spalle: «Questa è Amanda, il nostro primo tentativo, ma noi la chiamiamo Mandy. La secondogenita è Lily, il nostro fiorellino, e questo ometto qui è Sam, colui che avrà l'onore di tramandare il mio cognome».

Lo sguardo di Lali passò in rassegna l'espressione annoiata di Mandy, il sorrisone sul volto di Lily, gli occhi vigili di Sam. Non aveva la minima voglia di imbarcarsi nelle solite banalità: "Quanti anni hai? Che classe frequenti?". Ne aveva già fin sopra i capelli di quelle che aveva scambiato con i genitori.

«Mandy, sei venuta di tua iniziativa stasera, o ti ci hanno costretta loro?», domandò, e la ragazza, rimasta fino a quel momento con gli occhi incollati a terra, alzò istantaneamente lo sguardo.

«Sempre la solita, Lali Manali, subito pronta a fare *gul-mul*», disse Jay, scuotendo la testa. «Ma questa volta non riuscirai a creare scompiglio. Mandy non vedeva l'ora di partecipare alla festa».

«Io volevo venirci davvero», si inserì Lily. «Per mettere le scarpette rosse».

«E io volevo bere le bibite, e le bevande indiane», annunciò Sam.

«Io invece vorrei sapere dov'è *vostro* figlio», disse Jay. «O non mi inviterete nemmeno a conoscerlo?»

«Aaron è rimasto a Boston», rispose Lali, liberando la mano dalla stretta di Jonathan. Poi, senza guardarlo, si mise a frugare nella borsetta in cerca della foto. Era stato un errore scegliere quella con la felpa di Harvard.

«Ah, dimenticavo che, come Vic, soffri anche tu la sindrome del borsellino vuoto», scoppiò a ridere Jay.

«Ecco il ragazzo che ha svuotato il nostro nido, *non* il borsellino», disse Lali, allungando la foto a Frances.

«Solo una?», protestò lei.

La esaminò da ogni angolatura, cercando di metterla a fuoco. La felpa cremisi le fece l'effetto della bandiera rossa sventolata dai matador sotto il naso del toro. La scritta HARVARD stampata a chiare lettere le risvegliò un'invidia così cocente da prenderla alla gola, levandole il fiato. Avrebbero dovuto essere i *suoi* figli quelli destinati a tanto successo. E invece Mandy stava per andare in India, come se per rimettersi in pari con il figlio di Lali le fosse necessario tornare indietro e prendere la rincorsa.

Disse la prima cosa che le passò per la testa: «Ti somiglia».

«Poverino», si commiserò Jay. «Bella sfortuna gli è toccata, somigliare a Lali per il resto della vita. Fammi vedere...». Scrutò la foto, poi esclamò: «Ti serve una visita dall'oculista, Frances. Non ha affatto preso da sua madre, grazie a Dio. È bello quanto il padre».

Frances riuscì finalmente a scollare lo sguardo dalla felpa per concentrarsi sulla faccia del ragazzo. Aveva ragione Jay. Aaron aveva la carnagione bianca di Jonathan e, malgrado non riuscisse a distinguerli, gli occhi dovevano essere azzurri, visti i capelli biondi. Era il ritratto dei figli che aveva sognato un tempo. Fin da piccola le era stato inculcato il desiderio dei tratti, degli atteggiamenti e delle origini occidentali. Gli abitanti di Goa andavano fieri della propria ascendenza portoghese, e si sentivano superiori agli indiani perché i loro antenati avevano occhi azzurri, verdi o nocciola: come quelli di sua sorella, che si chiamava Hazel proprio per questo, e che Frances aveva invidiato dal profondo del cuore. E quando le sue sorelle la prendevano in giro perché sarebbe stata la futura signora O'Sullivan, avevano profetizzato anche per lei figli con la pelle bianca e gli occhi azzurri.

La carnagione di Lali era scurissima, di quelle che

la madre di Frances definiva «senza rimedio», anche se si fosse tenuta per tutta la vita al riparo dal sole. E le era toccato un figlio totalmente americano. Aaron non sarebbe mai stato vittima di pregiudizi, nessuno lo avrebbe discriminato per la sua diversità. Nell'America del dopo 11 settembre, chiunque con la pelle scura era guardato con sospetto. Lei stessa aveva visto molti clienti tirare un sospiro di sollievo quando spiegava di non essere mediorientale e di essere cresciuta in India perché i suoi antenati portoghesi si erano insediati là.

«E immagino abbia ereditato dal padre anche il cervello», proseguì Jay. «Tu ti sei laureato a Harvard, giusto?», domandò a Jonathan. Era importante accennare alla prestigiosa università appena possibile. Jay sapeva per esperienza cosa significasse appartenere all'élite, e voleva verificare come avrebbe reagito l'uomo: si sarebbe vantato o schermito?

«Colpevole», rispose lui.

«E in caso di un'emergenza, stasera potremo contare su di te?»

«Farò del mio meglio», promise Jonathan.

Quelle risposte concise placarono l'ansia di Jay. Jonathan non sembrava il tipo da snobbare la sua laurea alla UCLA, anche se veniva da un'università talmente rinomata che nessuno si sarebbe sognato di parodiarne il nome con qualche trovata in stile "Lavativi d'America".

«Perché non facciamo un giro al buffet?», suggerì Frances. Era digiuna dall'ora di pranzo, e si sentiva la gola riarsa.

«Ottima idea», disse Jay. «L'occasione merita un brindisi. Sam, Lily, andate a servirvi le vostre bibite, e raggiungeteci qui».

«Mandy, puoi prenderne una anche tu». Frances non capiva perché Jay l'avesse esclusa.

«Oggi è un gran giorno», disse lui, in un tono carico di indulgenza. «Concederò a Mandy il suo primo Cosmopolitan. Che ne dici?», domandò alla ragazza, temendo tardivamente un suo rifiuto. A volte dimenticava che in America tutti bevevano alcolici, e i suoi figli non ci trovavano niente di speciale. Per quanto ne sapeva lui, Mandy poteva avere già provato vino, birra e chissà cos'altro. Negli Stati Uniti i liquori erano alla portata di chiunque, diversamente dall'India, dove non erano disponibili, o troppo costosi, tranne per il *daroo*, un autentico torcibudella.

«Ok», rispose lei, con un'alzata di spalle.

«Voi uomini andate a prendere da bere», disse Lali, «mentre noi ci occupiamo del cibo. Così faremo prima». Lei e Jonathan erano stati fortunati. Erano arrivati in anticipo, e si erano serviti prima che al buffet si formasse la coda.

«Mandy, ti spiace accompagnare i tuoi fratelli, per evitare che combinino guai?», disse Frances. Grazie al cielo, la ragazza non fece storie, e andò a raggiungere Sam e Lily.

***

«E Vic, lo avete visto?», domandò Frances a Lali mentre si avviavano al buffet.

«Appena arrivati. Anche Priya». Come d'incanto, erano tornate ai tempi della UCLA, a camminare fianco a fianco, e a spettegolare. Dopo ogni festa o cena, si divertivano entrambe a sezionare ogni cosa. Questa volta lo facevano preventivamente.

«Io l'avevo incontrata appena arrivata negli Stati Uniti», disse Frances, «ma l'ultimo incontro risale a dieci anni fa. Sembra impossibile che sia passato tanto tempo. Noi avevamo pensato più volte di invitarli a cena, ma Vic era sempre troppo impegnato con il lavoro, e io con Lily e Sam, nati a pochissima distanza l'una dall'altro. È stato Jay a tenere i contatti. Una volta all'anno, lui e Vic escono a pranzo. Dimmi, che impressione ti ha fatto Priya? Se ricordo bene, parlava già inglese, ma non sembrava entusiasta di avere lasciato la madrepatria».

«Deve avere cambiato idea, perché a vederla si direbbe che si sia perfettamente ambientata», rispose Lali. «E il suo inglese è ottimo, almeno quanto il nostro. Ha l'aria di una donna istruita, non di una provinciale scovata in qualche villaggio di campagna dai genitori di Vic».

«Mi aspettavo una di quelle mogli sempre in sari che, per evitare di parlare inglese, hanno sempre un sorriso stampato in faccia».

«Sul sari hai azzeccato», disse Lali. «Ma il modello è molto raffinato, non uno di quei tendoni appariscenti e grondanti di *zaree*», aggiunse, lanciando un'occhiata eloquente all'abito di un'altra signora, un tripudio di ricami dorati su sfondo rosso sgargiante.

A Frances sfuggì una risata. «Quel sari mi ricorda l'invito».

«Pacchiano com'era, scommetto che è stato Vic a sceglierlo. Dammi retta, Priya è molto più simile a noi. Ma se non vi vedete da anni, significa che non conosci i suoi figli». Lali era curiosa. Avrebbero incarnato lo stereotipo dei figli di immigrati o erano integrati?

«Nikhil si è presentato poco dopo il nostro arrivo»,

disse Frances, disponendo qualche *pakora* sul piatto. «Ci ha salvati dal cugino di Priya».

«Oddio, ha cercato di vendere una polizza anche a voi?», scoppiò a ridere Lali. «Jonathan stava per soccombere, quando Vic è accorso a toglierci d'impaccio. Ha proibito al cugino di Priya di infastidire i suoi ospiti, ma dubito che quello gli abbia dato retta».

«Io e Jay stavamo quasi per rispondergli male. Per fortuna è arrivato Nikhil».

«Credo che così possa bastare», disse Lali, scorrendo lo sguardo sui piatti carichi di *samosa* e *pakora*, e aggiungendo il *chutney*. «Dovrei tenermi alla larga dai fritti, ma non resisto, hanno un'aria troppo appetitosa».

«Tuo marito tollera il cibo piccante?»

«Questa roba non è piccante. Vic ha detto di avere ordinato apposta pietanze blande. E comunque Jonathan non è un occidentale tipico. Per la verità, se la cava meglio di te, signorina "niente peperoncino"», rispose Lali. «Al nostro primo appuntamento, mi ha portata in un ristorante vietnamita, e non ha fatto una piega. Persino io ero in difficoltà, mentre lui ha continuato a mangiare peperoncino come se niente fosse».

«Mi ci sono abituata anch'io, dopo tanti anni con Jay. Buffo pensare che a quel tempo sopportassi il piccante solo nel *vindaloo* di maiale. Peccato che Vic sia vegetariano. Stasera ne avrei proprio voglia».

«Io l'ho assaggiato per la prima volta a casa tua. Nella cucina del Kerala, la carne è quasi esclusivamente quella di manzo, il porco si mangia poco. Ehi, è vero che a Goa le latrine sono in cortile, e usano le feci per alimentare i maiali?»

«Dove hai sentito una fesseria simile?»

«Da una conoscente, una ragazza di Goa cresciuta a

Nuova Delhi. Dice che tornare in visita ai parenti era un supplizio. Ogni volta che andava in bagno, i maiali facevano irruzione. E dopo averli visti razzolare in quel modo, suo zio ne macellava uno, e pretendeva che lei lo mangiasse. Che schifo».

«È una storia disgustosa e falsa», mentì Frances.

La sua famiglia faceva lo stesso, ma lei non l'avrebbe ammesso a nessun costo. Lo aveva taciuto persino a Hyderabad. A quel tempo evitava di accennare alla carne di maiale per rispetto della numerosa comunità islamica, e in America aveva continuato a tenere per sé certe consuetudini, temendo che considerassero arretrati i suoi parenti. Il commento di Lali confermava i suoi timori, e Frances si compiacque di non avere mai fatto riferimento a un simile aspetto della sua infanzia.

«Chissà perché quella ragazza mi ha mentito», rifletté Lali a voce alta.

«Ecco tornare i nostri mariti», disse Frances, cogliendo il destro per cambiare argomento. «E vedo arrivare anche Lily e Sam. Dov'è Mandy?», domandò alla figlia minore appena questa l'ebbe raggiunta.

«Sta parlando con Nick, mamma», rispose lei. «Ha detto che arriva subito».

«Posso prendere un'altra bibita?», domandò Sam.

«Se bevi troppo, ti spunteranno le rane nella pancia». Jay assaggiò un *samosa*, e sospirò per la soddisfazione. «Ottimo cibo, ottimo alcol, e... be', anche la compagnia non è male».

«Alla vostra salute», disse Lali, alzando il calice di vino.

«Alla banda dei quattro», brindò Frances. «Jonathan, in assenza di Vic, diventi automaticamente membro onorario».

«Grazie. A questo bevo volentieri».

«Questi *pakora* sono deliziosi», disse Lali. «Non riesco a smettere».

«Ehi, lasciane qualcuno anche a me», scherzò Jay, afferrandone un paio.

«In realtà, dovrei lasciarteli tutti. Noi siamo arrivati in anticipo, e abbiamo già mangiato», confessò Lali.

«Hanno anche incontrato Vic e Priya», lo ragguagliò Frances.

«Ho tenuto gli occhi aperti, per individuarlo», rispose Jay. «Ma ogni volta che mi giro, vedo il cugino di sua moglie. Eccolo di nuovo là. Probabilmente sta cercando di piazzare un'altra polizza».

Si voltarono tutti, e videro Rajesh vacillare, e lasciarsi cadere pesantemente su una sedia.

«Non sembra molto in forma», si preoccupò Jonathan.

«Sarà ubriaco», lo tranquillizzò Jay. «Forse Lali non ti ha messo in guardia sulla passione indiana per l'alcol. Secondo me, le linee aeree hanno smesso di offrire i liquori perché gli indiani ne approfittavano troppo. Vedi», aggiunse poi, «ha un bicchiere in mano. Avrà dato fondo all'open bar. Se non sta attento, finirà ko prima di cena».

«Mi auguro che qualcuno lo accompagni a casa».

«Si fermerà a dormire per smaltire la sbronza. Da Vic le camere non mancano. Per la verità, non mi stupirei di vedere ubriaco anche lui. All'università era quasi astemio, ma da allora mi batte tre a uno».

«Stasera dovrai accontentarti di quello», gli ricordò Frances. «Devi guidare».

«Agli ordini», rispose Jay, facendo il saluto militare. «Visto che marito obbediente sono? Ah, ecco Mandy.

Un Cosmopolitan per la signora», disse, allungandole il calice.

«Anch'io voglio un sorso!», saltò su Sam.

«Quando avrai compiuto diciassette anni», rispose severo Jay. «Fino ad allora, acqua, e bevande gassate nelle occasioni speciali».

«Mandy, me lo fai assaggiare?», insistette Sam, ignorando sfacciatamente il padre.

«No».

«Allora racconto a Griffin che stasera parlavi con Nick», ribatté lui.

Frances rimpianse di non averli lasciati a casa. Sam e Lily avevano già messo in cattiva luce la sorella maggiore con la storia dei voti, e adesso il fratello la stava ricattando. Ultimamente Mandy era così volubile, non c'era modo di prevedere come avrebbe reagito sentendosi di nuovo presa di mira.

Jay appoggiò una mano sulla testa di Sam, scompigliandogli i capelli. «È da non credere, quel che esce dalla bocca dei bambini».

«Non sono un bambino», si inalberò lui. «Ho la giacca. Sono quasi un uomo».

Scoppiarono tutti a ridere, e Frances sperò che il pericolo fosse passato.

Macché. Lily non mollava l'osso: «Nikhil non è il ragazzo di Mandy, scemo. È amico di mamma e papà».

«Griffin si arrabbierà lo stesso», si ostinò Sam.

«Non capite proprio niente», disse Mandy, alzando gli occhi al cielo. «Griffin è gay».

«Cosa vuol dire?», domandò Sam.

«Che è simpatico», si affrettò a rispondere Frances. «Vai a prendere un'altra bibita». Dopo la figuraccia da ultima della classe, Mandy rivelava anche di avere amicizie omosessuali. Niente di male, come fatto in sé, ma a Frances non andava di sentirglielo dire in pubblico. La faceva sembrare un'emarginata sociale.

Da principio, Jay pensò che Mandy lo avesse detto apposta, solo per zittire suo fratello. Ma forse parlava sul serio. Griffin era davvero gay? Si sentì un idiota. Aveva creduto che avesse una cotta per la figlia, e che facessero coppia, come si diceva in India. Ma se non era così, perché Griffin era tanto assiduo? Gli tornò in mente il commento di Nikhil. Forse gli stessi compagni che prendevano di mira Mandy tormentavano anche lui. Erano entrambi degli emarginati. Era questo a unirli? Si spalleggiavano a vicenda, per consolarsi dello scherno e degli insulti?

«Un tempo anche a me bastava una bibita per sentirmi felice», disse Jonathan, guardando Sam precipitarsi al buffet.

«Oh, ti capisco», disse Jay, ben contento di cambiare argomento. «Ero piuttosto giovane quando nel '77 il governo indiano sbatté la Coca-Cola fuori dal Paese, ma andavo matto per la Thums Up. Mia madre avrebbe preferito che bevessi la limonata fatta in casa, e io naturalmente pretendevo quella comprata al negozio».

«Io sono cresciuta con il latte di cocco fresco. Mio padre non comprava mai delle bevande gassate. Ci diceva che venivano ricavate dall'acqua sporca, e facevano male alla salute», disse Lali. «Sull'acqua mentiva, ma quanto allo zucchero, ai coloranti e agli additivi non posso certo dargli torto».

«Immagino che non ti comprassero nemmeno tante merendine», commentò Jonathan, dandole di gomito. «Ti ricordi i nostri primi tempi da sposati, quando tornavi dal supermercato e io ti chiedevo se avevi comprato qualche snack? Non sapevi di cosa stessi parlando».

«Infatti. Per la merenda preparavo frutta e noci», rispose lei. «E sono convinta ancora oggi che sia un'abitudine molto più sana delle patatine, dei biscotti e delle altre porcherie confezionate, piene di sale e conservanti».

«Io credevo che il sale fosse un conservante», disse Jay.

«Ai tempi dei romani, papà», fece Mandy.

«Oh, scusami tanto. Ti sto mettendo in imbarazzo con la mia ignoranza sulla storia occidentale?», le domandò lui. Poi, rivolto agli altri, aggiunse: «Non so dirvi quante volte i miei figli mi trattano con sufficienza perché non capisco l'umorismo americano, o perché non sono nato qui».

«Aaron ci ha provato anche con me», rise Lali. «Ma gli ho fatto subito passare la voglia. A scuola gli insegnavano che Grecia e Roma erano "la culla della civiltà". Mi sono talmente infuriata che ho chiesto di fare una lezione, e ho spiegato a tutta la classe dei siti archeologici a Mohenjodaro e Harappa, più antichi di tremila anni».

«Io e Aaron abbiamo riso come matti per *Il mio grosso grasso matrimonio greco*. Voi l'avete visto?», domandò Jonathan. «Vi ricordate quella scena, in cui il padre sostiene che tutte le parole vengono dal greco, e la figlia gli risponde: "E che mi dici di kimono?". Be', per anni Lali ha sostenuto che ogni cosa positiva, dalla scala decimale alla chirurgia plastica, abbia origini indiane. Si era arrivati al punto in cui Aaron la batteva sul tempo, e interveniva al suo posto: "Sì, mamma, lo so, viene dall'India"».

«Fai presto, tu, a ridere, ma noi immigrati dobbiamo difendere il nostro patrimonio culturale», disse Jay, lanciando un'occhiata a Mandy. La ragazza ascoltava attentamente, senza la solita espressione annoiata e distratta.

«Cosa ti fa credere che per me sia diverso?», disse Jonathan. «Nemmeno noi ebrei siamo considerati americani fino in fondo».

«Almeno non avete dovuto affrontare la discriminazione».

«Sì, invece. Cent'anni fa io non avrei mai potuto studiare a Harvard, e ancora adesso negli Stati Uniti esistono circoli ai quali mi è vietato l'ingresso. Non che io voglia diventarne membro, ma è questione di principio».

«Non ne sapevo niente», si sbigottì Jay. Aveva dato per scontato che gli ebrei fossero americani quanto l'*apple pie*, ma con la ciliegina dell'eccellenza accademica. Lucy e gli altri vicini del quartiere non avevano mai dato a intendere di venire trattati da cittadini di seconda classe.

***

«Ero convinta che tuo marito sapesse tutto», sorrise Priya, avvicinandosi al gruppo. «Jay, Frances, vi ringrazio di essere venuti stasera. E di avere portato i bambini».

«Finalmente! Che bello rivederti», esclamò Jay. «E per tua informazione, è proprio così: io sono onnisciente».

«O almeno ne è convinto», disse Frances, facendo una smorfia. «Priya, grazie a te dell'invito. È una festa magnifica».

«Tutto merito di Vic», rispose lei, alzando le mani come per chiamarsi fuori. «Io avevo proposto una crociera di famiglia, ma l'ha spuntata lui».

«Lavora ancora giorno e notte, senza mai un attimo di respiro?», rise Jay.

«No, no. Ogni estate gli impongo tre settimane di vacanza. Apro la cartina, scelgo una destinazione a caso, e partiamo».

«Beata te».

Frances non riusciva ancora a capacitarsi della compostezza e dell'inglese impeccabile di Priya. Lali aveva ragione. Non aveva né l'aspetto, né i modi di una donna nata in un villaggio di campagna. E nemmeno si vantava del suo stile di vita. Frances aveva conosciuto molti indiani facoltosi che per dimostrare il proprio amore dei viaggi elencavano ogni località visitata, musei e attrazioni compresi. Era uno dei motivi per cui Jay non li frequentava più. Priya si era limitata a un'affermazione di fatto, senza fronzoli. Aveva un atteggiamento affabile, e sembrava sinceramente felice di vederli.

«Beato Vic», disse Priya. «Io non lavoro, quindi non sento il bisogno di una vacanza. Lo faccio per lui».

«Cosa fai per me?». La voce di Vic risuonò alle sue spalle. Poi, senza aspettare una risposta, suo marito si rivolse a Jay e Frances.

«Ce l'avete fatta, dunque. Ancora oggi mi stavo chiedendo se anche stavolta non sareste venuti. E invece eccovi qui. Vedo che avete già bevuto. Bravi, benissimo. Vi prego, mangiate e bevete. Proprio come ai vecchi tempi», disse soddisfatto.

Si era crogiolato tutta la sera nei complimenti degli ospiti: non soltanto per la laurea di Nikhil, ma anche per il cibo, i tavoli, le bevande. «Un'organizzazione impeccabile», gli aveva ripetuto ogni invitato. Lui rispondeva puntualmente che la disposizione era merito di Priya, sentendo a mano a mano dissipare la rabbia nei suoi confronti. Persino la preoccupazione per la presenza dei motociclisti si era rivelata infondata. Si stavano comportando in modo impeccabile, e chiacchieravano amabilmente con gli altri ospiti. Poco alla volta, anche lui era riuscito a rilassarsi, smettendo di vigilare ossessivamente su ogni minimo dettaglio. Adesso, riunito agli ex compagni di università, la sua felicità era al culmine.

«Con qualche cambiamento», disse Jay, battendosi una mano sul ventre, «e nuovi acquisti», aggiunse, indicando Jonathan e Priya.

«Come ai vecchi tempi?», disse Lali, corrugando la fronte. «Alla UCLA non avevi mai organizzato una festa».

«Era troppo impegnato a ideare la sua società», disse Jay.

«Gli studenti americani non li capivo proprio», osservò Vic, scuotendo la testa. «Invece di stare sui libri, passavano da una festa all'altra. Io non intendevo sprecare energie in scemenze simili. Facevo presenza, e dopo qualche minuto me ne tornavo a casa. Sono felice che siate venuti, e abbiate portato i bambini». Sorrise a Lily e a Sam.

Avevano la stessa espressione annoiata di suo figlio minore, quando lo trascinavano a qualche cena.

«Perché non andate in casa, a vedere la stanza dei giochi di Nandan? Potete usare la Wii, la Xbox, e la PS2, oppure guardare la televisione. A lui non dispiacerà prestarvi i suoi videogiochi».

«Possiamo?», domandò Lily ai genitori.

«Le gambe le avete, quindi è ovvio che *potete*», rispose Jay. «La domanda giusta è se avete il *permesso*».

«Lasciali andare», si intromise Vic. «Ah, questa è la maggiore. Piacere. Se ti va, potresti andare con i tuoi fratelli, magari trovi qualcosa di adatto alla tua età».

«Abbiamo il *permesso* di andare?», rilanciò Sam.

«Certo, però restate in casa finché non verremo a prendervi. E attenti a non rompere niente», rispose Jay.

«Non preoccuparti», disse Vic, battendogli una mano sulla spalla. «Qui sono a casa loro. Lasciali divertire».

I tre se la filarono, e lui stava per aggiungere qualcosa quando fu interrotto.

«Ottimo vino, Vic», disse Pierre, alzando il calice mentre gli passava davanti. «Dì a tuo figlio che i francesi l'hanno molto apprezzato».

«I tuoi amici motociclisti sono rimasti incollati al bar tutta la sera», commentò Priya, rivolta al marito.

«E con questo?», ribatté lui, alzando le spalle. «A loro piace bere».

«Amici motociclisti?», si stupì Jay. «Non mi avevi detto di essere entrato negli Hell's Angels!».

«No, no, niente del genere. È solo un gruppo di francesi con cui faccio qualche gita in moto».

«Mi prendi in giro?»

«Niente affatto», rispose Priya al suo posto, mentre Vic beveva un altro sorso. «Un giorno è tornato a casa con una BMW, e la settimana dopo è partito per San Diego con i suoi amici».

«Non sono amici veri e propri», puntualizzò lui. «Usciamo in moto, tutto qui».

«Come le tue ragazze alla UCLA?», lo punzecchiò Jay. «Vic ha sempre ragionato per compartimenti stagni.

Anche all'università diceva che le sue amicizie femminili non erano "ragazze vere e proprie"».

«Avevi delle ragazze?». Gli occhi di Priya si erano stretti in due fessure.

«Non dar retta a Jay. Mai avuto un'altra fidanzata in vita mia».

«È la verità?», gli domandò lei.

«Lui diceva così», rise Jay, poi si impietosì. «In realtà stavo solo scherzando. Ero io la pecora nera, l'indiano che usciva già con la fidanzata. E casomai te lo stessi chiedendo, Jonathan, anche Lali frequentava la stessa persona: Frances. Era virtuosa quanto il nostro Smilzo. Non ha mai avuto un ragazzo».

«Oh, se ne abbia avuti o no per me fa lo stesso. Mi basta che abbia sposato me», disse Jonathan, avvolgendo con un braccio le spalle della moglie.

Lali guardò Frances. Dunque non aveva raccontato a Jay la storia di Aakash. O se gliel'aveva confidata, grazie a Dio lui faceva finta di niente. Un impeto di affetto e gratitudine per i suoi vecchi amici spazzò via ogni senso di colpa. Aveva scrutato di tanto in tanto tra la folla, per timore che Aakash si imbucasse alla festa. Non le sembrava il tipo, ma comunque non voleva farsi cogliere alla sprovvista.

«Quanto a me, sono felice che il figlio di Vic si sia laureato, perché ci ha offerto l'occasione di questa rimpatriata», disse Jay. «Quindi vado a prendere un altro giro, così possiamo brindare».

«Ci vado io, voi avete ancora tante cose da raccontarvi», si offrì Jonathan.

«Per me whisky», disse il padrone di casa, alzando il bicchiere. «Con ghiaccio».

«Vic», lo ammonì Priya, a mezza voce. «Ne hai ancora abbastanza per il brindisi».

«Frances, Lali, voi cosa bevete?», domandò lui, ignorando il rimprovero della moglie. Per la seconda volta lo aveva messo in imbarazzo davanti ai suoi amici. Che motivo aveva di stargli tanto addosso? Mica era ubriaco. Aveva bevuto appena due whisky. Solo perché lei era astemia non significava che anche lui dovesse diventare altrettanto morigerato.

«Oggi è un gran giorno. Mio figlio si è laureato al MIT, e i miei migliori amici in tutta l'America sono venuti a festeggiarlo. A proposito, dov'è finito Nikhil?», domandò a Priya. «Deve unirsi a noi. Voglio che conosca le prime persone con le quali ho fatto amicizia in questo Paese».

«Non so dove sia», rispose Priya, secca.

«Vallo a cercare», le ordinò lui. «Digli che voglio presentargli i miei più vecchi amici».

«Lo abbiamo già incontrato», si affrettò a intervenire Frances.

«È stato gentilissimo, ci ha dato subito il benvenuto», aggiunse Jay. Da ragazzo Vic non era mai riuscito a reggere l'alcol. Forse anche in questo non era cambiato.

Jonathan fece ritorno con i bicchieri pieni, e Vic levò il suo in aria. «Brindo ai miei amici. Grazie di essere venuti. Ora, dimmi», domandò, rivolto al marito di Lali, «il cibo è stato di tuo gradimento, finora?»

«Era ottimo», rispose Jonathan.

«Credo che Lali abbia soprattutto apprezzato i *pakora*», disse Jay. «Guarda, ne è rimasto ancora qualcuno», aggiunse, avvicinandole il vassoio.

«*Vade retro*, Satana», protestò lei.

«Voialtri cristiani proprio non vi capisco», obiettò Jay. «Pensate che Gesù volesse scacciare Satana. Invece secondo me lo voleva con sé, per farsi spalleggiare».

«Sei peggio di un pagano», ribatté Lali.

«Può darsi, ma se voglio assaggiare un *pakora*, farò meglio a mandare *retro* te, o lascerai solo le briciole».

«Adesso basta», si spazientì lei. Jay non si accorgeva mai quando le sue battute sconfinavano in un insulto.

«Vi prego, fate onore alla cucina», disse Vic. «Ho ordinato cibo in abbondanza. Rajesh!», urlò. «Accertati che quegli imbecilli del catering rimettano *pakora* e *samosa* sui vassoi. Vanne a prendere un altro po'», disse a Lali. «O se preferisci, posso mandarci Rajesh».

«Grazie, ne ho mangiati a sufficienza», rispose lei, imbarazzata.

Rajesh arrivò di corsa. «Ho appena controllato, sul buffet non manca niente».

«Bene. Domanda in cucina cosa aspettano a servire la cena», gli ordinò Vic, e l'altro si precipitò a eseguire.

«È madido di sudore», commentò Jonathan. «Sicuro che stia bene?»

«Non devi preoccuparti per Rajesh», rispose Vic. «È il cugino di Priya, ed essendo l'unico rappresentante della famiglia, a parte i parenti stretti, si dà un gran da fare per mettersi in mostra». Non voleva fare riferimento agli alcolici. Aveva avvertito Rajesh di non sbronzarsi, e quell'idiota aveva annuito soddisfatto, reggendo un boccale di birra.

«Mio cugino è arrivato in anticipo, per rendersi utile», aggiunse Priya. «Non si è fermato un minuto per tutto il pomeriggio».

«Un aiuto vi avrà fatto comodo», disse Jay. «A quanto vedo, avete invitato tutta la città».

«A proposito, quanti sono gli ospiti?», domandò Jonathan.

Lali sapeva che suo marito era rimasto sbalordito

davanti a una simile folla. «Sembra un ricevimento di nozze», aveva commentato.

«Oh, questo è niente», aveva risposto lei. «Se si trattasse davvero del matrimonio di Nikhil, Vic avrebbe fatto venire dall'India la famiglia al gran completo, e invitato anche i conoscenti più alla lontana. E non si sarebbe limitato a una cena. I festeggiamenti sarebbero proseguiti un giorno intero».

«È solo una festicciola», rispose Vic, con aria modesta. «Appena centocinquanta persone. Nikhil voleva fissare un tetto di cento, ma io gli ho spiegato che non era proprio possibile. Bisognava considerare i suoi amici. Mio figlio conosce molte persone a Newport Beach, avendo fatto qui tutte le scuole, dalle elementari al liceo. E poi in zona abitano alcuni compagni del MIT, e i ragazzi della sua squadra di nuoto. Volevo che si sentisse libero di invitare chiunque desiderasse. E poi non potevo escludere i miei amici e i dipendenti dell'azienda. Per non parlare dei membri della Camera di commercio indiana e di altre associazioni alle quali appartengo. Ma come vedi, ho fatto in modo anche di invitare molti americani. In gran parte li conosco per ragioni professionali, e alcuni lavorano per me. Ah, eccone uno. È un tipo interessante, ha viaggiato in India. Si occupa per me delle relazioni pubbliche, è un elemento prezioso perché parla spagnolo e conosce un po' la nostra cultura. Ora lo chiamo, così ve lo presento. Ricardo!».

«Potremo incontrarlo più tardi», propose Jay. Voleva passare più tempo con gli amici, non perderne per fare nuove conoscenze. Aveva provato sollievo che i francesi avessero proseguito senza fermarsi. In altre circostanze, avrebbe chiacchierato volentieri con loro, per farsi rivelare qualche aneddoto sul Vic motociclista, ma non quella sera.

«No, no, mi ha chiesto espressamente di te. Quando gli ho detto che hai abitato a Delhi, mi ha domandato di organizzare un incontro. Ha trascorso del tempo in quella zona, e non gli capita spesso di parlarne con qualcuno. Ricardo! Ricardo!».

Questa volta un uomo dai capelli grigi si girò, e si avvicinò al gruppo.

Lali e Frances si scambiarono un'occhiata. Nei rapporti sociali, Vic era proprio un disastro. Era talmente incapace nelle relazioni che Lali si era spesso chiesta se soffrisse della sindrome di Asperger. Priya, poveretta, sorrideva stoicamente.

«Ricardo, volevi conoscere i miei amici della UCLA. Questo è Jay, te ne ho parlato, quello che ha studiato a Delhi».

«*Namaste*», disse lui.

Lali si lasciò sfuggire un sospiro. Adesso avrebbero dovuto accollarsi quello sconosciuto e sorbirsi ogni dettaglio dei suoi viaggi in India, con una spolveratina delle quattro parole hindi raccattate strada facendo, come quel "*namaste*" raffazzonato. Ne aveva fin sopra i capelli dei turisti convinti di affascinare gli interlocutori indiani con le loro esperienze nel Paese. Come aveva detto a Jonathan, dopo avere subìto l'ennesimo resoconto di un itinerario in treno: «Io sono nata e cresciuta in India, e la conosco come le mie tasche. Preferirei sentir parlare dell'Ungheria, della Svezia o dell'Alaska».

Jay stava per impersonare il ruolo del maestro di cerimonie, così malamente gestito da Vic, e presentare gli altri, quando Priya si inserì con eleganza: «Ricardo, ti presento Jonathan. Lei è sua moglie, Lali, e la signora accanto è la moglie di Jay, Frances».

«Frances?». Ricardo la scrutò, scuotendo la testa per scostare la frangia dalla fronte. «Fran Dias? Oh mio Dio, non riesco a crederci. Sei proprio tu! Wow. Santo cielo, devo chiamare mia moglie. Non muoverti. Resta dove sei. Non crederà ai suoi occhi. Torno subito».

***

Frances restò a fissarlo. Il sudore le incollava la camicetta alla schiena, e il cuore le batteva talmente forte da coprire la musica e il brusio degli invitati. Si era tanto preoccupata che la gente indagasse sulla carriera di Jay, sul rendimento scolastico di Mandy, sul suo ritorno in India. Non aveva previsto di trovarsi faccia a faccia con il proprio passato.

Ricardo era Rich, l'uomo che l'aveva chiesta in moglie, le aveva insegnato quella stupida canzoncina su Nixon e l'aveva piantata in asso. Pensava a lui appena poche ore prima, e ora eccolo, ingrigito, ingrassato e accompagnato dalla moglie.

«Lo conosci?», domandarono Jay e Vic all'unisono.

Le fu risparmiato di rispondere, almeno per il momento, perché Rich era già tornato, trascinando con sé una donna dai tratti indiani e un'espressione perplessa sul volto.

«Carmen, questa è Frances», le disse lui.

«Salve». La donna le tese la mano, mantenendo un tono garbato, ma senza perdere quell'aria interrogativa.

Frances rispose debolmente alla stretta, e Rich disse: «Carmen, hai capito chi è? È Frances… dall'India».

«Oddio!», esclamò lei, stringendole energicamente la mano.

Jay era sbalordito. E da quando Frances aveva amicizie di cui lui non fosse al corrente?

Lali osservava divertita la scena, incuriosita dallo scarso entusiasmo dimostrato da Frances alla comparsa di un vecchio amico.

«Ricardo mi ha tanto parlato di te», disse Carmen. «Dice che la tua famiglia era imparentata con quell'esploratore famoso... come si chiamava, tesoro?», domandò al marito.

«Bartolomeu Dias. Il padre di Fran mi spiegò che era l'ultimo antenato al quale fossero riusciti a risalire».

«Sì, ora ricordo. Te lo invidiavo molto, perché nella mia famiglia non ci sono celebrità. Per la verità non sappiamo nemmeno se siamo spagnoli o indiani. Così, quando Ricardo mi disse che venivi dall'India, e avevi origini portoghesi, be', ero gelosissima. Ma è passato tanto di quel tempo, adesso possiamo essere tutti amici».

«Non è straordinario?», esclamò lui, spalancando le braccia. «Vic mi aveva detto che alla festa sarebbero venuti tutti i suoi amici più cari, ma non avrei mai creduto di incontrare una mia vecchia fiamma».

Quelle parole gli erano uscite di bocca con assoluta disinvoltura. Un tempo Frances aveva trovato irresistibile il suo accento, era rimasta incantata dal suo modo di esprimersi. Dopo averlo incontrato, sua madre aveva deciso di preferire l'inflessione americana a quella britannica. «Gli americani *sposano* le parole», aveva detto, ridendo. «Gli inglesi scandiscono ogni sillaba separatamente, e le frasi sembrano divorziate».

Ora la parlantina di Rich aveva aperto a tutti una

stanza rimasta sprangata per anni. Frances sentiva i loro sguardi puntati addosso – quello sorpreso di Vic, quello sbalordito di Lali ("Hai capito, la santarellina") – e quello sgomento di Jay. Gli leggeva negli occhi cosa stava pensando: "Non me ne avevi mai parlato".

Se solo si fosse accorta prima della presenza di Rich, avrebbe potuto evitarlo.

Ma come riconoscerlo in quell'uomo incanutito, che si faceva chiamare Ricardo? L'ultima volta che lo aveva visto era biondo come il grano. Ora i suoi occhi azzurri erano nascosti dietro lenti spesse, e le spalle un tempo così abbronzate si erano ingobbite. Sembrava persino più basso del ragazzo che aveva idolatrato.

A lei aveva detto che la sua famiglia era irlandese e cattolica, come quella del presidente Kennedy, tranne per la ricchezza. "Persino questo ci unisce", aveva pensato lei, con stupore. Era stata la religione comune a spazzare via ogni diffidenza quando lui aveva cominciato a sbottonarle la camicetta, la sera prima di partire. Frances voleva renderlo felice, e si era convinta che un cattolico avrebbe senz'altro portato all'altare una donna con la quale fosse stato a letto. Così gli aveva permesso di spogliarla, beandosi delle sue dichiarazioni d'amore. Solo anni dopo, e con maggiore esperienza, si era resa conto dell'azzardo: avrebbe potuto restare incinta, o beccarsi un'infezione. Lui non aveva preservativi, ma le aveva giurato che non c'erano rischi.

«D'accordo», aveva detto lei, esattamente come aveva risposto alla sua richiesta di passare insieme la sua ultima serata in India.

La sua fiducia in lui andava ben oltre l'anello di fidanzamento che le aveva messo al dito. Il brillante gli era costato del denaro, e lei aveva ricambiato sacrificandogli quello che fin da piccola le avevano insegnato a considerare il suo bene più prezioso. Quando in seguito lui non si era più fatto vivo, Frances era rimasta sconcertata. L'aveva giudicata insoddisfacente? Oppure, avendo ottenuto ciò che voleva, non vedeva più motivo di sposarla? A sua madre e alle sorelle non l'aveva mai confessato.

Poi mamma le aveva detto della lettera, e del divieto della famiglia di Rich alle nozze con una straniera. Lui la amava ancora, ma non poteva opporsi ai genitori. Era stata questa la versione raccontata da sua madre ai pettegoli del paese.

Chissà come, Frances era riuscita a sopravvivere alla disperazione di quell'abbandono. Ma sua madre aveva mentito. La famiglia di Rich non pretendeva affatto una nuora bianca. Carmen era scura quanto lei, e parlava con l'accento spagnolo. Non era americana nemmeno nel nome.

Vecchia fiamma? Jay si sentiva come sulla spiaggia dell'oceano, sballottato dalla risacca. Cercava di mantenere l'equilibrio, ma gli mancava la terra sotto i piedi.

Quando avevano cominciato a frequentarsi, aveva chiesto a Frances delle sue storie passate.

«Sei il primo ragazzo indiano con cui sia mai uscita», aveva risposto lei.

«Quelli di Goa non li consideri indiani?», l'aveva stuzzicata.

«Non sono mai uscita con un ragazzo di Goa», era stata la sua risposta.

Proprio il fatto che fosse nata e cresciuta a Goa gli aveva fatto temere altre esperienze con uomini di passaggio. Era stato un sollievo sentirle dire che non ne aveva avute. Jay si considerava più progressista di Vic, eppure, come il suo amico, voleva comunque essere il primo e l'unico per sua moglie. Era il diritto di ogni maschio indiano, e lui non intendeva rinunciarci solo perché non si era piegato a un matrimonio combinato.

Lali scrutava lo sconosciuto dai capelli grigi. Non ricordava di averlo mai visto alla UCLA. Possibile che Frances lo avesse frequentato prima di incontrare Jay? Era certa che i suoi due amici avessero cominciato a uscire insieme fin dal principio, subito dopo la festa per le matricole dove si erano conosciuti tutti e quattro.

«Anche tu eri studente alla UCLA?», domandò, pensando di mettere fine a quel silenzio impacciato, e nel contempo di soddisfare la propria curiosità.

«Mi sono laureato a Berkeley», rispose Ricardo. «Perché non mi hai detto di essere alla UCLA?», chiese poi a Frances.

«Tesoro, smettila», disse Carmen, prendendogli la mano. «Non vorrai farmi ingelosire di nuovo?». Poi si rivolse agli altri. «Ci siamo conosciuti quando era studente. Entrò nel ristorante dove lavoravo come cameriera, e sei mesi dopo eravamo marito e moglie».

"Si è anche sposato in fretta e furia", pensò Frances. Tutte le attenuanti che gli aveva attribuito stavano crollando come un castello di carte. Non le aveva preferito una donna bionda, né una fidanzatina dell'infanzia. Semplicemente, non aveva voluto *lei*.

Provò l'impulso di voltargli le spalle e piantarlo in asso senza una parola, come aveva fatto lui tanti anni prima. Come si permetteva di chiederle perché non si fosse tenuta in contatto? E come avrebbe potuto, se proprio lui non aveva mantenuto la promessa di mandarle il suo nuovo indirizzo in America? L'umiliazione di quei giorni, settimane, mesi di attesa diede il colpo di grazia alla sua già traballante autostima.

Quella sera aveva indossato il suo abito migliore, per nascondere le difficoltà economiche della famiglia, e adesso Rich stava sbandierando ai quattro venti un passato ancora più vergognoso. Per tutta la vita, Frances non aveva fatto altro che mantenere dei segreti. Sua madre si sincerava che le figlie fossero sempre eleganti, malgrado in casa dovessero spesso accontentarsi di riso e *dal*. A Hyderabad, Frances raccontava alle compagne ricche di avere una casa sulla spiaggia. E in America fingere era stato ancora più facile. Nessuno poteva verificare la veridicità delle sue parole.

E ora quel deficiente aveva strombazzato a tutti precisamente il suo peggior segreto. Avrebbe voluto rispondergli a tono, ma dimostrarsi piccata sarebbe stato controproducente. Per la prima volta in vita sua, Frances si sentiva completamente esposta. Si arrovellò in cerca di un espediente per zittirlo. Infine disse in tono leggero: «A Goa capitava spesso di incontrare americani di passaggio. Ma a nessuno di loro ho parlato dei miei progetti di studiare alla UCLA».

«Non fare così, Fran», esclamò Rich. «Io non ero uno di quegli hippie straccioni di cui ridevamo tanto. Ti ricordi? Tra noi c'era qualcosa di speciale».

«Non preoccuparti», le disse Carmen. «Non mi offendo. Non sono più gelosa del vostro fidanzamento».

«Cacchio, che viaggio da sballo era stato», proseguì lui, imperterrito. «Andavo matto per l'India e per i genitori di Fran. Racconto ancora a tutti il Natale passato a casa tua. Una giornata così tradizionale. Le carole, il pranzo, i vicini venuti a fare gli auguri… però non dicevano "buon Natale", usavano un'altra espressione...». Si fermò a riflettere, e poi, in tono trionfante: «*Felice* Natale, ecco come dicevano. A me suonava buffissimo».

«Non mi avevi mai detto di essere stato a Goa», gli disse Vic. «Credevo che volessi parlare con Jay perché avevi lavorato a Delhi. Se mi avessi avvertito, avrei organizzato un incontro con Frances molto tempo prima».

Furono interrotti dall'arrivo di Rajesh. Gli addetti al catering volevano sapere se disporre la carne su un tavolo a parte.

«Scusate, devo occuparmene io», disse Vic, e si allontanò, subito seguito da Priya.

In loro assenza, la conversazione restò a languire.

Lali continuava a fissare Ricardo, rivedendo in lui l'immagine di Aakash. Grazie a Dio non si era presentato alla festa, altrimenti sarebbe toccato a lei trovarsi nei panni di Frances, schiacciata sotto le macerie di un errore del passato. Il silenzio dell'amica le fece tornare alla mente un ricordo. Un tempo Frances le aveva detto che, quando le cose andavano storte, provava l'unico desiderio di tornare nel grembo di sua madre. E, poiché questo non era possibile, restava immobile, sperando che il momento passasse.

«Le nocche mi diventano bianche», le aveva spiegato. «Jay dice che ho il gusto di una bianca, ma quando mi prende l'angoscia, sono le mie nocche a sbiancare».

Lali abbassò lo sguardo sulle mani dell'amica. Stringeva convulsamente i pugni, con le nocche in risalto, completamente esangui.

Finché Ricardo aveva spifferato la notizia del fidanzamento, Lali si era divertita, soprattutto a quella sparata della presunta parentela di Frances con Bartolomeu Dias. Un indiano non avrebbe mai abboccato a una fesseria simile. Poi aveva ricordato il giorno in cui Frances le aveva confessato il timore che Jay non volesse sposarla.

«È la maledizione di essere nata per ultima», aveva detto. «Le mie sorelle hanno avuto tutto il meglio. Una la bellezza, l'altra l'intelligenza... È come se i miei genitori avessero esaurito i talenti prima del mio arrivo. E adesso non avrò nemmeno un marito».

Lali si voltò a guardarlo. Sembrava che lui avesse visto un extraterrestre. Dalla prima volta dacché lo conosceva, era ammutolito: nessuna battuta, nessun gioco di parole per alleggerire l'atmosfera. Poi tornò a guardare i pugni chiusi di Frances. Ricordò il giorno in cui l'amica aveva bussato alla porta di casa sua, esigendo di entrare. Era stata così comprensiva, quando le aveva raccontato di Aakash. Non aveva fatto domande, solo espresso il desiderio di sguinzagliargli appresso dei *gunda*. Lali le era stata grata di non essersi comportata come la solita indiana ficcanaso. Solo adesso, a distanza di anni, ne comprendeva il motivo. Ci era passata anche lei. E invece di tormentarla, se l'era presa con chi meritava davvero la sua rabbia. Per Lali era stato un conforto non essere l'unica a desiderare che Aakash la pagasse cara.

Ora poteva restituirle il favore.

«È stato davvero un piacere conoscerti», disse a Ricardo. «Ma se non ti dispiace, devo sottrarti Jay e Frances. Stavamo giusto cercando un tavolo per cenare. Io sto morendo di fame, e poi non vedo i miei amici da tanto tempo, abbiamo moltissime cose da raccontarci».

«Ehi, nessun problema», rispose lui. «Anche noi stavamo per metterci a tavola. Magari ci vediamo dopo?», aggiunse rivolto a Frances.

Lei stentava a credere di non essere stramazzata a terra. Era grata alla provvidenza che i bambini non fossero presenti. E a Lali, per essersi sbarazzata di Rich.

Ma cosa avrebbe detto a Jay? Come poteva spiegarglielo?

Lui restò a guardare Rich che si allontanava. Quel cialtrone era stato il fidanzato di Frances? Talmente in confidenza da rivolgersi a lei con un nomignolo affettuoso: *Fran*. Ricordò che una volta lui l'aveva chiamata Frannie, e lei gli aveva chiesto di non farlo più. Si sforzò di richiamare alla memoria il primo trimestre alla UCLA, quando avevano cominciato a uscire insieme. Si era sorpreso che lei avesse accettato il suo invito. Le poche ragazze di Goa che conosceva tenevano moltissimo alle proprie radici occidentali, e lui aveva dato per scontato di venire snobbato in favore di un ragazzo americano.

«Vuoi dire che hai scelto Jay, quando avresti potuto avere tutti quei bianchi ai tuoi piedi?», le aveva domandato uno dei suoi ex compagni di college, una volta che la coppia si trovava a Delhi.

«Io non ho rivali, amico mio», aveva riso lui. «E Frances non subisce il fascino di quei bambinoni americani».

E invece eccolo, il bambinone americano che lo aveva preceduto. Frances aveva dato la sua verginità a quel bifolco? Per questo smaniava tanto dalla voglia di sposarsi? Una volta, mentre si baciavano, Jay le aveva infilato la mano sotto la gonna. Lei si era inalberata, respingendolo subito e rimproverandolo che cose del genere si facevano solo dopo il matrimonio. Gli si era concessa soltanto quando era diventati marito e moglie. Lui non aveva trovato sangue sulle lenzuola, ma aveva preferito non affrontare il discorso. Era stata lei a giustificarsi, sostenendo di avere cominciato a usare i tamponi sei mesi prima, su consiglio del ginecologo.

La faccenda andava chiarita, seduta stante.

«Ci tenete un posto, per favore?», disse a Lali e Jonathan. «Noi intanto andiamo a prendere da bere».

Afferrò la mano di *Fran* e la trascinò di forza dietro l'angolo della casa. Era buio, erano soli. Potevano parlare liberamente. Dal prato provenivano la musica, le risate e le chiacchiere degli invitati, le voci alte o basse in un misto di hindi e inglese. Nessuno si sarebbe accorto della loro assenza, o sarebbe venuto a cercarli.

«Cos'altro non mi hai detto?», le domandò, severo.

Frances desiderava solo tornare a casa. Il mal di testa scoppiato appena Rich l'aveva riconosciuta si era acuito in una fitta costante, lancinante, che le stringeva le tempie in una morsa. Come sempre, l'emicrania le aveva messo sottosopra anche lo stomaco. Aveva la gola riarsa, e sentiva crescere la nausea. Sapeva per esperienza che il malessere sarebbe persistito, senza speranza di sollievo.

Almeno era abbastanza grave da costituire una scusa legittima per radunare i bambini e prendere commiato.

E invece proprio Jay – lui che insisteva sempre per concedere a Mandy *il suo spazio*, che ripeteva la sua parola hindi preferita, *bindaas*, "rilassati", quando il tempo del parchimetro stava per scadere e loro erano in ritardo, che non prendeva mai niente sul serio – proprio lui le stava facendo una piazzata.

Aveva anche mentito a Lali. Non erano affatto andati al bar a prendere da bere, e l'amica avrebbe indovinato esattamente di cosa stessero discutendo.

O no?

Frances si sforzò di ignorare il dolore sordo dietro gli occhi, puntando lo sguardo in quello inflessibile di Jay.

«E *tu*, mi hai detto davvero tutto del tuo passato?»

«Certo. Non ho mai avuto altre ragazze. Ti avevo anche spiegato di Geet, la figlia dei migliori amici dei miei genitori che loro pretendevano di darmi in moglie, malgrado non ci conoscessimo quasi. Non sono io quello con un fidanzamento alle spalle».

«Non mi riferivo a questo», disse Frances. «Alla UCLA c'ero anch'io».

«Da studente non ho mai avuto altre ragazze. Quello era Vic».

Per un istante, il pulsare alle tempie si allentò. Era un sollievo venire distratta dal suo disastro personale.

«Vic ha avuto delle donne?»

«A bizzeffe», disse Jay. «Ma non stiamo parlando di lui. Voglio sapere di te».

«Prima di spiegarti di Rich, ho bisogno di sapere perché hai mentito sulla laurea alla UCLA».

Il sermone furibondo che Jay si era preparato gli morì in gola. Con lei non aveva mai discusso dei suoi corsi, quindi naturalmente non aveva accennato alla tesi incompiuta. Come l'aveva scoperto? In tutti quegli anni aveva sempre saputo che non si era laureato? Eppure non aveva aperto bocca quando lui le aveva raccontato di non essere disposto a scucire soldi solo per ritirare il certificato di laurea, preferendo spenderli in una cena per festeggiare.

«Come vedi, Jay, non sono l'unica ad avere dei segreti».

«Al mio posso rimediare», rispose lui, spavaldo. «Basta finire la tesi. Tu invece non puoi cancellare il passato. Eri fidanzata, stavi per diventare la moglie di un altro, e non hai mai pensato di dirmelo?»

«Perché sapevo come avresti reagito», rispose lei, cominciando a piangere. Frances aveva cercato di trattenersi, ma non c'era stato verso.

Jay non era mai riuscito a sopportare le lacrime. Aveva imparato fin dal primo giorno di scuola che non si piange mai, in nessuna circostanza. Un compagno con gli occhi lucidi veniva istantaneamente bollato come femminuccia, un'etichetta che lo avrebbe perseguitato fino al diploma. Sua madre era una donna stoica. Davanti a lui non si era mai commossa, o alterata. Persino quando Jay le aveva telefonato per annunciare il fidanzamento con Frances, si era limitata a un sospiro: «I genitori di Geet la prenderanno male». Era stato suo padre a perdere il controllo, e sentendolo sbraitare dal ricevitore, Jay ne aveva immaginato distintamente il collo gonfio, gli occhi sbarrati. Era stato un sollievo trovarsi all'altro capo del mondo, con un oceano a dividerli. Non avendo sorelle, non si era mai abituato alle lacrime. Mandy si era accorta di quella sua debolezza fin da piccola. Bastava che *fingesse* di piangere, e il padre le concedeva qualunque cosa.

Frances non era tipo da piagnistei. Quando litigavano, si zittiva, chiudendosi in se stessa, la sua espressione si irrigidiva, la voce diventava fredda. Di solito era Jay a cedere per primo, a proporle di fare pace.

Invece adesso singhiozzava tanto da tremare, e il mascara le rigava le guance.

«Non piangere», le disse. Poi aggiunse: «Gli ospiti se ne accorgeranno».

Ormai la sua vita privata era sulla bocca di tutti, pensò Frances. Che le importava se l'avessero vista piangere? Ma, malgrado il panico di trovarsi al cospetto del suo passato, adesso era il futuro a terrorizzarla. Non aveva mai visto un'aria tanto sgomenta, distrutta sul viso di Jay. Le aveva afferrato la mano con una stretta talmente forte da spezzarle le ossa.

Le avrebbe chiesto il divorzio perché era stata fidanzata con un altro? Per molti aspetti, la famiglia di Jay era moderna, ma non da quel punto di vista. Quando lui aveva sposato Frances, i suoi genitori si erano talmente imbufaliti da combinare immediatamente il matrimonio del fratello.

Ora rimpiangeva di avere fatto di testa sua?

Lei aveva perso Rich tanti anni addietro. Stava per perdere anche Jay? Il pensiero di venire ripudiata dal marito, di dover comunicare il divorzio a sua madre, di presentarsi in ufficio come le altre colleghe, da madre single, la paralizzava.

«D'accordo, non ti avevo parlato di lui», ammise tra i singhiozzi. «Ma era passato tanto tempo. Il fidanzamento durò appena una decina di giorni».

«Dieci giorni non sono pochi», le rammentò lui. «Vic ne ha impiegati meno a sposarsi».

Frances fece un respiro profondo, scossa da un tremito. All'università, Jay viveva da occidentale, ma lei aveva saputo d'istinto che, come qualsiasi altro indiano, avrebbe preteso una moglie illibata. I suoi connazionali non vedevano la minima contraddizione nel frequentare prostitute e poi esigere una sposa vergine. E dato che lui non aveva mai avuto una ragazza, la sua purezza rendeva ancora più imperdonabile l'errore giovanile di lei.

Era arrivata in America sperando di incontrare qualcuno. Sua madre le aveva consigliato di concentrarsi sui ragazzi, più che sugli studi. Tutto alla UCLA le era sembrato diverso... tranne Jay, e quell'imperativo di trovare marito. Lui pareva la soluzione ideale: la sua carnagione scura lo rendeva familiare, i suoi modi occidentali la rassicuravano sul futuro. Più che innamorarsi, si erano riconosciuti l'uno nell'altra. Erano uguali, due indiani inseriti in America.

Ma per quanto integrato, Jay non poteva frequentare ragazze senza impegno: l'esito matrimoniale era d'obbligo. E questa volta, lei si era attenuta scrupolosamente alle regole. Gli aveva concesso di baciarla, o di tenerla per mano, ma niente sesso. In previsione della prima notte, aveva di proposito cominciato a usare i tamponi.

Era andato tutto liscio, e quand'erano tornati in India, lei aveva chiesto a sua madre di raggiungerli al nord. A Jay aveva dato a credere di fargli un favore enorme, trascorrendo l'intera vacanza con la sua famiglia, ma la verità era un'altra. La madre di Frances sapeva anche da sola che l'argomento di Rich era tabù, mentre presentarsi con Jay a Goa comportava un rischio troppo alto. Poi, con il passare degli anni, il timore di venire smascherata si era affievolito. Persino quella mattina, facendo colazione, l'angoscia si era manifestata in una brevissima fitta, non in un tracollo. L'episodio in macchina l'aveva rassicurata che il suo segreto non sarebbe mai venuto alla luce.

«Ebbene?», domandò Jay.

Frances lo fissò in volto. Non lo aveva mai desiderato tanto, nemmeno durante quelle settimane prima della laurea, quando aveva temuto che lui non la chiedesse in moglie.

"Ci siamo", pensò. "È la resa dei conti. Lui mi lascerà". Jay era hindu. Lei era stata fidanzata con un altro, e non gliene aveva mai parlato: entrambi peccati irreparabili. E non essendo cattolico, Jay non avrebbe avuto remore a divorziare.

«Mi vergognavo», disse, con sincerità. Se stava per perdere tutto, tanto valeva uscire allo scoperto.

Jay fu colto alla sprovvista. Restò senza parole.

«Ci eravamo incontrati, lui mi chiese in moglie, poi tornò in America».

«Eri venuta qui a cercarlo?»

«No, erano già passati due anni. Partii perché al villaggio tutti non facevano che chiedermi quando sarei andata in America. Sai com'è pettegola la gente, quanto gode a rigirare il coltello nella piaga».

Rich se n'era andato senza di lei, e poi non aveva mosso un dito per aiutarla a raggiungerlo, ma involontariamente le aveva indicato la via per arrangiarsi da sola. In base ai suoi racconti, Frances sapeva che non era stato ammesso a Berkeley al primo tentativo, e che le università privilegiavano i candidati con un'esperienza all'estero. Si era informata, e aveva scoperto l'importanza di presentarsi come una studentessa con le idee chiare e un obiettivo preciso. Lei frequentava la chiesa da una vita. Conosceva il prete, conosceva il suo Paese. Così fin dalla domanda di iscrizione aveva abbozzato una proposta per la tesi di laurea.

«Tu però volevi sposarlo».

«Cosa potevo saperne, del matrimonio, a quell'età?», rispose Frances, scuotendo la testa. «Mia madre mi ripeteva che era un bravo ragazzo. Papà esultava di vedermi finalmente sistemata. Ero l'unica delle mie sorelle a non avere mai avuto un fidanzato. Non ti ho mentito, dicendo di non avere avuto ragazzi indiani».

«Ci sei andata a letto?».

Era questo il dubbio che lo rodeva. Lui era arrivato

vergine al matrimonio. Non sapeva ancora cosa avrebbe fatto se Frances avesse ammesso di avere donato il suo tesoro più prezioso a quel pagliaccio. Ma doveva saperlo.

«No».

Frances non esitò a mentire, ma appena pronunciata quella parola si sentì la bocca arida. E se Rich avesse raccontato della loro notte agli invitati? Non aveva il minimo ritegno. Forse ne aveva parlato persino con sua moglie, e c'era il rischio che lei ribadisse davanti a tutti di non essere più gelosa, nemmeno della loro intimità.

Jay chiuse gli occhi, buttando all'indietro la testa. Fece un respiro profondo. Riaprì le palpebre. In cielo, qualche stella occhieggiava tra le nubi. La costellazione della Vergine si distingueva chiaramente. Frances era nata a fine agosto.

«Sei Vergine», la canzonava un tempo, giocando sul doppio senso del segno zodiacale, e lei si scandalizzava ogni volta.

«D'accordo», disse.

Frances sentì la menzogna chiuderle la gola. Cominciò a tossire convulsamente.

«Ti senti bene?», domandò lui, subito allarmato. «Ti porto un bicchiere d'acqua?».

Frances riuscì solo a scuotere la testa. Gli voltò le spalle, facendogli capire di batterle la mano tra le scapole. Uno, due, tre... Jay contava, per tenersi la mente occupata. Prima che la moglie riuscisse a riprendersi, era arrivato a ventitré. Come gli anni del loro matrimonio.

«Grazie», disse lei, impacciata, come se fossero al loro primo appuntamento.

«Forse dovremmo raggiungere gli altri», suggerì lui.

Restarono immobili.

Di tutte le incognite della sua vita – Mandy, il lavoro – quella era l'unica che non poteva né sopportare, né risolvere da sola. Doveva sapere quali fossero le intenzioni di Jay.

Ma prima che avesse il tempo di chiederglielo, lui disse: «Avresti dovuto essere sincera con me. Stasera mi sono sentito umiliato».

«E io mi sono sentita allo stesso modo in tutti questi anni, ripetendo alla gente che eri laureato», rispose lei.

Lo aveva spalleggiato a ogni cambio di lavoro; non gli aveva mai detto che si sarebbe sentita più tranquilla se si fosse deciso a completare la tesi. Sapeva del suo timore di venire sbugiardato e licenziato. Per questo Jay non protestava quando lo sballottavano da un incarico all'altro e non aveva mai preteso un aumento. Quando lei guadagnava meglio di lui, negli anni del boom immobiliare, non glielo aveva rinfacciato. Né gli aveva mai detto quanto la mortificasse essere la moglie di un uomo che, pur avendo studiato alla UCLA, non poteva offrirle gli agi di una vita borghese. Mai una volta, in tutti i loro battibecchi, aveva portato ad esempio la vicina di casa, che non era costretta a lavorare, malgrado suo marito si fosse laureato soltanto alla Northridge.

Jay ricordava distintamente di avere procrastinato quella stupida tesi. "Comincio la settimana prossima", si ripeteva. Invece si era presentato insieme a tutti gli altri alla cerimonia di laurea, con tanto di toga e tocco, e subito dopo aveva accettato il primo impiego. Con il passare del tempo, l'impellenza di consegnarla era svanita. Aveva ottenuto il lavoro spacciandosi per laureato, e per un po' non si era nemmeno sentito in colpa, giustificandosi con l'idea che comunque prima o poi l'avrebbe scritta. Aveva persino telefonato in facoltà per chiedere quali fossero i termini per la consegna fuori corso. Erano passati gli anni, e la consapevolezza di avere mentito a tutti, insieme al timore di venire smascherato, erano diventati un tarlo. L'America era un Paese indulgente, ma le aziende non perdonavano i bugiardi. Si era messo da solo in quella situazione precaria, non poteva biasimare nessun altro.

Il peso della colpa lo aveva fatto vergognare di sé, facendolo sentire inadeguato, levandogli il coraggio di puntare più in alto.

Suo padre non avrebbe mai compreso un comportamento tanto idiota. Lui aveva sempre fatto le cose come si deve. Grazie a Dio, non gli aveva chiesto di vedere la laurea.

Frances l'aveva saputo, e lo aveva coperto.

Non si era mai sentito tanto vulnerabile in vita sua.

«Frances?». In tono sommesso, e avanzando a passi incerti, Lali sbucò dal buio. «Tua figlia minore ha bisogno di te».

«Le è capitato qualcosa?». Aveva assunto istantaneamente il tono della madre ansiosa. A cinque anni, a una festa di compleanno in giardino, Lily si era messa a correre, era inciampata nella radice esposta di un albero e si era fratturata un braccio. Erano passati direttamente dal taglio della torta al pronto soccorso in ospedale.

«No, è tutto a posto», rispose Lali. «Voleva solo il permesso per giocare con la Wii. Ho pensato fosse meglio consultarti».

«Me ne occupo io», disse Jay, allontanandosi in fretta, e forzandosi a sorridere mentre passava davanti a Lali.

Frances notò la sua impazienza, l'ansia di prendere le distanze da lei. Era il segno di un distacco definitivo? Tuttavia, era andato a occuparsi di Lily. Sentì accendersi un barlume di speranza. Forse Jay non l'avrebbe abbandonata, per il bene dei bambini.

***

Lali si avvicinò a Frances. Si trovava al confine tra la proprietà di Vic e quella dei vicini. Anche loro dovevano essere alla festa, perché le luci erano tutte spente. Ma bastava il riverbero dal tendone per capire che Frances aveva pianto. Il mascara le rigava le guance, il rossetto si era sbiadito, persino i capelli erano in disordine, come se lei se li fosse strappati.

Lali sapeva che Jay e Frances stavano "parlando", e non voleva disturbarli, ma Lily aveva insistito. Per fortuna non aveva mandato direttamente la bambina.

Frances era troppo sconvolta, toccava a Lali prendere le redini della situazione. Si incamminò verso il retro della casa, in cerca di una porta di servizio dalla quale far passare inosservata l'amica e accompagnarla in bagno per rassettarsi. Inciampò e abbassò lo sguardo, distinguendo tra l'erba le spire di una pompa per innaffiare il prato. La seguì fino a un rubinetto. Ottimo. Potevano fare a meno del bagno.

«Frances, vieni qui», la chiamò, sottovoce, girando il rubinetto.

Lali non aprì bocca mentre l'amica si lavava la faccia. Prese dalla borsetta una confezione di fazzoletti di carta e gliela allungò.

Frances si asciugò il volto, poi accettò il suo rossetto, ritoccandosi le labbra malgrado il tremito della mano.

«Qui è rimasto uno sbaffo», disse Lali, passandole un dito sotto l'occhio destro.

«Grazie», disse Frances, tirando su con il naso, e poi soffiandolo nel fazzoletto.

«Chiamo dei *gunda* per gambizzare quell'*harami*?».

Frances non aveva la forza di ridere. «Basta che me lo tieni alla larga».

«Questo era già inteso. Ora, lasciati guardare». Arretrò di un passo, esaminando il volto dell'amica. «Stai benissimo. Sei fortunata, a te non si gonfiano gli occhi quando piangi». Ricordò la propria espressione allo specchio e il timore che, di ritorno dal congresso, Jonathan si accorgesse di quanto aveva pianto.

«La mia fortuna è avere un'amica come te», disse Frances.

Lali si sentì un'ipocrita. Come l'avrebbe giudicata, se avesse saputo quanto aveva riso tra sé alla prima comparsa di Ricardo? Aveva dovuto vedere le nocche sbiancate dell'amica per capire la sua sofferenza.

«Andiamo. Meglio verificare che Jay non abbia combinato guai con Lily». Poi aggiunse, scuotendo la testa: «Degli uomini non ci si può mai fidare». Si rese conto troppo tardi che questa volta la sua amica non l'avrebbe trovato divertente. Si incamminarono sul prato illuminato, verso il tepore del tendone, colte un po' alla sprovvista dal frastuono. «Devono avere cominciato a servire la cena». Lali indicò il buffet, pieno di gente.

«Mamma, ti ho cercata dappertutto», disse Mandy, correndole incontro. «Dov'eri finita?»

«Io...». Frances era ancora in cerca di una scusa plausibile, quando Lali riprese il controllo della situazione: «Volevo fare due chiacchiere da sola con tua madre, così l'ho portata con me dietro la casa. Ma è inciampata sulla canna dell'innaffiatoio e si è sporcata le mani, e poi la faccia. Alla fine abbiamo dovuto trovare un rubinetto, per rimetterla in ordine».

«Oh». Mandy non trovò strana quella lunga spiegazione, tornando subito a concentrarsi sul motivo che l'aveva spinta a cercare la madre: «Quando saremo in India, possiamo andare a Delhi?»

«Sì, certo», rispose Frances, domandandosi per quale motivo sua figlia tutto d'un tratto si interessasse al loro itinerario, invece di strillare che non sarebbe mai partita.

«Ottimo. Ne ho parlato con Nikhil, e mi ha promesso un tour gastronomico della città. Dice che si trovano cibi incredibili sulle bancarelle in strada. Vado subito a dirgli che ci vedremo là».

«Quando partite?», domandò Lali, sperando di distrarre Frances con un nuovo argomento.

«Il mese prossimo. Ci andiamo solo io e Mandy».

«Oh, un viaggio madre e figlia», commentò Lali. Quand'era incinta di Aaron, aveva letto un articolo su quella consuetudine occidentale e aveva deciso che, se avesse avuto una bambina, l'avrebbe portata in India con sé per mostrarle dov'era andata a scuola e farle assaggiare il *kulfi* nella sua gelateria preferita di Bangalore.

«Mamma», tornò trafelata Mandy. «Nikhil vuole sapere se possiamo trovarci a Delhi in ottobre. Dice che a quel punto avrà finito i corsi in Europa».

«Immagino di sì», rispose Frances, stringendosi nelle spalle, mentre scrutava tra la folla in cerca di Jay. A quel punto, era disposta a concedere qualsiasi cosa.

«Grazie, mamma, vado subito a dirglielo». Mandy sparì di nuovo.

«Vi fermerete tanto a lungo?», domandò Lali. «Come farà Mandy con la scuola?».

Frances si sentiva troppo spossata per inventare altre scuse. Ormai il fiasco di sua figlia era di dominio pubblico. Pazienza.

«Mandy sta andando malissimo al liceo americano, così ho deciso di portarla a frequentare l'ultimo anno a Bangalore».

«Sul serio?». Lali ripensò alle e-mail dell'amica sugli ottimi voti della primogenita, i suoi saggi di pianoforte, le coppe alle gare di nuoto. Incontrando Mandy alla festa, era convinta di trovarsi al cospetto di una prima della classe, un Nikhil in gonnella.

Frances continuava a cercare Jay e Lily con lo sguardo, senza vederli da nessuna parte. Probabilmente erano nella stanza dei giochi alla quale aveva fatto riferimento Vic.

Lali provò una fitta di rimorso. Frances era stata sincera sul conto di sua figlia. Stava per confessarle di Aaron, ma ci ripensò. Erano due questioni diverse. Suo figlio non aveva problemi dal punto di vista accademico. Semplicemente non gli piaceva stare a Harvard. Mandy rischiava una bocciatura al liceo. Le tornò in mente la pagella di Aaron in seconda superiore.

«Sai, anche Aaron ha attraversato un periodo di ribellione al liceo», disse, sperando di consolare Frances. «Sono fasi passeggere». Povera Frances, per lei la festa era stata un calvario. Ma se avesse partecipato anche Aaron, o se Jonathan non avesse accondisceso a fare come voleva lei, anche Lali si sarebbe trovava nella stessa situazione.

«Lo spero proprio», disse Frances. «Mandy ha solo

bisogno di diplomarsi con una buona media, e in India non c'è altro da fare, a parte studiare».

«Sei impazzita?». Lali la guardava, sbalordita. «Quando ci sei stata, l'ultima volta? Adesso pullula di distrazioni: televisione, computer, apparecchi elettronici. E i videogiochi costano pochissimo, sono tutti falsi. L'India non è più quella di un tempo».

«Mandy frequenterà una scuola *cattolica*».

«Ci sono stata anch'io, cosa credi? Ma persino i collegi sono cambiati. Mia madre non fa che parlarmi di dodicenni che si collegano ai siti porno e di ragazzine di dieci anni che hanno già il ragazzo. Adesso i genitori lavorano e i domestici non si occupano certo di controllare i bambini. A quanto sento, internet è ancora una novità ed è completamente senza regole. I ragazzi ne vanno matti».

«Sarà anche vero, ma comunque studiano più degli adolescenti americani».

«Forse», ammise Lali. «Però devi considerare l'effetto che avrà su Mandy. Se una ragazza americana fosse arrivata nella mia scuola di allora, ci saremmo fatte in quattro per diventare sue amiche. Adesso invece l'India si è aperta al mondo, la gente va più facilmente all'estero, e questo significa che i connazionali tornati in patria non sono più tanto ambiti. Potrebbero persino giudicarla una fallita, e prenderla di mira».

«Senti, non ho più la forza di parlarne», disse Frances, scuotendo la testa.

«Mi dispiace. Non volevo aggredirti». Lali era sinceramente pentita di quella tirata. Che diritto aveva di interferire? «Andiamo a mangiare qualcosa».

«Non ho più appetito».

«Il profumo è ottimo», cercò di blandirla lei. «Troviamo il nostro tavolo, e poi ci mettiamo in coda al buffet. Vic ha fatto riferimento a un menu di carne, ricordi? Forse c'è persino il *vindaloo* di maiale».

«Non mi va».

Tanti anni prima, quella mattina in cui Frances le aveva preparato il tè, aveva detto che, per quanti problemi avessero creato gli inglesi, almeno avevano lasciato all'India una panacea per tutti i mali. Poi aveva pulito la cucina, spedito Lali a farsi una doccia calda, e quindi l'aveva convinta a mangiare un boccone, dandole un sandwich insieme al tè.

«Guardami, Frances». Lali le si parò davanti. «Non permettere a quell'uomo di metterti i piedi in testa. Lui non conta niente. È solo un verme. Dimenticati di lui. Mi dicesti la stessa cosa di Aakash, ricordi? Adesso vieni a mangiare e a goderti la festa. Voglio che ti comporti come se lui non esistesse nemmeno».

Frances sospirò. Non era solo Rich a preoccuparla. La angosciava il pensiero di Jay. Ancora non aveva avvistato la sua chioma sale e pepe da nessuna parte.

«I bambini», disse, aggrappandosi a quella scusa per restare alla larga dal cibo. «Devo andare a controllare i bambini».

«Saranno in casa a giocare. Mandy l'hai appena vista e, a quanto pare, se la cava benissimo senza di te. Forza, andiamo».

***

Sistemata Lily davanti alla Wii, Jay si guardò intorno. La stanza dei giochi era più grande del loro salotto. E nonostante il divano ad angolo, l'enorme televisore a schermo piatto e le apparecchiature elettroniche, c'era ancora moltissimo spazio. Lily e Sam si erano sfidati in una partita ad *Halo*, un gioco che Frances si era rifiutata di comprare. Ma entrambi i bambini gli avevano detto di essersi esercitati in casa di amici. Jay si era quasi appellato alla risposta di rito di Frances – «in casa nostra abbiamo altre regole» – ma poi aveva pensato: "Perché no? Almeno loro si divertiranno a questa dannata festa".

Era da tempo che i suoi figli non lo invitavano a giocare con loro. Ultimamente lo consideravano un intralcio, forse perché, quando finalmente rincasava, loro erano già a metà di una partita e non volevano interrompersi per includerlo.

Si sedette sul divano, sprofondando sui cuscini. Non aveva la minima voglia di tornare fuori. Avrebbe voluto andarsene a casa, ma temeva di offendere Vic. Strano tipo. Chissà se si era reso conto di cosa aveva scatenato, con quella presentazione? Non pareva proprio, a giudicare dalla serenità con cui li aveva piantati lì per controllare il buffet.

Jay sentiva un aroma di cipolle fritte, zenzero, aglio e peperoncino, la definizione stessa della cucina indiana. Di solito ricorreva al cibo per placare le sue angosce, ma non quella sera. I *pakora* fritti gli erano rimasti sullo stomaco. Ripensò a sua madre, al bicarbonato che gli preparava per combattere l'indigestione. Era un uomo adulto, con tre figli, eppure si sentiva un bambino, impreparato ad affrontare l'ex fidanzato di sua moglie, il fiasco di sua figlia, le richieste di videogiochi dei figli piccoli. Provava lo stesso senso di inettitudine che lo aveva paralizzato all'università, davanti al foglio bianco della tesi.

Come lo aveva scoperto Frances? Lui non ne aveva

mai fatto parola con nessuno. Nemmeno frugando nella sua scrivania, la moglie avrebbe trovato il minimo indizio. I professori americani non richiamavano al dovere gli allievi indolenti. Proprio per questo Frances voleva portare Mandy in India.

Forse quel viaggio era provvidenziale. Come dicevano gli yankee, potevano prendersi un periodo di riflessione, rimettere le cose nella giusta prospettiva.

Il solo pensiero lo atterriva. Lui era indiano. Aveva sempre dato per scontato che sarebbero rimasti marito e moglie fino alla morte.

Perché Frances non gli aveva parlato di quel fidanzato americano? Si vergognava davvero? In patria, un fidanzamento andato a monte era una macchia indelebile per una ragazza. Qualunque fosse il motivo, era sempre la donna a portarne il peso. Ricordò il racconto di sua madre, in merito alla figlia di una cugina. I genitori le avevano trovato un candidato promettente, un indiano emigrato negli Stati Uniti. Lui era tornato in patria, come Vic, e i due si erano fidanzati. Ma una volta completato il dottorato di ricerca alla Rutgers, il tizio aveva telefonato ai genitori, annunciando di avere sposato una ragazza tedesca. Dopo quello scandalo, i cugini avevano impiegato tre anni a trovare marito alla figlia.

Per quanto diversi dagli indiani, anche gli abitanti di Goa la giudicavano un'onta. Persino negli Stati Uniti, dove il divorzio era così facile da fare e comune, un matrimonio fallito era proprio questo: un fallimento. Non c'era da stupirsi che Frances avesse scelto di emigrare, pur di sfuggire ai ficcanaso del villaggio.

Aveva sposato Jay per rifarsi una reputazione? Lui in realtà non aveva mai pensato alle nozze. Era innamorato, ma era stato soprattutto il senso di colpa a spingerlo a dichiararsi. L'ultimo semestre all'università era stato un percorso a ostacoli: corsi da finire, colloqui di lavoro, il primo impiego... e, nel suo caso, la muta richiesta negli occhi di Frances. Jay aveva persino confidato i suoi dubbi a Vic, invidiando la vita tanto più semplice dell'amico. Alla fine, aveva chiesto la mano alla ragazza, provando un misto di stupore per la ribellione alla volontà di famiglia, e di compiacimento per la propria indipendenza.

«Papà?».

La parola si insinuò nella sua mente, interrompendone i pensieri tormentosi.

«Cosa?»

«Ho fame».

«Sei nel posto giusto», si riscosse lui, e sorrise. «Mi sembra proprio di sentire il profumo della cena».

«Lo so», disse Lily. «Ho visto i camerieri con i piatti». Indicò la porta sul corridoio interno, attraversato proprio in quel momento da un altro uomo che reggeva un vassoio enorme.

«È pollo *tandoori*», disse Jay, sorpreso da quella montagna di carne. Poi ricordò che Rajesh aveva chiesto a Vic se servire la carne in un tavolo a parte.

«Il mio piatto indiano preferito», gongolò Sam.

«Ti sei sempre rifiutato di assaggiarne altri», gli rammentò Jay. «Per questo io e la mamma non ti portiamo in India». Quando la loro vicina, Lucy, aveva chiesto come mai non passassero le vacanze in patria, Jay era ricorso alla stessa scusa: i bambini erano abituati al cibo americano. Sam era al suo fianco, e all'epoca gli aveva dato inconsapevolmente manforte: «Quello indiano è troppo piccante».

Ma in quel momento aggiunse: «Andiamo a dire alla mamma che si è sbagliata. Aveva detto che siccome lo zio Vic è vegetariano, alla cena ci sarebbero state solo verdure. Scommetto che anche lei vuole il pollo».

Jay sapeva di non potersi nascondere in eterno. Suo malgrado, tornò in giardino, consapevole che da qualche parte tra la folla c'erano Rich e Frances, ma appena arrivato sul prato sentì qualcuno urlare: «Discorso, Nikhil! Devi fare un discorso!».

«Che succede, papà?», domandò Lily.

«Vogliono che Nikhil faccia un discorso».

«Perché è un oratore». Lily pronunciò con lentezza, e in tono solenne, il parolone appena appreso.

«Esatto», rispose Jay. «Quindi farà un discorso brevissimo».

«Discorso! Discorso!», cantilenavano gli ospiti.

«Oddio, questi indiani non impareranno mai», gemette Lali. «Se ci tenevano tanto a sentirlo parlare, potevano assistere alla cerimonia di laurea. Spero solo che non la faccia tanto lunga».

Frances voleva dirle come il ragazzo aveva commentato il suo intervento in quell'occasione, ma le parole le morirono in gola. Appena un'ora prima, quando il figlio di Vic si era presentato ad accoglierli, la sua famiglia era ancora intatta: lei aveva Jay al suo fianco, e un futuro certo, se pure non promettente, davanti a sé.

Lanciò uno sguardo verso la casa… e vide Jay. Provò un sollievo enorme. Non se n'era andato. Non era tipo da gesti teatrali, ma non si poteva mai sapere. C'erano Lily e Sam con lui. Incontrò i suoi occhi. Lui distolse subito lo sguardo, e Frances, accusando l'affronto anche a distanza, girò a sua volta la testa. Mandy era sola, ma non sembrava intimidita. Soltanto una ragazza qualsiasi, incuriosita da tutto quel baccano.

Rich era in piedi alle sue spalle.

Frances provò un tuffo al cuore. Avanzò di un passo, decisa ad afferrare la mano di sua figlia e trascinarla via, ma poi si rese conto che Rich non sapeva chi fosse. Nemmeno lui avrebbe attaccato bottone con una perfetta sconosciuta. Restò dov'era, e fu la figlia a notarla, e a incamminarsi verso di lei.

«Discorso! Discorso!». La litania saliva da ogni angolo, come il tifo dagli spalti di uno stadio.

***

Vic avrebbe desiderato che i suoi amici non fossero tanto... tradizionalisti. Come spiegare che Nikhil non aveva nessuna voglia di fare un discorso? Loro lo davano per scontato. Sarebbero rimasti scioccati, scoprendo che suo figlio non avrebbe nemmeno voluto quella festa.

Priya si girò a guardarlo, inarcando le sopracciglia. Ancora un volta, si aspettava che fosse lui a risolvere il problema.

Scolò il suo whisky, e le consegnò il bicchiere. «Vai a spegnere la musica», le ordinò.

Poi si diresse al tavolo del buffet, accaldato dalla calca, e da quell'ultimo sorso che gli bruciava ancora in gola. Alzò le mani per richiamare l'attenzione degli astanti. La musica si interruppe, e poco alla volta anche gli ospiti si zittirono.

Restarono tutti immobili, compresi i camerieri dietro il tavolo del buffet.

«Volevate che mio figlio facesse un discorso, quindi

ora gli chiederò di intervenire. Spero che riusciate a sentirlo. Nikhil, *beta*, vieni a dire due parole».

Nel rivolgersi ai suoi invitati, ricordò che era stato precisamente quello il piano originario, prima che Priya lo mandasse all'aria con tutta quella manfrina sul rifiuto di Nikhil di entrare in azienda. Nel momento in cui il figlio si fosse presentato per il discorso, e appena ottenuto il silenzio di tutti, Vic gli avrebbe consegnato la chiave dell'ufficio.

Poteva ancora farlo.

«Nikhil?», chiamò una seconda volta.

«È qui», urlò un ragazzone americano.

«Coraggio, vieni fuori!», lo incitò la folla.

A testa bassa, Nikhil si fece largo verso suo padre.

«Mio figlio, laureato al MIT», annunciò Vic, battendogli le mani.

Nikhil teneva lo sguardo a terra. Poi, come colto dall'ispirazione, alzò la testa e cominciò a parlare.

«Cavoli, be', per prima cosa, grazie a tutti di essere venuti questa sera. Per me e per la mia famiglia significa moltissimo vedervi tutti riuniti. Devo chiedervi scusa perché non ho preparato un discorso. A essere sincero, speravo di riuscire a scamparla». Si interruppe, poi proseguì: «Devo anche ringraziare i miei genitori, soprattutto mio padre. Quasi tutti arrivano alla laurea pieni di debiti. Mio padre e mia madre sono stati molto generosi con me, insistendo per pagarmi gli studi. In un certo senso, questa laurea al MIT appartiene più a mio padre che a me».

Scoppiò un applauso. Vic si sentì come avvolto dal calore di una coperta. Era bello da parte di Nikhil dimostrargli gratitudine. Ma avrebbe voluto dirgli che non ne aveva motivo: aveva fatto il suo dovere di padre, suo figlio non gli doveva niente. Sfiorò la scatolina che teneva in tasca. Per tutta la sera, a ogni passo, l'aveva sentita strusciare contro la gamba. La strinse tra le dita, avvicinandosi a Nikhil.

Ma suo figlio non aveva ancora finito. Non appena l'applauso si fu placato, riprese: «Mio padre non si è limitato a pagarmi la retta. Ha anche scelto il mio indirizzo di studi. Come sapete, lui si è laureato in informatica alla UCLA, e ha fondato una società di software. Per il futuro, io ho altri progetti».

Vic si affrettò a raggiungerlo. Gli avrebbe strappato il microfono di mano, se ne avesse avuto uno. Cosa pensava di fare? Strombazzare a tutti l'intenzione di chiudersi in una cucina ad affettare cetrioli?

«Mio figlio è troppo buono», lo interruppe. «Per me è stato un orgoglio permettergli di studiare al MIT. Io ci ho messo piede un'unica volta, alla sua cerimonia di laurea, quindi il merito è tutto suo. Mica li ho fatti io, gli esami». Fece una pausa, e il pubblico rise diligentemente alla battuta. «Ma visto che se l'è cavata tanto bene, vorrei consegnargli un dono messo da parte per lui molti mesi fa. È una piccola cosa, ma spero che vorrà accettarla».

«No, papà», disse Nikhil, arretrando di un passo. «Hai già fatto fin troppo».

Priya li raggiunse. «Vic, lascia perdere. Ha ragione Nikhil. Hai fatto più che a sufficienza».

Adesso non erano più in camera da letto, non potevano ricattarlo con la minaccia di non partecipare alla festa. Si trovavano in pubblico, sotto gli occhi di tutti. Era il momento ideale.

Vic prese la scatolina che per tutta la sera gli aveva pesato in tasca.

«Per mio figlio, Nikhil». Sollevò lo scrignetto dorato, per mostrarlo a tutti. Lo aveva preso dal portagioie di Priya. Chiunque avrebbe pensato che contenesse un gioiello, rendendo ancora più clamorosa la sorpresa.

Un brusio si levò tra gli invitati. Vic colse qualche frase, il tono animato di curiosità. Si domandavano quale oggetto d'oro custodisse la scatolina.

Solo Priya e suo figlio ne indovinavano il contenuto.

«Dico sul serio, papà, hai già fatto troppo», si schermì Nikhil.

«È per te», insistette lui.

Tendeva ancora la scatolina. Ci faceva una figura da imbecille, con la mano sospesa a mezz'aria. Cosa aspettava suo figlio a levarlo dall'imbarazzo?

Stava per metterglielo direttamente sul palmo quando Priya avanzò fulminea e gliela strappò di mano.

Lali si piegò, bisbigliando all'orecchio di Frances: «Tu hai capito cosa sta succedendo?».

L'amica scosse la testa. Erano quasi vicini di casa, eppure Vic e Priya le erano sconosciuti quanto a lei.

«Credo che Vic sia ubriaco», disse Lali.

«Non mi è sembrato di sentirlo balbettare», rispose lei, d'impulso. Non sapeva spiegarsi esattamente quella sceneggiata, ma una cosa era lampante: non erano tutti felici e realizzati come aveva creduto lei, nelle settimane prima della festa. Se Vic continuava a comportarsi in quel modo, forse persino lo scandalo suscitato da Rich sarebbe passato in secondo piano.

«Però è aggressivo, non sta dando retta né al figlio, né alla moglie».

«Oh, quello è il modo di fare tipico degli uomini indiani». "Jay è diverso", pensò Frances. Ma poi le tornò in mente la sua espressione severa di poco prima, la voce gelida. Lui, sempre fiero di distinguersi dai suoi connazionali, aveva reagito esattamente come loro a proposito di Rich. Dov'era finito il padre che si era dichiarato pronto a lasciare Mandy libera di frequentare dei ragazzi? Il marito che, rincasando prima di sua moglie, preparava la cena, e non si sentiva sminuito dal fatto che lei avesse un lavoro? Il parallelismo tra lui e Vic la fece irrigidire. Suo marito non aveva alcun diritto di inalberarsi tanto, per una faccenda accaduta anni prima del loro incontro.

«Priya, restituiscimi il regalo di mio figlio».

Vic tese la mano, a palmo aperto.

Lei scosse la testa.

Ora fu Nikhil a intervenire: «Basta discutere. Sediamoci e ceniamo. Stiamo tenendo a digiuno i nostri ospiti. Auguro a tutti buon appetito. Mangiate, prima che si raffreddi. Non esiste niente di peggio che il *dal* freddo».

Jay si sbalordì di tanta compostezza. Vic e Nikhil nascondevano entrambi qualcosa. Ma invece che tremare davanti a suo padre, il ragazzo lo aveva affrontato a testa alta. Per ribellarsi al proprio padre, Jay aveva dovuto attraversare l'oceano.

«Voglio solo darti il tuo regalo», si ostinò Vic, cercando di strappare la scatolina dalle mani di Priya.

Lei arretrò di un passo e poi, davanti a tutti, s'infilò la scatolina nella scollatura. Lali lo aveva visto fare alla domestica di sua madre, con lo stipendio mensile. La donna non poteva permettersi una borsetta, e la blusa del sari era il posto più sicuro per le cose di valore. Lei stessa aveva nascosto nel reggiseno la chiave di casa prima di presentarsi alla cerimonia di laurea. Ma lo aveva fatto nell'intimità del suo appartamento, ben consapevole di quanto fosse volgare un gesto simile. Priya aveva rivelato agli occhi degli invitati le proprie origini provinciali.

Vic era fuori di sé dalla rabbia. Prima sua moglie minacciava di non partecipare alla festa, e adesso gli impediva di consegnare a Nikhil la chiave dell'ufficio.

«Ridammela». Le si avvicinò, stringendo i pugni per trattenere l'istinto di strangolarla.

«Papà, sediamoci a tavola», disse Nikhil.

«Non t'immischiare», rispose lui, dandogli uno spintone. Quel ragazzo era proprio una mammoletta. Malgrado la laurea, ancora si incaponiva a fare un mestiere da donna.

«*Aree, aree*», si intromise Rajesh, con fare da paciere. «Ascolta il tuo *beta*, Vic. È un laureato del MIT, bisogna dargli retta».

Quella vocetta fessa fece perdere le staffe al padrone di casa. Rajesh aveva regalato un wok a suo figlio. Caldeggiava le sue ambizioni di cuoco. L'ennesima dimostrazione di quanto fosse imbecille. Oppure l'aveva fatto di proposito, per umiliare lui? Immaginò Rajesh di ritorno in India, a raccontare a tutti che Nikhil affettava cipolle in una cucina, piangendo come una femminuccia.

«Tu tappati la bocca», gli sibilò. «E stai lontano dalla mia famiglia».

«*Aree*, anch'io ne faccio parte».

«Fuori dai piedi!». Vic gli si avventò contro, ma Nikhil lo prevenì, mettendosi in mezzo.

«Adesso stiamo esagerando», disse il ragazzo. «Papà, cerca di calmarti. Zio Rajesh, perché non vai a controllare gli addetti al catering, per favore?»

«Vieni con me, Rajesh», lo chiamò Priya.

«Stai sempre a proteggerlo», la schernì Vic. «Allora perché non gli hai impedito di sbronzarsi? Guarda com'è ridotto».

«*Aree*, ho solo bevuto un paio di birre», si giustificò Rajesh, asciugandosi il sudore dalla fronte con un enorme fazzoletto.

«Non è lui l'ubriacone di famiglia», ribatté Priya, gelida.

«Ehi, finitela, voi due. Mamma, dammi il regalo di papà», disse Nikhil, tendendo la mano.

Priya lo ignorò. «Andiamocene, Rajesh».

«Hai sentito cos'ha detto mio figlio?», si infuriò Vic. «Dagli la scatola».

«Perché ti comporti così?», gli domandò Rajesh. «Lascia perdere, no?»

«Non è il caso che qualcuno intervenga?», sussurrò Jonathan all'orecchio di Lali. Lei era talmente assorta da non averlo notato al suo fianco. Lo spettacolo era più avvincente di un film di Bollywood.

«E mettersi contro Vic?», sussurrò a sua volta. Non voleva confessare a suo marito che la maggioranza degli ospiti indiani se la godeva un mondo a scoprire gli altarini di una famiglia tanto ricca e stimata. Ci si sentiva sempre meglio, assistendo ai guai altrui.

«Il cugino gronda di sudore», osservò Jonathan.

«Avrà alzato il gomito», rispose lei.

Rajesh si chinò in avanti, portandosi una mano allo stomaco, e spalancò la bocca. Un fiotto gli uscì dalle labbra.

«Che schifo», disse qualcuno, mentre altri levavano versi di disgusto.

Lali restò a fissare la pozza ai piedi di Rajesh. Lui tentò di allontanarsi, ma barcollava.

«Visto? Proprio come pensavo», disse lei, girandosi verso Jonathan, ma suo marito si era già precipitato ad assistere il malcapitato.

«Chiamate il 911», gridò, chinandosi a controllare se respirasse ancora.

«Non serve un'ambulanza per un ubriaco che vomita», commentò qualcuno.

«Evidentemente gli americani non conoscono le nostre abitudini», rise un altro. «Di questo passo, dovremmo chiamare il 911 a ogni festa».

«È un infarto», disse Jonathan, cominciando a praticargli il massaggio cardiaco.

«Non distingui un infarto da una sbronza?», lo sbeffeggiò un invitato.

Lali si domandò se la reazione di suo marito fosse sproporzionata. Per tutta la sera le aveva fatto notare l'aria malsana di Rajesh. Forse era stato questo a fuorviarlo. Sarebbe stato molto imbarazzante, soprattutto davanti a tanta gente. Le feste indiane erano sempre gremite di dottori, e gli altri invitati sarebbero andati in sollucchero, vedendo un medico americano prendere un abbaglio simile.

«Chiamate un'ambulanza, maledizione!», urlò Jonathan, passando alla respirazione bocca a bocca.

«Sta bene?», gli domandò Priya, con un filo di voce.

«Che cos'ha?», chiese Nikhil, accosciandosi accanto a Jonathan.

Lui non rispose, e di colpo, simultaneamente, tutti compresero che Rajesh non era ubriaco.

«Sono un medico», alzò la mano un ospite indiano.

«Anch'io», si fece avanti un altro.

«Fatti da parte», ordinò a Jonathan un tizio indiano con il pizzetto. «Sono un cardiologo. Me ne occupo io».

«Lasciatelo fare», urlò Jay. «È un cardiologo di Harvard».

Il medico indiano si inginocchiò, e Jonathan si alzò in piedi. Si asciugò la fronte con un fazzoletto, e lentamente tornò al fianco di Lali.

«Sta bene, vero?», gli domandò lei. Non poteva essere altrimenti. Quella era una festa, un'occasione felice. Al massimo poteva capitare una sbronza, ma niente di tragico.

Jonathan non rispose.

«Se la caverà?», domandò Jay, fiancheggiato da Lily e Sam.

«Troppo tardi», disse Jonathan. «Dovresti portare via i bambini», aggiunse.

«Vuoi dire che è...?». Frances non riuscì a completare la frase.

Guardò Jay. Entrambi avevano liquidato Rajesh come lo scemo del villaggio e avevano fatto il possibile per tenerlo a distanza. Quelli come lui erano lo zimbello di tutti, e loro pregustavano già le risate degli amici quando li avessero intrattenuti con la storiella del cugino inetto di Priya e dei suoi tentativi di piazzare polizze a una festa.

Jay sentì in tasca il biglietto da visita. Lo aveva accettato per tagliare corto, con l'intento di sbarazzarsene alla prima occasione, ma poi se n'era dimenticato.

L'espressione atterrita di Mandy la faceva sembrare una bambina. «Mamma, cosa intendeva dire lo zio Jonathan?»

«Vieni qui», disse Frances, abbracciandola. «Se ne stanno occupando i dottori», mormorò. Abbassò lo sguardo su Lily e Sam. Per una volta, ringraziò Dio che fossero tanto distratti. Non si erano accorti di niente, intenti a esaminare un ciottolo rosso. Un rubino, secondo Sam.

Priya piangeva a dirotto.

Nikhil stava chiedendo agli invitati di accomodarsi in casa. L'ambulanza stava arrivando, spiegava, bisognava liberare il passaggio.

Jonathan lo raggiunse, per aiutarlo ad allontanare i curiosi. «Avanti, lasciamogli un po' di spazio», ripeteva.

«Facciamo strada», disse Jay, spingendo i bambini davanti a sé. Non voleva che i piccoli vedessero Rajesh. Non si erano resi conto dell'accaduto. Solo Mandy aveva capito, ma lei era grande a sufficienza da non restarne traumatizzata. Quanto a lui, aveva quindici anni quando aveva visto suo cugino accendere la pira del proprio padre.

Osservando i medici che avevano sdegnato l'aiuto di Jonathan, Lali li vide bisbigliare tra loro. Spalla a spalla, facevano da schermo al corpo di Rajesh. Non si erano nemmeno chinati a sfiorarlo. Una sirena lacerò l'aria con il suo annuncio lugubre.

Lali aveva sentito lo stesso suono molte volte, era abituata ad accostare l'auto al marciapiede per non intralciare il passaggio.

Ma in quel caso era inutile farsi da parte. L'ambulanza veniva dritta verso di loro.

***

«Entriamo in casa», disse Jonathan, incamminandosi verso l'ingresso.

«Non vuoi aspettare l'ambulanza? Spiegare l'accaduto?», domandò Lali, ancora impalata.

«Ci penseranno gli altri», rispose lui. Lei gli corse dietro, afferrandolo per una mano. «Non sono riuscito a salvarlo», disse Jonathan, scuotendo la testa. «Non ho potuto fare niente. Avevo intuito che qualcosa non andava, avevo notato i sintomi e ho lasciato che morisse».

«Sei stato l'unico a soccorrerlo», lo consolò Lali. «Semmai la colpa è mia. Avrei dovuto darti subito retta, quando hai chiesto di chiamare il 911». Come tutti gli altri, anche lei aveva creduto che Rajesh fosse solo ubriaco.

«Io sono un medico», replicò Jonathan. «Avrei dovuto capire. Ma quando mi sono deciso, era già troppo tardi».

«Tesoro, hai fatto il possibile». Era ciò che gli ripeteva sempre, quando perdeva un paziente.

«Forse sarebbe andata diversamente, se fossi intervenuto prima».

«Te l'avrebbe impedito lui stesso. Ricordi, anche Vic ha detto che si stava affaticando troppo».

«Ma io avevo notato il colorito malsano, il sudore. Avrei dovuto insistere».

«Non te lo avrebbe permesso, tesoro. Devi rassegnarti».

«Forse hai ragione tu. Accidenti, gli indiani sono piuttosto aggressivi nello stringere i ranghi. Mi hanno letteralmente spinto via».

«Li ho visti. Si sono comportati in modo inqualificabile».

«Era comunque troppo tardi. Per questo li ho lasciati fare».

Lei gli strinse la mano, rammaricata di non poterlo abbracciare. Fino a quel momento, era sempre stata lei la "diversa" della coppia, quella con la pelle scura, l'accento straniero, un'altra religione. E Jonathan si era impegnato a non farla sentire esclusa, convincendola comunque di essere la donna giusta per lui.

Era la prima volta che toccava a lui trovarsi nei panni dell'intruso. Persino nei loro viaggi in India, i genitori e i parenti di Lali si facevano in quattro per accoglierlo in famiglia, mentre quella sera i medici indiani lo avevano chiaramente ostracizzato. Lali capiva la sua sofferenza, sia per essere stato snobbato sia per l'impotenza nel salvare Rajesh.

«Ti amo», gli sussurrò.

«Anch'io». Jonathan liberò la mano, e le circondò le spalle con il braccio. Ripresero a camminare fianco a fianco, talmente vicini che la cintura di lui le strusciava sulla pelle.

Una ricetrasmittente crepitò e dietro di loro passarono due uomini con una barella. Il corpo era coperto da un lenzuolo.

Priya li guardò portare via Rajesh. Suo cugino, il suo unico parente in America, non c'era più. Ed era tutta colpa di Vic.

«Sei stato tu», gli disse.

«Che c'entro io? Mica gli ho chiesto io di affannarsi tanto».

«Non gli hai dato un lavoro decente. Per questo si era messo a vendere assicurazioni».

Vic fece per protestare, poi richiuse la bocca.

Priya gli stava piantata davanti, faccia a faccia. «Sarebbe ancora vivo se tu lo avessi tenuto in azienda. Invece lo hai costretto a cambiare lavoro, e poi sua moglie è tornata in patria, lasciandolo a badare da solo a se stesso. Sei tu il responsabile».

Vic tremava ancora per lo shock di avere visto Rajesh

stramazzare ai suoi piedi. Pitaji era già morto al suo ritorno a casa. Nessuno era mai spirato davanti ai suoi occhi.

E adesso Priya lo stava incolpando della sua morte. Le sue parole grondavano tristezza… e verità.

Vic chinò la testa. Ricordò la propria reazione da americano all'arrivo di Rajesh. «Non posso assumerti in ufficio solo perché siamo parenti», gli aveva detto. «Devi meritartelo». Sapeva che quel poveretto non sarebbe mai riuscito a fare carriera senz'aiuto, e aveva provato un sollievo enorme quando si era licenziato. Poi si era trovato un impiego. Ne era stato così orgoglioso. Lavorava come un mulo e senza fiatare. Si lamentava solo che non esistessero dei fast-food vegetariani. Tra la fatica e la dieta malsana, si era ucciso con le sue stesse mani.

«E adesso farai la stessa cosa con Nikhil», disse Priya, asciugandosi il naso con l'orlo del sari. «Lo costringerai a lavorare nella tua azienda e lui sarà talmente infelice da morirne. Ma non ci sarà bisogno di cremarlo. Lo seppelliremo nella piscina che hai fatto costruire per lui. Adesso lo vedi mai nuotare? Eh?», urlò. «Detestava il nuoto, eppure si allenava ogni giorno, solo per farti contento. E ancora non ti basta. Adesso pretendi di assumerlo nella tua stupida società. Tieni», disse, sfilando la scatolina dalla blusa. «Dagliela pure».

La mano di Vic restò inerte al suo fianco.

Priya scagliò la scatola a terra.

Il dono restò là, nello stesso punto dove si era accasciato Rajesh.

Vic lo raccolse.

Nikhil, che aveva accompagnato gli infermieri fino all'ambulanza, fece ritorno.

«Faranno l'autopsia», disse. «Credo che dovremmo mandare via tutti e andare in ospedale».

Vic ripensò alla resistenza di suo figlio a quella festa, e al suo desiderio di realizzare le proprie ambizioni di cuoco, così come lui aveva fatto con la passione per l'informatica.

«Nikhil, questo regalo non te lo darò mai», promise, con un tremito nella voce.

Il ragazzo restò a fissarlo.

«Mai», ripeté Vic.

Suo figlio avanzò di un passo, e lo strinse in un lungo abbraccio. Vic non aveva mai abbracciato il proprio padre. La prima volta che aveva assistito a effusioni del genere era stato alla laurea di Nikhil. Suo figlio gli aveva presentato amici e professori ma, diversamente dagli altri compagni, non aveva abbracciato nessuno.

Vic circondò con le braccia il ragazzo, carne della sua carne. Quell'intimità lo metteva a disagio, e da principio si limitò a battergli fiacchi buffetti sulla schiena. Poi la manifestazione d'affetto di suo figlio lo colmò dello stesso calore. Mettendo da parte ogni imbarazzo, lo afferrò per le spalle, e lo attirò a sé. Giurò di non renderlo mai infelice e di lasciarlo libero di diventare uno chef. Non aveva importanza, purché Nikhil vivesse.

***

Frances, Jay e i loro figli si erano radunati in anticamera. Gli altri ospiti erano in salotto o in sala da pranzo, molti scrutavano dalle finestre. Qualche madre dava da mangiare ai bambini. L'ora di cena era passata da un pezzo e i piccoli erano stanchi e affamati. Frances non riusciva a capacitarsi della presenza di un cadavere a pochi passi da loro. Si avvicinò a Jay. Grazie a Dio lui era vivo, la loro famiglia era incolume. A loro non era accaduto niente di irreparabile. La moglie di Rajesh non avrebbe potuto mai più parlargli.

Sentiva il bisogno di esprimere tutto questo a Jay: «Vorrei tanto...». Poi ricordò il pacchetto di sigarette trovato nel portaoggetti della sua auto. «...che tu smettessi di fumare», lo implorò, sperando che lui leggesse tra le righe e comprendesse il suo desiderio di averlo accanto il più a lungo possibile.

Aveva appena terminato la frase, quando Jonathan e Lali li raggiunsero. «Oddio, Jay, non dirmi che fumi ancora», si inserì Lali. «Fa malissimo. Devi assolutamente smettere». Jay strinse le labbra. «Devo intenderlo come un sì?», insistette Lali.

«Tesoro, credo che lo sappia anche da solo», le disse Jonathan. «Lascialo in pace».

Frances si sentì le lacrime agli occhi. Avevano appena assistito a un evento terribile e, invece di stringersi l'uno all'altra, lei e Jay si tenevano a distanza, separati dai bambini. Lui non intendeva più ascoltarla. Avrebbe fatto di testa sua.

«Bella festa, eh?», disse lui, cercando di sviare l'attenzione dalle sigarette. Con la coda dell'occhio, vedeva i capelli grigi di Rich poco lontano. Era ancora là. Aspettava l'occasione per agganciare Frances?

«Direi che la festa è finita», rispose Jonathan. «Dovremmo suggerire agli altri di tornarsene a casa».

«Tesoro, lascia che se ne occupi Vic», disse Lali.

«Ha già abbastanza questioni per le mani», disse Jonathan, e poi alzò la voce: «Statemi a sentire, tutti quanti. Per favore, è meglio se tornate a casa. Vic e la sua famiglia hanno bisogno di privacy».

Nessuno mosse un passo.
«Guardate!», disse qualcuno, dalla finestra, e tutti si precipitarono a sbirciare dal vetro.
«Posso avere la vostra attenzione, per favore?», ritentò Jonathan. «La festa è finita. Dovremmo tornare tutti a casa».
«Chi si crede di essere, quello, per darci degli ordini?», domandò in tono di sfida un tizio con un completo scuro.
«Volevo soltanto aiutare Vic», rispose Jonathan.
«Non siamo tenuti a obbedirti», rincarò la dose l'altro.
Lali avrebbe voluto tirargli un cazzotto. Era la seconda volta che insultavano Jonathan. Avevano deriso la sua diagnosi, e poi, appena intuito che aveva ragione lui, l'avevano spinto da parte, come se un medico bianco non fosse degno di toccare un paziente indiano. E adesso un altro connazionale si rifiutava di ascoltare un consiglio totalmente sensato.
Stava per protestare, quando Jay intervenne: «Cosa pensavate di fare? Sedervi comodamente a cena, dopo quanto è successo? Chiacchierare con Vic? Cosa avevate in mente?».
«Non c'è motivo di scaldarsi tanto», rispose il tizio.
«Jonathan ha ragione. Dovremmo levarci di mezzo, per permettere a Vic e alla sua famiglia di affrontare questa tragedia».
«Noi ce ne andiamo», risuonò l'accento francese di Pierre. «Gli amici del club motociclisti tolgono il disturbo».
«Vi ringrazio», disse Jay.
«E tu?», lo sfidò il tizio con l'abito scuro. «Perché non te ne vai?»

«Pensa per te», ribatté Jay. «Noi siamo i più vecchi amici di Vic. Non gli daremo nessun fastidio».

«Fran?». Rich si era avvicinato. «Peccato non avere avuto occasione di parlare a quattr'occhi».

«Speravo tanto di conoscerti meglio», disse Carmen. «Certo, le circostanze...».

Frances non rispose. Poteva solo augurarsi che quel silenzio fosse chiaro sia a Jay che a Rich.

«Dev'essere una situazione molto difficile per te», insistette quest'ultimo. «Comunque, tra qualche settimana chiederò a Vic il tuo numero di telefono».

«Sì, potresti venire a cena da noi», aggiunse Carmen. «Per una volta, non dovrò preoccuparmi se esagero con il peperoncino. Anche agli indiani piacciono i cibi piccanti».

«A Frances no», intervenne Lali. Non riusciva a capacitarsi di quanto fossero indelicati quei due.

«Ah, certo, dimenticavo, tu sei portoghese», disse Carmen. «Arrivederci».

«A presto», disse Rich, e insieme infilarono la porta.

«A quanto pare siamo rimasti gli ultimi», disse Jonathan. «Forse dovremmo andarcene anche noi». Uscirono, incamminandosi sull'erba schiacciata del prato, facendo lo slalom tra sedie e fiori. I tavoli del buffet erano ancora carichi di cibo. Vic, Priya, Nikhil e Nandan erano rimasti immobili, un gruppetto isolato, indifferente alla scomparsa degli ospiti.

Dal momento in cui aveva messo piede alla festa, Frances non aveva desiderato altro che tornarsene a casa. Adesso quella prospettiva la atterriva. Cosa sarebbe successo, quando lei e Jay si fossero trovati faccia a faccia?

«Ho fame», annunciò Sam, appena superato il tendone.

«È incredibile. Dopo quanto è successo, riesci ancora a pensare al cibo», scrollò la testa Mandy.

«Io potrei mangiare in qualsiasi situazione», si vantò lui.

«Quel signore è morto?», chiese Lily.

Frances non voleva mentirle, ma la verità era troppo spaventosa. Guardò Jay. All'andata, aveva cantato e riso per tutto il tragitto. Chi avrebbe immaginato che la serata si chiudesse in quel modo?

Era rimasta ammutolita, e il marito la cavò dall'impiccio: «È andato in ospedale».

«Ma tu non sei un dottore?», domandò Lily a Jonathan.

«Sì, infatti», rispose lui. «Ma ho lasciato a casa la borsa con le medicine».

«Faresti meglio a portarla, la prossima volta», lo rimproverò la bambina.

«Hai proprio ragione», concordò Jonathan.

«Volete che ci fermiamo da qualche parte a mangiare un boccone?», propose Frances, evitando lo sguardo di Jay.

«Io sono sfinito. È stata una giornata lunga. Desidero soltanto mettermi a letto», rispose Jonathan.

«Sei sicuro?», ritentò lei.

«Stamattina siamo partiti alle cinque e mezza», disse Lali. Pareva passata un'eternità. La donna che aveva indossato la camicetta nuova le sembrava un'estranea. «Siamo stanchissimi, davvero».

«Possiamo andare all'In-n-Out Burger?», implorò Sam.

«Sì, dài», si unì Lily. «Io voglio le patatine fritte».

«Forse tornando alla macchina rivedremo il signor Billy-ante», disse Frances, con un nodo alla gola.

«Dunque è il momento degli addii». Jay tese la mano a Jonathan. «Spero di rivederti in circostanze migliori. Mi raccomando, Lali, guidate con prudenza».

«E anche voi». La donna abbracciò Frances.

«Grazie», le sussurrò lei all'orecchio.

«Amicizia significa non dovere mai dire "grazie"», rispose Lali, citando la frase di *Love Story* nella versione riveduta da Jay tanti anni prima.

«Grazie comunque», ripeté Frances, sciogliendosi dall'abbraccio.

«Ci verrete a trovare?», domandò Jonathan.

Frances guardò Jay. «Mi sembra un'ottima idea», replicò lui.

«A presto, dunque», disse Frances, allungando una mano per prendere quella di Jay. In pubblico non erano mai stati espansivi, ma Lali e Jonathan si stavano tenendo per mano e, dopo quanto era accaduto, lei sentiva il bisogno di un contatto fisico.

Jay abbassò lo sguardo sulle dita affusolate di sua moglie, che tutti i loro figli avevano ereditato.

«Papà, papà!», gridò Lily, emozionata. «Corri, presto! Ho visto un gatto. Forse è il signor Billy-ante».

Per un istante, Jay guardò Frances negli occhi, poi andò a raggiungere la figlia.

«*Chalo* a tutti. D'accordo, andiamo a vedere se è davvero lui, oppure se il nostro Billy-ante ci aspetta seduto in cima al muro».

L'INVITO E LE RISPOSTE